激動する
グローバル市民社会

「慈善」から「公正」への
発展と展開

重田康博
Shigeta Yasuhiro

明石書店

はじめに

21世紀は9・11米国同時多発テロに始まり、今日まで世界のいたるところで、未曾有の危機が発生している。米国などの主導による経済のグローバリゼーションの進行により、かつての先進国と途上国の間の格差だけではなく、同じ国の中の富者と貧者、都市生活者と農村生活者、都市の高所得者と都市スラムの低所得者など世界の貧困と格差が進んでいる。

特に、2016年は、世界の激変の年であった。シリア内戦による難民の発生と中近東、欧州への流入、欧州でのシリア難民受入国と受入拒否国の対応を巡る非難の応酬、トルコ、バングラデシュなどイスラム国（IS）に影響を受けたイスラム過激派集団による襲撃事件、移民の流入に反対するイギリスの国民投票によるEU離脱（Brexit、ブレクジット）の決定、米国第一主義をアピールし環太平洋戦略的経済連携協定（TPP）からの離脱、メキシコ国境沿いの壁の建設、イスラム系移民入国禁止など過激な発言を繰り返す内向き志向の米国トランプ大統領の当選など、今日世界各地で、国家の分断、孤立、難民・移民の排除、自国第一主義とポピュリズムの波が押し寄せ、第2次世界大戦後世界の多くの国が目指してきた、「国際協調主義」と「共生・包摂・寛容な社会」の危機が叫ばれている。

同様に、日本でもグローバル化の波が押し寄せ、都市への人口の集中と地方の過疎化の進行、低経済成長と政府財政支援削減に伴う子どもや女性の貧困の増大、忍び寄る高齢化社会の到来、また東日本大震災から6年が経過しても故郷に戻れず避難生活を続ける原発避難民や被災民の存在など多くの問題を抱えており、将来ある程度の難民や移民の流入を認めるようにならないと、人口減少に伴う経済社会の維持は難しいといわれている。

このような国際協調主義と共生・包摂・寛容な社会の崩壊の危機の中で、NGO・CSO（市民社会組織）も含めたグローバル市民社会による多元主義の再構築と公共圏の形成が求められている。

その一方、国連による「持続可能な開発目標（SDGs＝Sustainable Development Goals）」が、次期の開発目標として2015年9月の国連総会で採択された。SDGsは、17の目標と169のターゲットからなり、持続可能な開発課題をカバーし、2016年から2030年までの15年間、世界の国々はこの開発目標の達成に向けて取り組むことになる。SDGsを達成するために、国際機関、国家、企業、NGO・CSOが経済、社会、環境の3つの側面から人々の生活を改善し、将来の世代のために地球を守ることを目的に、それぞれ問題の解決に向けて取り組む必要がある。NGOやCSOは、SDGsを解決するメンバーの一員であり、最前線の現場でより主体的にSDGsの問題に関わって行動することが期待されている。

本書は、急激にグローバル化する21世紀の国際社会の中で、近年その存在が注目され問われているグローバル市民社会とは何なのか、中でも重要な担い手である国際協力NGOはなぜ誕生し発展してきたのか、彼らは本当に必要とされているのか、過去・現在から未来までNGOが果たす役割と存在意義は何か、国家主導主義・権威主導主義に対する公共圏をどのように形成するのかという問題意識のもと、今日のグローバル市民社会の発展の理論と実際を検証し、国際機関、国家、企業と共に、SDGsの重要なアクターである国際協力N

GOおよびCSOを含むグローバル市民社会の発展と意義、および公共圏の形成について考察することを目的とする。

同時に、本書では、NGOやCSOを含むグローバル市民社会が、当初の戦争被災者や難民への人道支援活動としての「慈善」から時代の流れと共にその活動を質的に変化させ、単なる哀れみや同情だけでは貧困・援助・貿易・債務・格差などの構造的な問題は解決できないことを理解し、南北問題やグローバル問題の根本的な背景や原因を分析し、問題の解決に向けての活動を多様化、専門化し、「公正」を求める活動へと発展し、展開した過程も検証する。本書は、2005年に発行された『NGOの発展の軌跡――国際協力NGOの発展とその専門性』（明石書店）の改訂版として、内容を全面的に刷新したものである。

本書の構成は、以下の通りである。

まず序章で、激動するグローバル市民社会の重要な構成メンバーであるNGOの意義と役割を検討する。第1章ではイギリスのチャリティの歴史を辿り、国際NGOの原点を探る。第2章では欧米諸国の市民社会、NGOの人道復興支援活動の誕生と発展、第3章ではNGOの開発協力の変化・多様化・専門化の変遷を辿る。そして第4章では、南の市民社会の誕生と発展をアジアの市民社会の事例を通して概観し、第5章では南の市民社会の巨大化と社会企業化をサルボダヤ運動の人間開発とBRACの企業化の事例を通して検証する。第6章は日本の市民社会の誕生と発展（奈良時代から1980年代まで）、第7章は日本の市民社会の発展と変化（1990年代から2016年までのNGOの活動）、第8章ではカンボジア政府とNGOを事例にグローバル時代における国家と市民社会間の公共圏を考える。そして終章でグローバル市民社会の課題と意義をまとめる。

本書では、すべてのNGO・CSOを取り上げて紹介しているわけではなく、紹介しているNGOやCSO

がＮＧＯ全体を特に代表しているものでもない。なお、掲載させていただいた団体の法人名については、原則として２０１６年現在の最新のものを記載させていただいた。

また、本書の一部は過去に発表した論文を新たに加筆・修正して再録したものであるが、引用されているデータや資料には発表当時のものもあり、必ずしも最新の情報ではないことをご了承いただきたい。

最後に、本書のすべての内容に関する責任は、筆者にあることをお断り申し上げておきたい。

重田　康博

２０１７年年3月

目次

激動するグローバル市民社会

「慈善」から「公正」への発展と展開

第2章 欧米の市民社会の人道復興支援活動の誕生と発展……69
──NGOは国家から自由な当事者でありえるのか

第3章 欧米の市民社会の開発協力の変化・多様化・専門化……85
──慈善から公正へ

第8章 グローバル時代における国家と市民社会間の公共圏を考える……253
――カンボジア政府とNGOを事例に

序　章　今日のグローバル市民社会とNGOを考える
――その意義と役割

1　本書の問題意識の背景と目的

1990年代以降、国際社会が急速にグローバル化し、新しい市民社会の動きが注目されるようになった。その時代、東西冷戦が終焉し、国連環境と開発会議（地球サミット）が開催され、経済のグローバル化が拡大し、国家など既成の枠組みの限界が認識され、NGO、NPOなどグローバルな市民社会の動きが顕著になる。1991年にはイングバル・カールソン（スウェーデン）、シュリダス・ランファル（ガイアナ）共同議長、各国から26名の委員（日本からは緒方貞子が参加）による「グローバル・ガバナンス委員会」が設置され、1995年1月スイス・ダボスの世界経済フォーラムで同委員会報告書『Our Global Neighbourhood（地球隣人社会、邦題「地球リーダーシップ」）』が発表され、グローバル・ガバナンスという考え方が紹介された。同報告書によると、グローバル・ガバナンスとは「個人と機関、私と公とが、共通の問題に取り組む多くの方法の集まりである」[1]と定義し、同委員の緒方貞子は「ガバナンスは『統治』と『自治』の統合の上に成り立つ概念」[2]と説明している。以後グローバル・ガバナンスの用語や考え方が世界に広がっていく。

21世紀に入ると、国際社会は一層グローバル化が拡大し、経済、文化、情報、人の流出入が世界中に拡散し、富める国や人は益々豊かになる一方、貧しい人や国との格差が拡大していく。世界貿易機関（WTO）の多角的貿易交渉（ドーハ・ラウンド）の混迷の後、2000年後半、世界的な金融危機が発生し、世界経済におけるG7の影響力が低下する一方、中国、インド、ブラジルの新興国の影響力が増加し、新たにG20サミットが開催される。気候変動枠組条約は難航したが「パリ宣言」が採択された。2016年パナマ文書流失に伴いグローバル企業の租税回避地（タックス・ヘイブン）に対する各国の租税問題がクローズアップされている。

しかし、このような世界の貧困や富の格差の問題に対する反動として、2001年9・11米国同時多発テロ、2005年英国ロンドン同時多発テロがアルカイダなどイスラム過激派によって発生し、世界に大きな衝撃を与えた。米英等の同盟国は、テロ撲滅の名目のもとにアフガニスタン、イラクへの侵攻を開始し、その侵攻によってアラブの春と呼ばれるアラブ諸国の民主化の挫折と共に中東地域における紛争や内戦が始まり、アルカイダだけでなくIS（イスラム国）など新たなイスラム過激派の勢力拡大、やがてシリア内戦の激化、ヨーロッパにおける同時多発テロの発生、シリア難民のヨーロッパ流入などこの地域に大きな混乱と悲劇を招くことになる。また、スマトラ沖大地震、ハイチ大地震、フィリピン台風、アメリカ・ハリケーン、東日本大震災など大規模な自然災害や原発震災が世界で発生し、地球温暖化の危機も迫っている。最近では、移民の流入に反対するイギリスのEU離脱もあり、2016年11月の米国大統領選挙ではイスラム教徒や移民を批判するドナルド・トランプ候補が勝利し、多元化主義社会やグローバル・ガバナンスの危機の時代ともいえる。

近年、このような激動する国際社会の中で、グローバル・ガバナンスと共に、国際協力NGO（以下NGO）やグローバル市民社会組織（Civil Society Organization、市民社会組織、以下CSO）を含めたグローバル市民社会の活動とその役割が注目されている。特にNGOは、従来の国際社会のファクターである政府、国際機関、企業と共にグローバル・ガバナンスの形成を担い、21世紀の国際社会の新しいファクターとして目覚しい働きをしている。しかし、ＮＧＯといっても一様ではなく、分野別、形態別、宗教系、非宗教系などに分かれ、グローバル、ローカルに活動し、欧米のＮＧＯなど先進国のＮＧＯ（北のＮＧＯ）、アジア・アフリカ・ラテンアメリカなどの発展途上国のＮＧＯ（南のＮＧＯ）、そして日本、中国、韓国のＮＧＯもある。

このような多様なＮＧＯは、世界の相互依存と経済のグローバル化が進む時代に、貧困のない世界、共生できる世界、公正な世界などを目指して、市民一人一人が形成する市民社会に依拠しながら、国連ミレニアム開発目標（Millennium Development Goals＝ＭＤＧｓ）や持続可能な開発目標（Sustainable Development Goals＝ＳＤＧｓ）で取り上げられた、開発、環境、人権、平和などの諸課題の解決・改善のために活動している。今日までＮＧＯについては、その発展を強調し、その立場から研究や理論を進めることが多く、その成果も数多く発表された。

しかし、今日まで発展してきたＮＧＯの活動は、「多くの途上国が経済発展する中で新しいニーズに応えているのか」「生活の安定や生活の向上による貧困削減に結びついているのか」「住民の依存ではなく自立に結びついているのか」「住民の参加を導き出しているのか」「ＮＧＯは誰を代表して支援や政策提言を行いその正統性はどこにあるのか」「資金の使途の透明性や説明責任（アカウンタビリティ）に欠けるＮＧＯ」などの意見や批判が言われるようになり、以前のようにＮＧＯの活動を手放しで肯定したり賞賛できる時代ではなくなってきている。近年ＮＧＯを含む幅広い市民社会組織をＣＳＯと呼ぶようになったが、その契機は、政府や国連等のドナー（ＮＧＯなどの支援組織）が、ＮＧＯだけでなく、労働組合、協同組合、宗教組織、学術組織などを含めて国際協力に携わる関係組織をもっと幅広く捉えようとしたことである。本書では、このようなＮＧＯ、ＮＰＯ、ＣＳＯ、民間組織などを含めたグローバル市民社会について扱う。

本書の問いは、近年その存在が注目されているグローバル市民社会とは何なのか、なぜ注目を浴びるようになったのか、その重要な担い手である国際協力ＮＧＯの果たす役割と存在意義は何か、を問い直すことである。その答えを明らかにするために、本書では、21世紀の激動する国際社会の中で、国連、国家、企業と共に活動するグローバル市民社会の理論と実践を検証し、重要なアクターである国際協力ＮＧＯおよびＣＳＯの役割と存在意義を考察することを目的とする。

2　市民社会、グローバル市民社会の定義

次に、本書の対象とする市民社会、グローバル市民社会に触れ、さらに市民社会やグローバル市民の構成員の一つである、国際協力に携わるＮＧＯに触れる。紙面の関係上、世界のＮＧＯのすべてを扱うことはできないので、本書では先進国、途上国、日本の主だったＮＧＯが対象となること最初に述べておく。

１９９０年代以降に入ると、国際社会におけるＮＧＯやＮＰＯ、労働組合、学術団体、教会、協同組合などの団体、それを含めたＣＳＯの活動もあり、市民社会やそれを拡大させた「グローバル市民社会（あるいは「地球市民社会」）」という用語が使われるようになっている。

近年市民社会が注目されている中で、その定義はどのように変化してきているのであろうか。最近紹介された市民社会の定義について、以下に紹介する。

メアリー・カルドーは、市民社会の解釈について、①市民社会、②ブルジョア社会、③社会活動家的な見解、④ネオリベラル的な見解、⑤ポストモダン的な見解、の５つに分類して展開し[3]、市民社会を「ひとつもしくは複数の、女性と男性双方の個人間の社会契約や政治的・経済的な権力中枢間の社会契約が交渉され、そして再生産される媒体[4]」として再定義している。またカルドーはグローバル市民社会とは、市民活動家にとっては「グローバル化した公共空間」であり、ポストモダンにとっては「異議申し立てのグローバルなネットワーク

の多元性[5]」と述べている。そのアクターとして、①「旧い」社会運動（1970年代以降）、②「新しい」社会運動（1970年代から80年代）、③NGO、シンクタンク、委員会（1980年代後半から90年代）、④トランスナショナル市民ネットワーク（1980年代後半から90年代）、⑤「新しい」民族主義運動および原理主義運動（1990年代）、⑥「新しい」反資本主義運動（1990年代後半から2000年代）の6つを紹介している[6]。

また、イギリスのDFID（英国国際開発省）は、市民社会について「広く家庭、国家、民間セクターの間にある場所を占めるグループや組織を意味する。市民社会の定義には、その他に、貿易組合、ビジネス組合、協同組合、雇用組合、信仰グループ、貿易協会、レクリエーショングループ、シンクタンクを含む[7]」としている。DFIDはCSOについて「市民社会は人道援助の主要な配達人であり、しばしば多国間あるいは2国間ドナーと一緒にパートナーシップを組み活動している。CSOは健全なネットワークであり、しばしば効果的に慎重に人道援助を実施する適正な位置にいる。CSOは柔軟で素早く反応することができる[8]」と非常に評価している。しかし、西川（2011）は、このようなヨーロッパの文脈で市民社会を捉えるだけでなく、「国家に包摂されない社会」という意味での市民社会を付け加え、アジアやイスラム世界では国家が上から形成されたために、アジアや中東の民主化の動きがそうであるように、国家に包摂されない市民社会が存在していると述べている[9]。特に、最近グローバル化の加速化と相まって、NGOやCSOなどアジアの市民社会の動きが顕著であることが指摘されている[10]。この点は、カルドーが述べている「新しい」民族主義運動および原理主義運動が現在の中東の民主化（アラブの春）やイスラム社会の動きと重なる部分があるが、それらの運動を含めたアジア、中東、アフリカ、南米の市民社会をどのように考えるのかも重要である。

2000年以降、ロンドン大学スクール・オブ・エコノミクス（LSE）によって発行された世界のグローバル市民社会の年鑑 *Global Civil Society* は、グローバル市民社会について「国家の社会、政治、経済の境界を超えて、家族、国家、市場の間に位置し、思想、価値、制度、組織、ネットワークそして個人の領域[11]」と定義している。２０１２年版では、グローバル市民社会の２０００年から２０１０年までの経験的記録として次の５つの点に言及している。第1に、国際ＮＧＯの数の増加は続くが徐々に減少していること、第2に、インターネットを駆使する新しいタイプの混合化型非ＮＧＯの市民社会の出現など新しい形態の発展があること、第3に、他人に対する寛容や尊重などコスモポリタン（国際主義）的価値の上昇が横ばい状態にあること（１９９０年の73％から２００８年の79％）、第4に、新自由主義に対する反対に焦点をあてた市民運動のように10年間でイベントの様式が変化していること、第5に、社会フォーラムのような協力関係や連合体、インターネット形式の新しい位置と革新が登場したこと、である。２０１２年以後はシリア内戦と欧州への難民流入でグローバル市民社会の置かれた状況はさらに変化している[12]。

現在、グローバル市民社会という場合、発展途上国の現場へ人道支援や開発支援を行う国際ＮＧＯや市民団体などを意味し、またはＧ８サミット、国連会議へ政策提言活動を行うＮＧＯや、世論やマスコミへキャンペーンを行うＮＧＯ、労働組合、教会組織、学術組織、その他民間団体などの総称あるいはその空間のことをいう場合が多いが、その一方、グローバル市民社会は「誰の声を代表しているのか」というその正統性の問題が指摘されている。筆者は『ＮＧＯの発展の軌跡』の中で、グローバル（地球）市民社会について「市民の自立と参加、地域からの発展、自然環境との共生、伝統文化の重視、基本的人権の擁護、人間の基本的ニーズ（ＢＨＮ）の充足、南と北のＮＧＯや住民グループの参画とそれらのネットワーク活動、経済のグローバリゼーションによる富の公正な分配、という構成要素で成り立つものである[13]」、つまり世界において人類が公益、公正、共生を目指す社会と考えていた。

ところで、日本では市民団体のことをよく公益団体ともいうが、その「公益」とはどのような意味なのであろうか。日本では、政府の利益、つまり国益のことを公益という場合があるので、混同されやすい。通常、市民社会が公益と使う場合、「世のため、人のための利益実現」であり、対象にその活動が「求められているか」、受益の機会が「開かれているか」、「自分のため（私益）・自分たちのため（共益）ではなく、その活動を必要としている人やことがら（自然や文化・歴史など）のために行うこと」[14]ということである。公益法人について、公益法人監督事務連絡協議会は、「積極的に不特定多数の者の利益の実現を目的とするものでなければならない」（公益法人監督事務連絡協議会HP）とし、また公益学の小松隆二は、公益および公益活動とは、「『最大多数の最大幸福』を求める〈世のため人のため〉の非営利の理念や活動である。その根底にあるものは、調和であり、公平である」と述べ、逆に、経済活動の根底にあるものは、利潤・利益を求める成長・拡大・発展と述べている。[15] ここで、筆者は、グローバル市民社会の公益（地球市民のための公益 Global Public Interests）とは、「平和で貧困や格差のない公正な地球社会を求める世界の人々のための非営利活動」と考えたい。この地球公益という用語は、インゲ・カールなどが使用している「地球公共財（Global Public Goods）」という考え方にも近い。[16]

以上のことから、本書では、市民社会とは「政府や市場に代わる個人やNGOなどで構成する自発的自律的な社会のこと」であり、さらに国境を超えて活動するグローバル市民社会は「政府や市場に代わるNGO・NPO・CSOなどで構成するグローバルな自立的な公共圏」とする。つまり、通常は、第1セクターが政府、第2セクターが企業や市場、第3セクターが市民社会（非政府・非営利セクター）と考えられている。市民社会を構成するメンバーは、NGO、NPO、労働組合、協同組合、宗教団体、大学など学術組織、医療団体、学術団体、社会運動団体、その他の団体となる。

日本の市民社会については、山本正（1998）、入山映（2004）、坂本義和（2007）、星野智（2009）、グローバル市民社会については、地球市民社会の研究プロジェクト（2006）『地球市民社会の研究』、西川潤（2011）、高柳彰夫（2014）を参照するとよい。

次に、本書では、グローバル市民社会の取り組みとして、多くの非政府・非営利セクターの中でも、特に国際ＮＧＯ（あるいはＣＳＯ、ＮＰＯ）を取り上げる。その理由は、ＮＧＯに以下の３つの存在意義があるからである。

第１に、世界の戦争・紛争・内戦における人道支援活動や地球規模の課題・開発の課題の解決に地球公益の視点から一番取り組んできたのがＮＧＯだからである。19世紀から21世紀の今日までの約２００年の間、他の非政府・非営利セクターに比べても、ＮＧＯは人道支援や地球規模の課題の解決に対して地球公益の観点から経験と活動実績がある。

第２に、世界のＮＧＯ（あるいはＣＳＯ、ＮＰＯ）は、それぞれ独自のビジョンやミッションを持っており、その理念や原則に基づいて活動しており、その点が政府組織や国連組織や他の非政府・非営利セクターと大きく違っているところであり、彼らの存在の意義や価値があるところである。例えば、国際赤十字のようにＮＧＯの指導者や団体が持つ信念がやがて規約となり、条約となった事例もある。

第３は、それらのＮＧＯ・ＣＳＯを通じて「グローバル市民社会意識」や「グローバル市民社会文化」の普及と共有化が行われていることである。市民社会を構成するＮＧＯを認め、グローバル市民社会として国境を超えるＮＧＯの活動を許容する国家は、先進国や一部の新興国・途上国に限られている。キリスト教を起源とする国家や民主主義国家でないとこれらの意識や文化は根付かないのかといわれれば、決してそうではない。例えば、キリスト教を起源としない日本や韓国でもＮＧＯは生まれているし、一部の途上国でも南のＮＧＯとしての活動は行われているが、独裁国家や共産主義国家ではＮＧＯの活動は大幅に規制されているし、中国はＮＧＯはあってもその多くが政府系政党系・企業系ＮＧＯで、草の根ＮＧＯは存在してもその活動は規制されている。グローバル市民社会意識や文化を普及することは、国境を超えた地球市民意識を拡大させていくことであり、その普及と実践を行うＮＧＯの存在意義は大きい。

以上の理由から本書では、グローバル市民社会の中でも、ＮＧＯ、特に国際協力ＮＧＯを取り上げ、ＮＧＯという用語を使用する。しかし、国際社会や国際市民社会における議論の際は、グローバル市民社会、ＣＳＯという用語を使用し、日本国内の団体を指すときはＮＰＯという用語を使うこともあることを述べておく。

3　国際協力ＮＧＯとは何か

(1)　NGOの原型、定義

それでは、国際協力ＮＧＯ（以下ＮＧＯ）とは何か。そのルーツは、12～13世紀の欧米諸国におけるキリスト教会による慈善活動や貧困者救済活動と、中産市民による自治都市の形成であったといわれている。16世紀から20世紀にかけての欧米諸国のキリスト教団体による植民地での慈善活動は、現在のチャリティやＮＧＯ活動の原点ともいわれている。また、18世紀から19世紀における欧米諸国の市民による黒人奴隷解放運動は、今日の人権ＮＧＯの原型ともいわれている。あるいは、19世紀のイタリアの統一戦争、20世紀以降の第1次と第2次の2つの世界大戦、スペインの内戦、日中戦争における市民による戦争被災者、難民支援活動は、今日の国際ＮＧＯの原型ともなっている。さらに、第2次世界大戦後アジア・アフリカの植民地国の独立と解放は、先進国のＮＧＯによる途上国支援、南のＮＧＯの誕生につながっていく。

こうして、今日、国際協力ＮＧＯは、21世紀の国際社会の新しいファクターとして、発展してきている。欧米のＮＧＯ、途上国のＮＧＯ、あるいは規模が大きい国際ＮＧＯ、限られた地域で活動するＮＧＯは、それぞれ独自のプロセスを歩みながら、その誕生から今日まで歩み続けている[17]。

次に、ＮＧＯの定義について考えてみたい。

最初に、「ＮＧＯ」という言葉についてである。ＮＧＯとは、英語の Non-Governmental Organization の略称で、国連憲章71条の中で明文化され、国連と協力関係を持つ政府以外の団体を呼ぶときに使われている用語である。日本ではＮＧＯのことを「国際協力市民組織」「非政府組織」「民間公益組織」「民間海外援助組織」「民間海外協力組織」など、「非政府」を強調している。

国際協力ＮＧＯには、以下の４つの特徴がある。[18]

①　非政府であること

政府組織でなく、政府から自立した非政府組織である。

②　非営利であること

民間企業ではなく、営利を目的としない非営利組織である。

③　ボランタリズムであること

市民の自発的（ボランタリー）な参加と支援によって運営されている組織である。

④　国際協力を行うこと

草の根の国際協力を行う組織である。

特に、国際協力を行うＮＧＯにとって最も基本的な理念は、国境を越えた「人道主義」（ヒューマニズム）、世界の平和を願う「平和主義」、世界の人々の文化、宗教、言葉等多様性を尊重することであり、世界の、さらに日本国内の様々な民族の人々に目を向け共生していく、「多文化共生主義」である。

それに対して、最近日本国内で地域福祉や子どもの貧困問題に取り組む民間非営利組織のことをＮＰＯ（Non-Profit Organization）と言うことが多い。ＮＰＯは「非営利」を重視している組織のことを指す。日本では１９９８年に特定非営利活動促進法（ＮＰＯ法）が施行され、それ以後ＮＰＯ法との関連でＮＰＯという用語が使われることが多い。

その他、欧米諸国や途上国ではＰＶＯ（Private Voluntary Organization）、ＣＢＯ（Community-Based Organization）、ＰＯ（People's Organization）という用語も使われている。ＰＶＯは米国で多く使われ、ＣＢＯやＰＯは途上国や欧米諸国のローカル組織を指して呼ばれることが多い。これらの団体の総称をＣＳＯ（Civil Society Organization）と述べている（後に説明する）。

(2)　国際協力ＮＧＯの役割

それでは、国際協力ＮＧＯには、どのような役割があるのであろうか。国際協力ＮＧＯは、変動するグローバル社会において、従来からの役割だけでは十分でなく、新しい役割が求められている。ここで、その役割を「従来の役割」と「新しい役割」に分けて見ていく。

最初に、ＮＧＯの「従来の役割」である。

第１に、人道支援活動――困難に直面している国、地域、人々に対する協力・支援活動である。緊急人道支援活動を通じた自然災害の被災者、戦争・紛争による人災害の難民・避難者への迅速な救援・復興活動を行ったり、途上国の農村や都市スラム等に住む住民、女性、子どもなどの弱者、組織などのニーズに合わせて、貧困削減、ＢＨＮ（ベーシック・ヒューマン・ニーズ）の実現、格差解消などのための支援活動を行いながら、彼らの命を救い生活を改善していくことをしている。また、きめ細かな経済的自立支援活動として、マイクロ・フィナンス、フェアトレード等を行い、途上国で大きな成果を挙げている。

第２に、政策提言（以下アドボカシー）活動――国際・国内の諸問題を解決するため政府、国際機関、マスコミへの政策提言活動である。政府、企業、政治家、官僚、企業の有力者などにロビングやキャンペーンを行って影響力あるアドボカシー（政策提言）を行うことである。紛争地域や内戦地域で困難や苦難に直面している人々や途上国の貧困地域で差別や貧しい生活を強いられている人々の声を代弁したり、G7、国連、世界銀行、世界貿易機関（WTO）の会議に参加して、SDGsや地球的諸課題について、関係者にロビングしたり、市民やマスコミに対してキャンペーンを行ったりする。

第3に、国内外の市民に対するグローバル問題教育活動である。グローバル問題の理解と解決を実現するために、国内外の市民を対象にグローバル問題教育を行う。これらの教育活動のことは、これまで開発教育、環境教育、平和教育、人権教育、国際理解教育と呼んできたが、近年では持続可能な開発のための教育（ESD）、グローバル教育、グローバル市民教育などと呼ぶようになっている。

第4に、ネットワーク活動——連携・協力活動の拡大と深化である。グローバル市民社会に属するNGOの強みとして、NGO・NPO間のネットワーク活動があり、それも国別、地域別、分野別、国連・国際会議別などに分かれて積極的に活動している。過去にも大きな成果を出したり影響力を与えたネットワークは、G7先進国首脳会議、国連会議などに対して行動し、時には政府代表団のメンバーになったり連動して活動することもあった。

次に、NGOの「新しい役割」である。

第1に、未曾有の危機に対する支援・対応である。

21世紀初頭の9・11米国同時多発テロに始まり、今日まで世界のいたるところで、未曾有の危機が発生している。米国等の主導による経済のグローバリゼーションの進行により、かつての先進国と途上国の間の格差だけではなく、同じ国の中の富者と貧者、都市生活者と農村生活者、都市の高所得者と都市スラムの低所得者等世界の貧困と格差が進んでいる。日本の国内でも6人に1人の子どもが貧困だといわれている。シリア内戦拡大によるISの勢力拡大、それに伴うシリア難民の中東やヨーロッパへの流入、続いて、アジアでもイスラム過激派による日本人へのテロが発生し、例えば2016年7月バングラデシュでは過激派の襲撃で7人のOD

A事業に携わる日本人が犠牲になった。東日本大震災の福島原子力発電所事故による強制避難と自主避難者は、一時約15万人に達した。このような未曾有の危機の中で、ＮＧＯは平和構築や難民支援、社会的弱者の権利保護、航空税や租税回避に対するグローバル・タックスの導入や気候変動等の問題に対して従来と違った新しい迅速な支援や対応が求められている。

第2に、ＳＤＧｓの推進と問題解決である。ＳＤＧｓ（持続可能な開発目標）は、ＭＤＧｓが２０１５年に達成期限を迎えるにあたり、次期の開発目標として決定、環境保護を中心とする持続可能性（Sustainability）と開発の両者を追求する開発目標として、２０１５年9月の国連総会で採択された。

この提案は17の目標（表0―1）と１６９のターゲットからなり、持続可能な開発課題をカバーし、２０１６年から２０３０年までの15年間、世界の国々はこの開発目標の達成に向けて取り組むことになった。ＳＤＧｓは、経済、社会、環境の３つの側面から人々の生活を改善し、将来の世代のために地球を守ることを目的に、国際機関、政府、企業、市民社会組織がそれぞれ問題の解決に向けて取り組む必要がある。ＮＧＯやＣＳＯは、ＳＤＧｓを解決するメンバーの一員であり、最前線の現場で活動しているので、より主体的にＳＤＧｓの問題に関わって行動することが求められている。

第3に、国家主導主義・権威主導主義に対する多元主義・公共圏の形成である。今日世界各地で、国家の分断、孤立、難民・移民の排除が行われ、包摂・寛容社会の崩壊が進んでいる。シリア難民・移民の排除や英国のＥＵ離脱など、市民社会が誕生した欧州で多元主義崩壊の危機にある欧州、民主化に代わり軍事政権が誕生したタイ、対外的拡張主義と国内の市民活動への締め付けを強める中国、安保法制整備と日本国憲法改正に向けて保守化と防衛武器研究とその装備輸出が進む日本など、国家主導主義・権威主義が強化されつつある。このような包摂・寛容社会の崩壊の中で、ＮＧＯはどのような活動を進めていけばよいのであろうか。ＮＧＯも含めたグローバル市民社会による多元主義の再構築と公共圏の形成が求められる。

表0―1 「SDGs（持続可能な開発目標）」の17のゴール、169のターゲット

目標1	**【貧困】** 貧困に終止符を打つこと
目標2	**【食料】** 飢餓に終止符を打ち、食料の安定確保と栄養状態の改善を達成すること
目標3	**【保健】** すべての年齢の人々の健康な生活を確保し、福祉を推進すること
目標4	**【教育】** すべての人々の質の高い教育を確保し、生涯学習の機会を推進すること
目標5	**【ジェンダー】** の平等を達成し、すべての女性と女児のエンパワーメントを図ること
目標6	**【水とトイレ】** すべての人々に水と衛生施設へのアクセスと持続可能な管理を確保すること
目標7	**【エネルギー】** すべての人々に安価で持続可能なエネルギーへのアクセスを確保すること
目標8	**【成長と雇用】** すべての人々のための経済成長、雇用・ディーセント・ワークの推進
目標9	**【インフラ】** インフラを整備し、持続可能な工業化を推進し、イノベーションを促進すること
目標10	**【不平等】** 国内と国家間の不平等・格差を削減すること
目標11	**【都市と住居】** 都市と人間の居住地を包摂的、安全、強靭かつ持続可能にすること
目標12	**【消費と生産】** 持続可能な消費と生産のパターンを確保すること
目標13	**【気候変動】** とその影響に取り組むため、緊急の措置を講じること
目標14	**【海洋保全と利用】** 海洋と海洋資源を持続可能な開発に向けて保全すること
目標15	**【陸上生態系】** を保護、回復し、砂漠化・土地の劣化防止、森林・生物多様性の保護
目標16	**【法の支配】** 安全で包摂的な社会を推進し、司法へのアクセス、有効な制度の構築
目標17	**【先進国と世界の責任】** 持続可能な開発のためのグローバル・パートナーシップの達成

出所：外務省『我々の世界を変革する：持続可能な開発のための2030アジェンダ前文「持続可能な開発目標」』を基に作成。
（外務省 HP　http://www.mofa.go.jp/mofaj/files/000101402.pdf　2017年1月21日閲覧）

4　NGOの発展とは何か

NGOの発展を考える上でまず重要なことは、NGOの存在意義（22頁）で述べた通り、その活動の使命（ミッション）と理念（ビジョン）が明確であることである。NGOが、貧困、飢餓、干ばつ、環境破壊、HIV／エイズ、マラリアなどの感染症、人権侵害、ジェンダーの不平等、教育の不平等、紛争、内戦、債務拡大、不公正貿易、水不足などの問題の解決に向けて活動していることを彼らの使命や理念に明確していることである。また、NGOの活動が世界や地域の貧困者、弱者、被害者に必要とされていることも発展を考える上でなくてはならないことである。

ここでいうNGOとは、政府から独立した国際協力に関わる市民団体ということである。「NGOの発展」とは、NGOがその国の中で政府や企業などから独立した組織として経済的・社会的に自立していくプロセスである。それは、NGOの財政規模や活動規模が大きくなること、スタッフの人数が増えることも含まれる。通常、国際協力に関わるNGOが発展するということは、その活動の範囲が一地域から多地域へ、一国から多国へ、一分野から多分野へと、地域から地球規模へと活動の規模を拡大していくこと、つまりNGOのグローバル化が考えられる。

しかし、NGOの発展を考える場合、NGOの活動が多地域・多分野に拡大することだけでなく、一地域に留まって活動を行い、地域で小さいが質の高い活動をしているNGO、つまりローカルNGOの事例もある。また、NGOの発展とは、ただ規模が拡大するだけでなく、NGOによる途上国での活動が国際的に、国内的に高い評価や信頼を得られたり、法人化することなど社会的な存在として認知されたり信用されたりして、量的ではなく質的に評価されることでもある。同時に、NGOが国際社会と各国で民主化運動と直接的・間接的

表０—２　「NGOの発展」を考える上での重要なポイント

1	活動の使命と理念が明確であること【要因】
2	活動が世界や地域の貧困者、弱者、被害者に必要とされていること【役割】
3	政府からも企業からも経済的・社会的に独立して独自の活動をしていること【要因、特徴】
4	規模が大きくなり多国間、多分野で活動して大きな成果をあげていること【結果】
5	地域でローカルNGOとして継続的な活動をして大きな成果をあげていること【結果】
6	団体の名称が国際的に、国内的に知られ、活動に対して結果と成果を出し高い評価と信頼を受けていること【要因】
7	国際社会と各国で民主化に関わる活動を行い、市民社会を構築していること【役割】
8	収入が安定し、自己資金比率が高いこと【結果】
9	会員、マンスリー・サポーター、ドナー、途上国の住民、一般社会に対して説明責任（アカウンタビリティ）を果たしていること【要因】

出所：重田（2005）を参考に筆者作成

に関わり、市民社会を構築していくこともＮＧＯの発展と見なすことができる。その他、ＮＧＯが規模を拡大したり活動を継続するに従い、収入が安定し、自己資金比率が高くなっていくこと、会員、マンスリー・サポーター、ドナー、途上国の住民、一般社会に対して説明責任（アカウンタビリティ）を果たしていることも発展と考えていきたい。

以上のことを念頭に置き、「『ＮＧＯの発展』を考える上で重要なポイント」をまとめたのが表０—２であり、またその逆になる「『ＮＧＯの発展における阻害要因（問題点）』を考える上での重要なポイント」については、終章で取り上げることにしたい。ただ、これはほんの一部のポイントであって、決してすべてのポイントではないことは指摘しておきたい。本書で紹介するＮＧＯの発展の事例は表０—２のいくつかを含んでいることで「ＮＧＯの発展」と考えることにする。[19]

5　ＮＧＯの発展の現状

それでは、ＮＧＯの発展の現状はどのようになっているのであろうか。ここでは、NGOの発展の現状を見るために、NGOの発展の質的実態の一つとして、北のNGOと南のパートナー団体とのパートナーシップ、NGOのアカウンタビリティの向上、問われる開発効果、の3点から述べていきたい。

(1)　NGOの発展の量的実態

①　NGOの数の増加

NGOの発展を一般的に考える場合、NGOの数の増加、資金やスタッフ数等の数値で見えるNGOの発展を検討すべきである。まずNGOの発展を考える際に前提となるNGOの数の増加の推移を見てみたい。

NGOの数に関する調査は、OECDによってOECD諸国を中心に調査報告書やダイレクトリーが発行されたことがあるが、現在ではほとんど発行されていない。少し古い数字になるが、1988年に発行されたOECDのデータ[20]によると、1981年のOECD開発センターのダイレクトリーではOECDメンバー諸国の開発NGOの数は1702団体とし、1989年に発行が予定されている同ダイレクトリーでは4000団体を上回ると予想している。[21]また、1993年に発行された、イアン・スマイリーとヘリー・ヘルミッチの編集によるOECDの調査報告書では、北の先進国のNGOの数は1980年に1600団体、1990年に2500団体、そして13カ国を対象にした1993年の調査では2970団体としている。[22]その一方、OECD諸国以外のアジア、アフリカ、ラテンアメリカ等発展途上国のNGOの数を正確な調査によって把握しているところは少ない。グローバル・ガバナンス委員会によると、国際NGOの数は1909年に176団体であったが、1964年以降急速に拡大し、1993年には2万8900団体になったとしている。[23]

その後、国際組織連合（the Union of International Associations）によると、国際NGOの数は1978年から1998年までの間倍増し、1951年のNGOの数の20倍になり、そして2000年には4万5674団体に達したとしている。[24]

また、最近では、LSEによる世界のグローバル市民社会年鑑*Global Civil Society 2012*は、1989年から2010年までの「国際NGO（INGOs）の数」について、図0―1の通りまとめている。1989年には2万63団体だったのが、2000年に4万5674団体、2010年に5万5853団体まで増加、1989年に比べると2倍以上増加しているが、2000年以降も団体は着実に増加している。[25]

同様に*Global Civil Society 2012*は、2000年から2010年までの欧米諸国の国際NGOの本部の数がアメリカのみ増加しているが、ベルギー、イギリス、フランス、ドイツではやや減少していると述べている。[26]

次に、アジア地域に限ってみれば、古い資料になるが、1987年の時点でアジア8カ国の開発に関わるNGOの数と特徴については、表0―3の通り、マレーシアを除き各国ともNGOの数は多く、特に、インドネシア、バングラデシュ、インドは5000団体以上が存在している。[27]この表の通り1980年代のアジアのNGOは、北のNGOや宗教団体の協力によって、数も活動内容も急速に発展している時期であった。

また、『NGOデータブック2016』によると、設立年代について、国際協力NGO（345団体）を対象に見ると、1950年に最初の2団体が設立され、1960年2団体、1980年21団体、1990年172団体をピークに増加したが、以後2000年69団体、2010年4団体と減少している[28]（図0―2参照）。特に、1980年代はインドシナ難民救援活動を契機に新規に21団体が設立され大きく日本のNGOが増加した年代であり、1990年代は外務省、当時の郵政省、環境庁、国際協力機構（JICA）等政府によるNGO支援が本格的に開始され新規に172団体とNGOの数が飛躍的に増加した年代であり、NGOバブルの時代であった。以後2000年に入ってからは、NGOの設立数は減少している。

また、NGOの法人格の有無と種別は、「特定非営利法人」が293団体と圧倒的に多く、他に「財団法人」72団体、「社団法人」12団体、「公益信託」6団体であったが、逆に法人格のない団体は37団体であった（図0

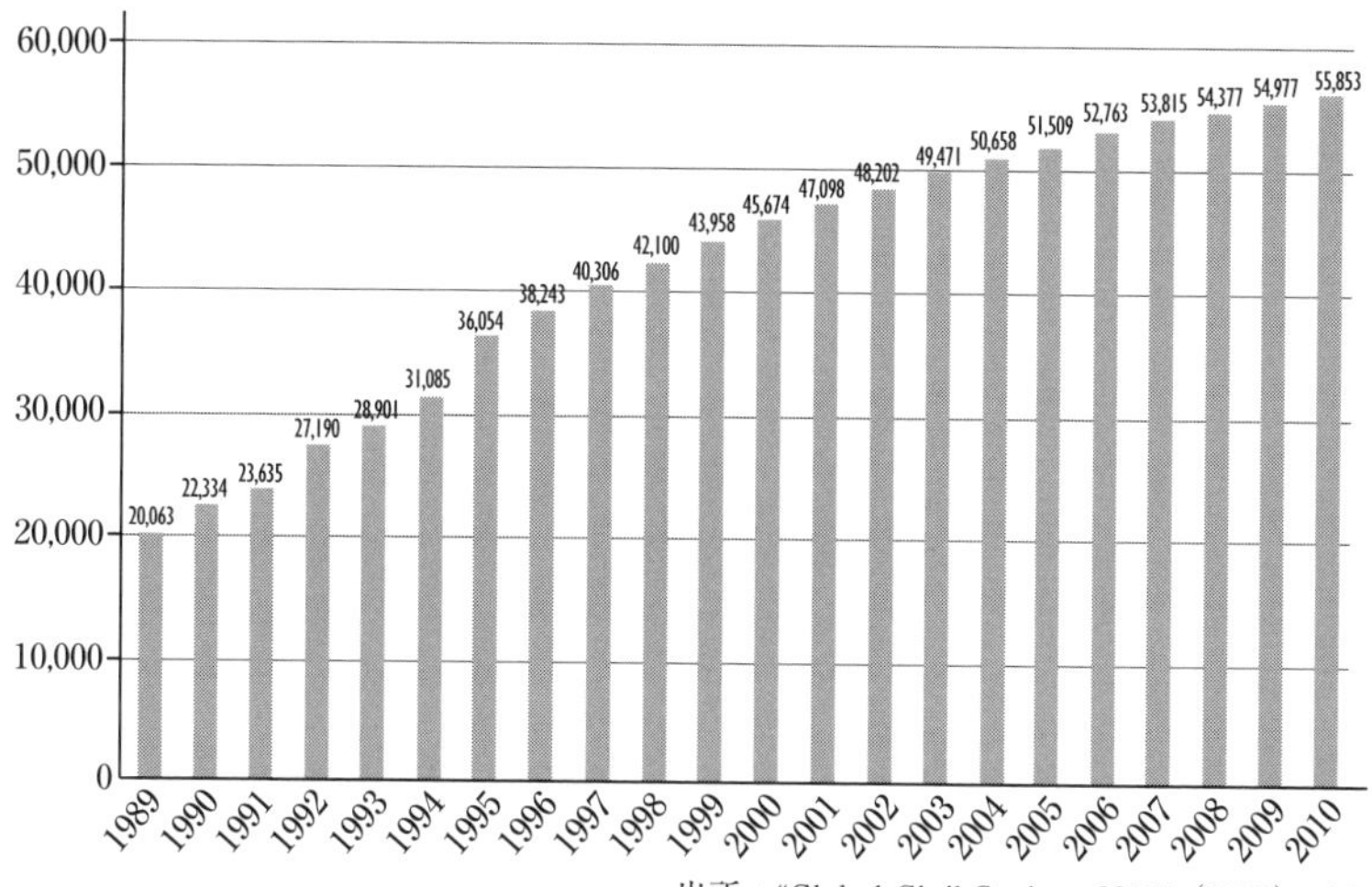

出所："Global Civil Society 2012"（2012）p.20.

図0—1　国際NGOの数

表0—3　アジア８カ国の開発に関わる NGO の数と特徴

国　名	NGO 数	特　　徴
フィリピン	800～3,000	キリスト教会など中心に活躍。
インドネシア	数千～１万	活発なるも、政府との関係緊張。
タイ	約200	80年代になって活発化。
マレーシア	30～50	数少ないがキリスト教系 NGO を中心に活動。国際的著名 NGO も。
バングラデシュ	6,000以上	北の NGO も入り混じって大変活発。
ネパール	300～数千	政府傘下の NGO が中心。
インド	１万以上	70年代以降活発に。
スリランカ	100以上	全体としては形成期ながら第三世界最大規模の NGO も存在。

出所：国際協力推進協会（1989年）『わが国における NGO 活動の発展に資するための調査研究——南北 NGO 間の新しい開発協力のあり方を探る調査』17頁。

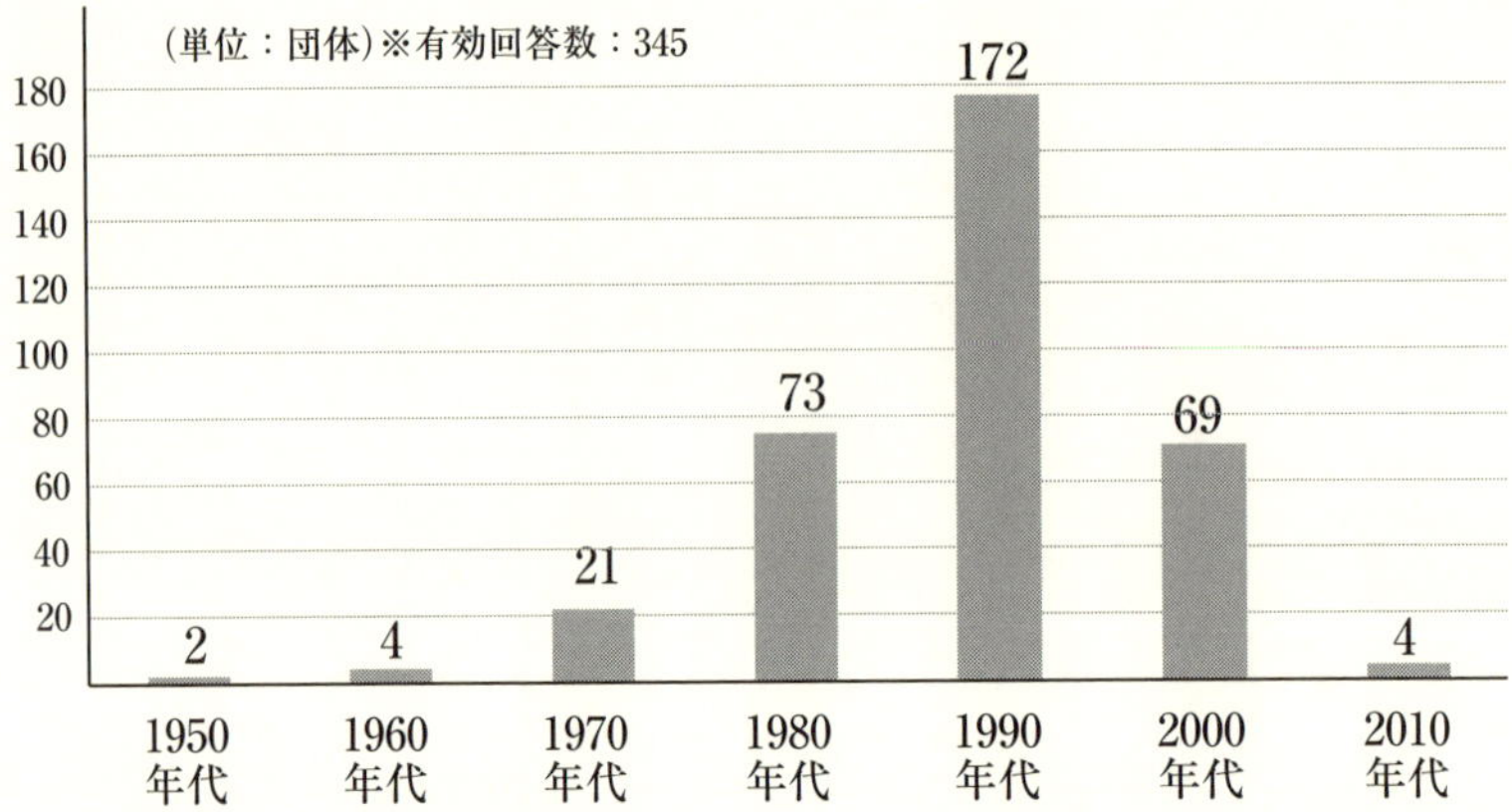

出所：国際協力 NGO センター（JANIC）『NGO データブック 2016』

図0―2　NGOの設立年代

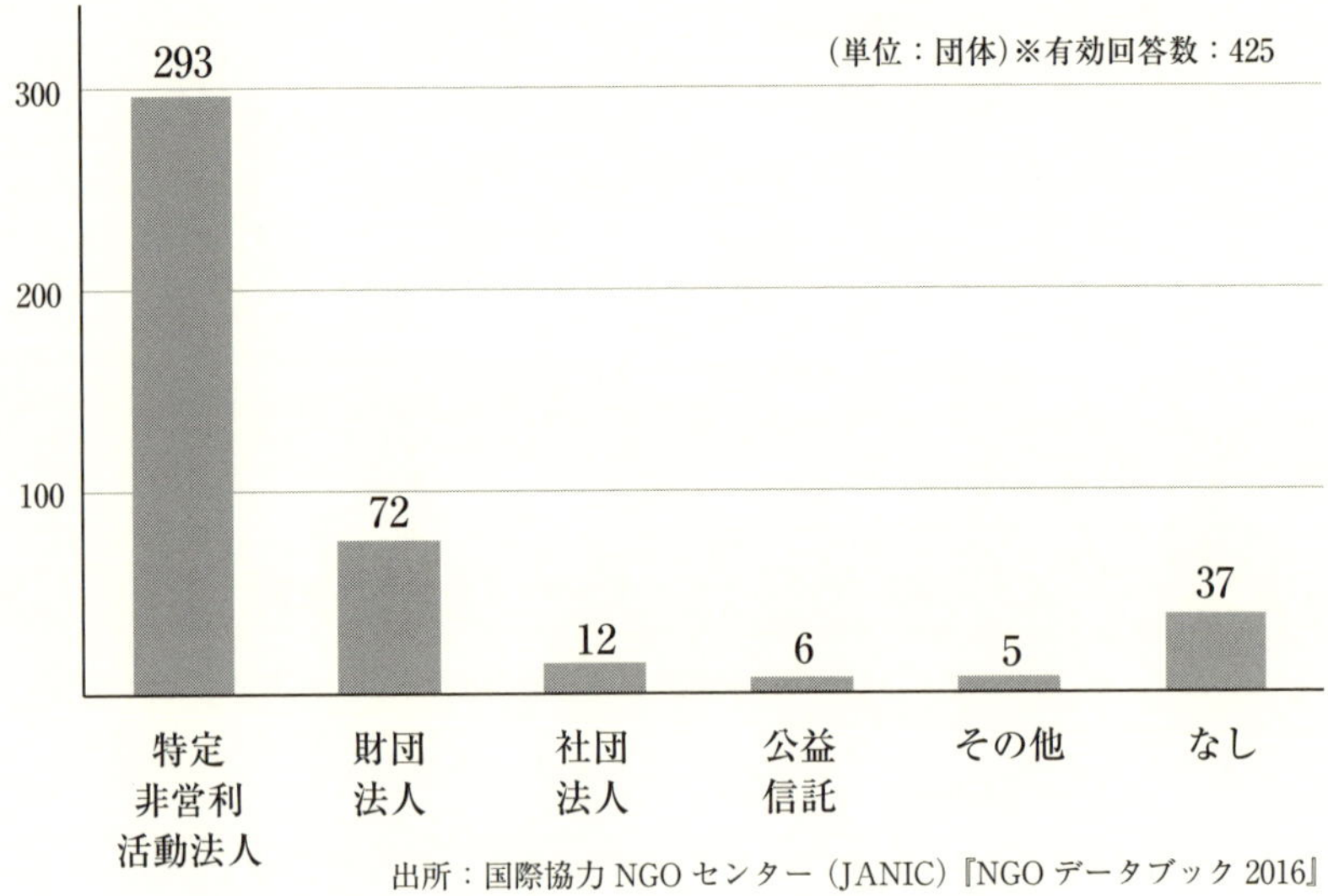

出所：国際協力 NGO センター（JANIC）『NGO データブック 2016』

図0―3　法人格の有無と種別

―3参照）。

さらに、日本のＮＰＯの全国のＮＰＯ法人数（ＮＰＯ認証数）は、１９９８年12月1日に国会で承認され、２０１６年10月31日現在５万１３４３法人になり、２００１年10月1日ＮＰＯ支援優遇税制（認定特定非営利活動法人、略称認定ＮＰＯ法人）が施行された[29]。しかし、この法人の税制上の優遇措置については厳しい認定要件を満たさねばならず、認定ＮＰＯ法人は２０１６年10月31日現在８０１法人、仮認定法人１５０法人であり[30]、依然としてその数は限られている。

②　ＮＧＯの規模の拡大と援助資金の増大

ＮＧＯの規模の拡大について考えるとき、資金規模の増大が考えられる。ＮＧＯの資金規模について、ここではＯＥＣＤ開発援助委員会（ＤＡＣ）諸国のＮＧＯによる援助実績で比較してみる。ＮＧＯ自己資金は、２０００年６９３４百万ドル、２００５年８６２９百万ドル、２００７年１万８５０８百万ドルと年々増加している。対ＮＧＯ政府補助金は２０００年１２００百万ドル、２００５年１７８０百万ドル、２００７年２５０７百万ドルと年々増加している。国民一人当たりのＮＧＯ援助実績（ＮＧＯ自己資金＋政府補助金）は２０００年９・６百万ドル、２００５年18・８百万ドル、２００７年23・６百万ドルといずれも上昇している[31]（図０―４参照）。

途上国のＮＧＯについても、バングラデシュのＢＲＡＣ等のように１００億円を上回る予算規模のＮＧＯも存在するようになっている。

一方、日本のＮＧＯの財政規模については、国際協力ＮＧＯセンターの『ＮＧＯデータブック』によると、１９９２年度１８６団体の総収入は１８８億７７００万円、１９９４年度２４７団体の総収入は１８５億３１６１万円、１９９６年度２１７団体の総収入は１９２億円６０７５万円、２００４年度２７５団体の総収入は

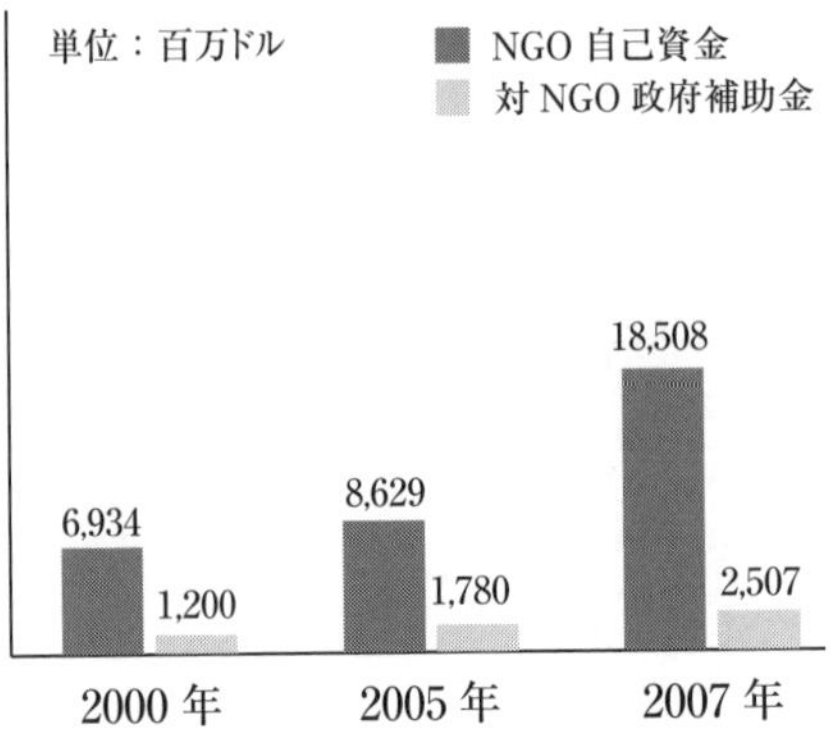

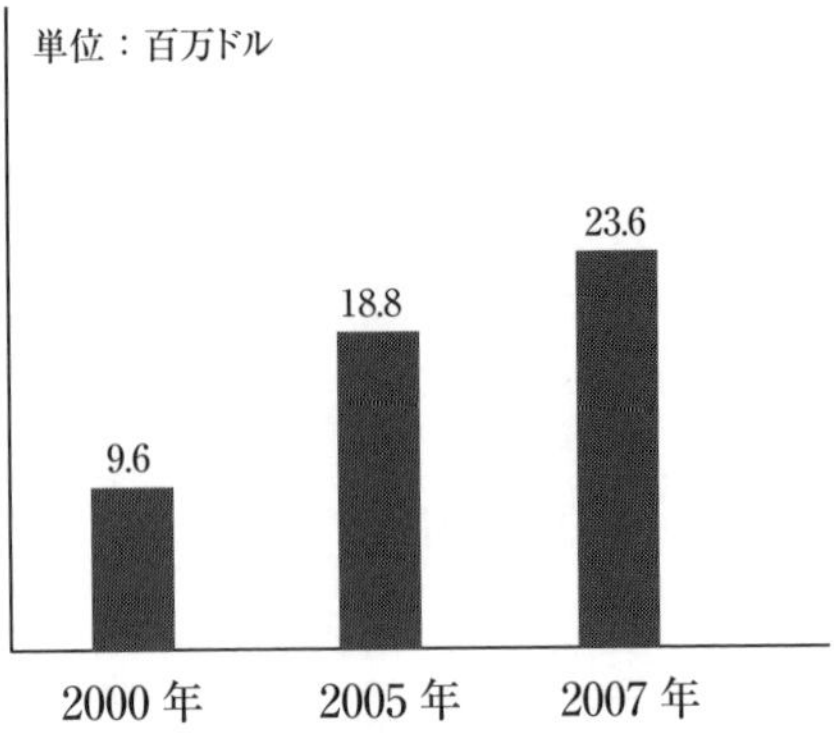

出所：図0—4a、図0—4b 共に OECD 開発援助委員会（DAC）議長報告 2002、2006、2009 年度版を基に筆者作成

図0—4a　NGOの規模拡大と援助資金の増大

図0—4b　国民1人当たりのNGO援助実績

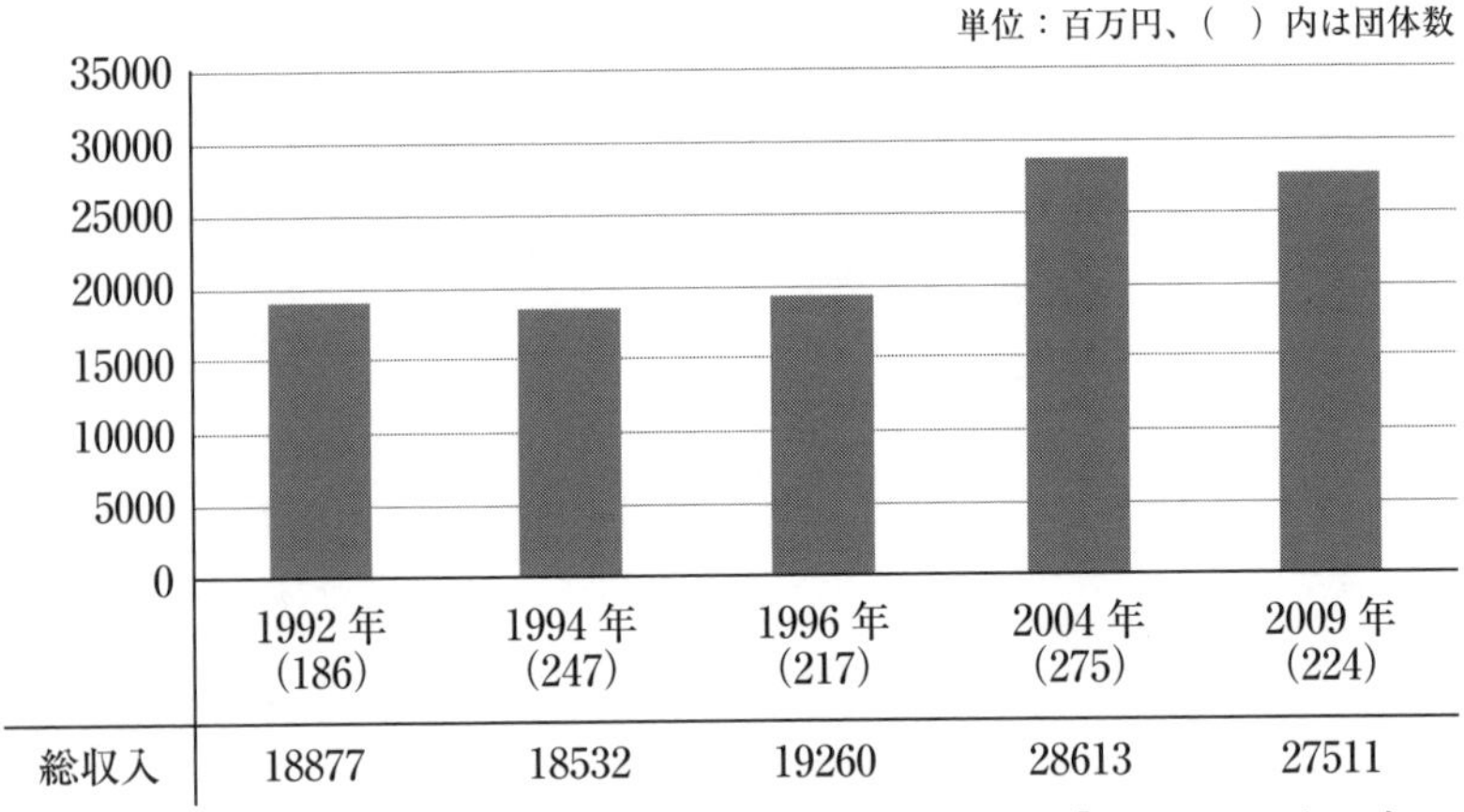

出所：国際協力 NGO センター『NGO データブック』1994、1996、1998、2007、2011 から引用して筆者が作成

図0—5　日本のNGOの総収入の推移

286億円1320万円、2009年度224団体の総収入は275億1111万円となっている。団体数は毎年違ってはいるが、総収入は1994年度、2009年度を除いて毎年増加し、2004年度は10年前の1994年度に比べ約100億円以上収入アップしている[32]。しかし、2009年度は2004年度に比べて約6億円減少である（図0―5参照）。

また、同時にNGOの開発援助資金も増大している。長年開発援助に携わっている専門家のロジャー・リデルはNGOは開発支援の取り組みに対する貢献が著しく、多くの開発プロジェクトやプログラムを実施し、2004年までにNGOの援助資金の総額は240億ドルに達し、援助（ODA）の30％以上に達し、貧困国においてNGOは健康と教育のサービスのために10％の責任を負っており、バングラデシュのBRACは1億4300万人の人口のうち9700万人以上に対し単独で基礎的治療と予防医療を提供していると述べている[33]。以上の通り、NGOの自己資金、総収入の増加はNGOの規模拡大であり、またNGOの援助資金の増大はNGOの発展の証しである。

(2)　北のNGOと南のパートナー団体とのパートナーシップ

1990年代以降、国際機関、先進国政府、国際協力NGOなど様々な主体が、国際開発を進める上での「パートナーシップ」の重要性を指摘している。2000年9月に開催された国連ミレニアム・サミットを機にまとめられた「ミレニアム開発目標（MDGs）」では、8つの目標の一つに「開発のためのグローバル・パートナーシップ」が掲げられている。2002年8月に開催された「持続可能な開発に関する世界首脳会議」（ヨハネスブルグ・サミット）では、各国政府やNGOなど多様な主体によるパートナーシップの提案の文書が作成された。日本の外務省は、政府開発援助（ODA）の実施において、国民の参加と理解の増進のために、官民の連携すなわち「パートナーシップ」を挙げている。また、国連機関、政府だけでなくNGOもパートナーシップの必要性を唱えている。NGOのパートナーシップといっても、開発援助を通じた協力関係づくりを行う北のNGOと南のパートナー団体とのパートナーシップ、地域のネットワークNGO同士のパートナーシップ、課題別に協力するNGO同士のパートナーシップなどがある。

① 国際開発のためのパートナーシップ

1990年代以降、国連、経済協力開発機構（OECD）の開発援助委員会（DAC）などの主要な国際会議や国際開発を行う関係者の間で、「パートナーシップ」という用語がしばしば活用されている。

1996年に採択されたOECDの「DAC開発援助戦略」（「21世紀に向けて：開発戦略を通じた貢献」）では、すべての人々の生活の向上を目指し、具体的な目標と達成すべき期限を設定し、これらの目標を実現するためには開発への途上国への主体的取り組み（オーナーシップ）と先進国および開発途上国が責任を分担し、共同の取り組みを進めていくこと、つまり「開発のためのパートナーシップ」の重要性が強調されている。[34]

また、2000年9月国連ミレニアム・サミットにおいて、「国連ミレニアム宣言」が採択された。同宣言と1990年代の主要な国際会議で採択された国際開発目標が統合されまとめられたものが「ミレニアム開発目標（Millennium Development Goals＝MDGs）」である。MDGsは、2015年までに国際社会が達成すべき共通の行動指針として8つの目標を掲げている。その8つ目の目標の「開発のためのグローバル・パートナーシップの推進（Develop a global partnership to development）」では、国際開発のためのパートナーシップを強調して、7つのターゲットと政府開発援助、市場アクセス、債務の持続可能性などの指標をあげている。[35]

一方、日本の外務省もパートナーシップの重要性を指摘している。外務省は、パートナーシップについて以下の通り述べている。「現在、援助国、被援助国、国際機関、NGOを含む民間部門などが有するあらゆる資源を効果的に組み合わせ、多様な主体間の連携・協力（パートナーシップ）を強化しながら開発援助を進めていくことが、国際社会全体の大きな流れとなっている」。そして、国際的開発パートナーシップの構築として、国際社会による開発目標の共有、開発援助主体の多様化、援助協調の推進、をあげている。[36]

また、外務省は、政府開発援助（ＯＤＡ）の国民の参加と理解の増進を図るために３つの「Ｐ」のキーワードを紹介している。そのうちのひとつが「新たな官民の連携（Partnership パートナーシップ）」で、多様化、複雑化する途上国の援助ニーズを満たしていくためには、政府だけでなく、ＮＧＯ、民間企業など民間部門とのパートナーシップが必要であると述べている。[37]

さらに、２００２年８月に開催された「持続可能な開発に関する世界首脳会議」（ヨハネスブルグ・サミット）では、ヨハネスブルグ宣言、実施計画を採択するとともに、国際機関、各国政府、ＮＧＯなど多種・多様な主体によるパートナーシップ・イニシアティブとしての「持続可能な開発のためのパートナーシップ（Partnerships for Sustainable Development）」が提案された。アジェンダ21を実施するために未交渉だった「持続可能な開発のためのパートナーシップ」は、ヨハネスブルグ・サミットの重要な成果になることが証明された。それらは、同サミットの実施計画を実現するために主要な政府間の手続きを通して政府によって合意された文書となっている。[38]

また、「持続可能な開発目標（Sustainable Development Goals：ＳＤＧｓ）」は、ＭＤＧｓが２０１５年に達成期限を迎えるにあたり、環境保護を中心とする持続可能性（Sustainability）と開発の両者を追求する開発目標として、２０１５年９月に２０３０年までの開発目標として17の目標と１６９のターゲットが設定されたが、その17番目の目標として「（先進国と世界の責任）持続可能な開発のための実施手段を強化し、グローバル・パートナーシップを活性化させること」とされ、先進国の責任とされたＭＤＧｓと違い、先進国と世界の責任により、実施手段と持続可能な開発への地球規模のパートナーシップの強化を目指している。

このように、国際機関や日本の政府が、国際開発のためのパートナーシップという用語を使うとき、表０―

4のように途上国と先進国の協力、さらに、国家（政府）間の協力だけでなく、政府、国際機関、NGO、住民組織、自治体、民間など国際開発に関わるすべての要素（ファクター）を含んだ協力、協調、協働、連携を意味する。しかし、政府がパートナーシップというときは、官民の連携・協力を指すことが多く、パートナーシップを通じて国際機関や政府の政策に関与するように、政府が国民やNGOに働きかけることを意味する場合もある。図0—6の通り、NGOが政府のパートナーシップに対して批判することもある。政府による官民一体の「オール・ジャパン」的なパートナーシップ政策への参加を拒否したり、政府やアジア開発銀行などが唱える開発のパートナーシップについても、同様に参加を拒んだり批判したりするNGOも多い。

国連機関、政府だけでなく国際協力NGO自身もパートナーシップの必要性を唱えている。NGO間のパートナーシップの場合、先進国NGOと途上国ローカルNGOの協力関係づくり、さらに国別・地域別・課題別に連絡・調整を行うネットワークNGOによる協調行動を指す場合がある。最近では、貧困削減、環境保全、債務帳消し、女性の地位向上、地雷廃絶、貿易の格差是正、初等教育の普遍化、HIV／エイズの拡大防止など地球上にある様々な開発の課題を解決するために、課題別にNGO同士がパートナーシップを組むことが多い。

また、当時のNGO活動推進センター（現、国際協力NGOセンター＝JANIC）では、NGO間のパートナーシップについて、「アジアの現地NGOと北（特に日本）のNGOが、アジア諸国の生活水準の向上という共通目標に向けて開発に従事するメカニズムのことを指す。特に、パートナーシップとは、計画立案・実施・評価の全プロジェクトサイクルにおける共同によるプログラムづくりを必然的に伴い、相互信頼、相互支援、また相互協力を前提としている」と述べている[39]。

このNGO間のパートナーシップとは、南のローカルNGOと日本のNGOの両者が、共通の課題を確認し、対等な立場で協力をしながら取り組むことを意味している。北のNGOと南のパートナー団体とのパートナー

表０―４　国際開発のためのパートナーシップの考え方の事例

提唱者	年代	テーマ	内　容
OECD「DAC開発援助戦略」	1996	「開発のためのパートナーシップ」	途上国への主体的取り組み（オーナーシップ）、先進国と途上国の共同責任・共同の取り組み
国際協力NGOセンター（JANIC）	1999	「NGO間のパートナーシップ」	アジアのローカルNGOと北のNGOによる共通目標に向けて開発に従事するメカニズム、両者による共通の課題の確認と対等な立場の協力
国連「ミレニアム開発目標」＝MDGs（目標：8）	2000	「開発のためのグローバル・パートナーシップの推進」	７つのターゲット（①貿易と金融、②最貧国のニーズ、③内陸国などのニーズ、④債務、⑤雇用、⑥必須医薬品、⑦情報・通信分野の新技術
外務省「2001年版ODA白書」	2001	「国際的開発パートナーシップの構築」 「新たな官民のパートナーシップ」	多様な主体間の連携・協力 政府、NGO、民間企業の連携
「持続可能な開発に関する世界首脳会議」（ヨハネスブルグ・サミット）	2002	「持続可能な開発のためのパートナーシップ」	国際機関、各国政府、NGOなど多種・多様な主体によるパートナーシップ・イニシアティブ
国連「持続可能な開発目標」＝SDGs（目標：17）	2015	「持続可能な開発のためのグローバルパートナーシップの達成」	先進国と世界の責任 地球規模のパートナーシップの強化

出所：著者作成

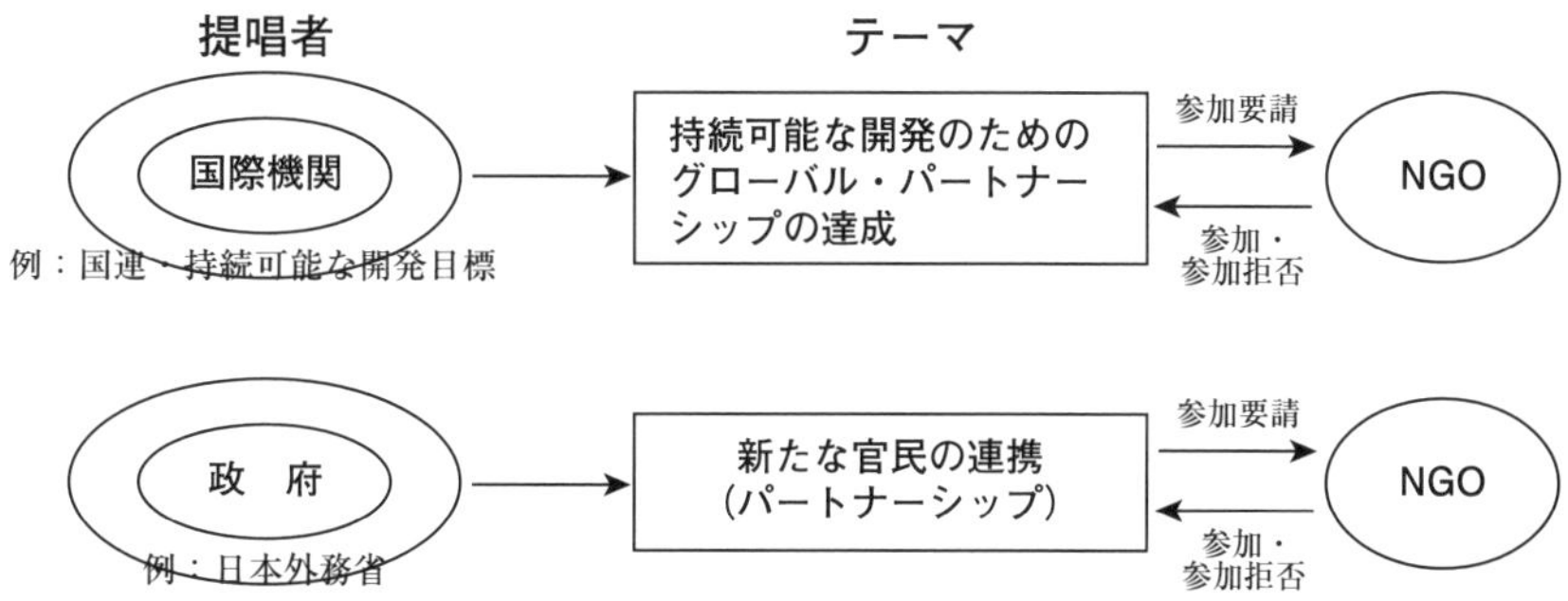

出所：筆者作成

図０―６　国際機関、政府とNGOのパートナーシップの関係性

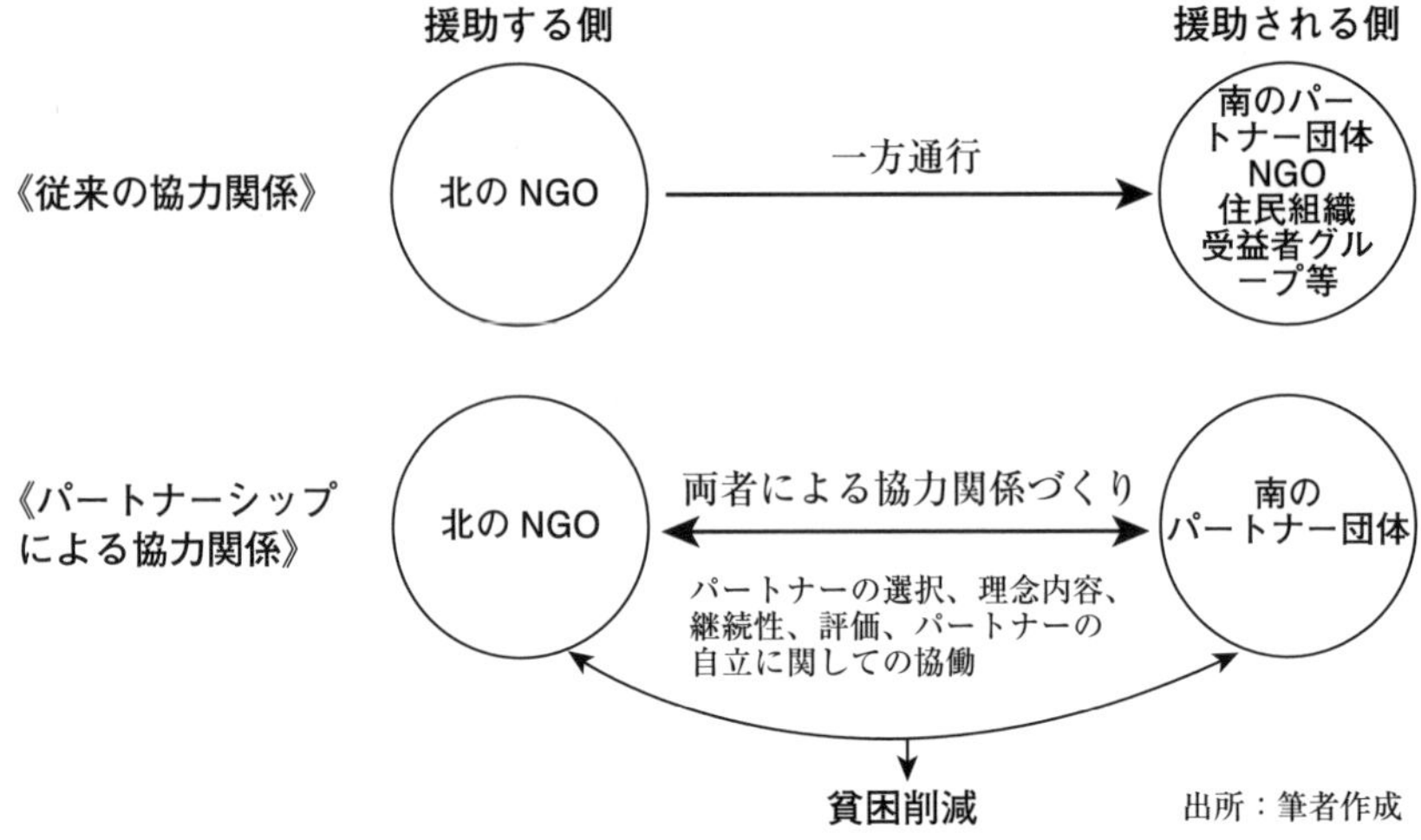

図０―７　北のNGOと南のパートナー団体とのパートナーシップ

シップとは、図０―７の通り「貧困撲滅のためのプロジェクトを行う上での、パートナーの選択、理念、内容、継続性、評価、パートナーの自立を協働で行う協力関係づくり」のことを示す。

⑶　NGOのアカウンタビリティの向上

日本のNGOは誕生し発展する一方で、現在多くの課題に直面している。日本経済の景気低迷が続く中、政府の超低金利政策が実施され、日本NGO支援無償資金協力など増大する政府資金への依存、「国際ボランティア貯金」の配分金や民間財団からの助成金の大幅な減額、民間からの募金の減少などの結果、NGOの財政面の外部依存や、自己資金の確保の困難が懸念されている。また、開発協力を行うNGOの中でも、内部対立により会員の不信感を招いた団体や、不正経理や粉飾決算が発覚した団体など、NGO活動の信頼を損ねる不祥事が発生している。

今後、グローバル市民社会や各国の市民社会の中でNGOの責任と役割が大きくなるにつれて、NGOの活動の専門性が強く求められるようになり、さらに最近ではNGOのアカウンタビリティ（明確な説明責任）が特に重視されるようになっている。NGOに求められるアカウンタビリティについて、エドワーズとヒュームは以下のように定義している。「アカウンタビリティとは、一般的に人々や組織が認知された権威者や権威者達に報告したり、彼ら（人々や組織）に活動に対して責任をもたせるための手段として解釈される[40]」と述べている。スマイリーとヘーミッチは「開発協力の行為者（すなわち政府とNGO）は、納税者、民間財団そして特に開発途上国での彼らの活動の受益者への説明責任を果たすことを必要としている。目標への確かな公約は、よりよいアカウンタビリティと評価を行う際に重要な要素となる[41]」つまり、NGOにおけるアカウンタビリティとは、NGOが関係のある人や組織（ステークホルダー）に対して、事業、活動、そして運営の状況について説明する責任のことなのだ。

このようなステークホルダーに対する人道支援・開発協力のクオリティ（質）とアカウンタビリティの国際基準の制度作りが国際社会で進められている。以下JANICの冊子『支援の質とアカウンタビリティ[42]』に沿って説明する。このような国際基準は、1994年に発生したルワンダの大虐殺が行われた際の支援活動の反省から、その支援の際の経験を基に、人道支援の団体や活動のあり方が問われ国際基準が作られるようになった。

人道支援の国際基準として以下のようなものがある。

まず、「スフィア基準（The Sphere Project, Humanitarian Charter and Minimum Standards in Humanitarian Response）」がある。この基準は、1997年国際赤十字・赤新月社《せきしんげつしゃ》により人道支援における活動の質の向上と被災者への責任を果たすことを目的とするプロジェクトで2000年に策定された。

次に、「HAP基準（The Humanitarian Accountability Partnership, HAP Standard in Accountability and Quality management）」は、2003年、14の人道支援団体により、スイス・ジュネーブでHAP「人道支援アカウンタビリティにおける連携」が登録され、2007年にHAP基準として合意された。

続いて、「人道支援のための中核基準（ＣＨＳ）（Core Humanitarian Standard on Quality and Accountability）」は、２０１４年12月、ＨＡＰ、People in Aid、Sphere Project のコア基準を統合して、９つの責務と質的要件として発行された。

この他にも、事業者が、環境・社会・経済的な発展に向けた方針策定、計画立案、具体的取り組み等を促進

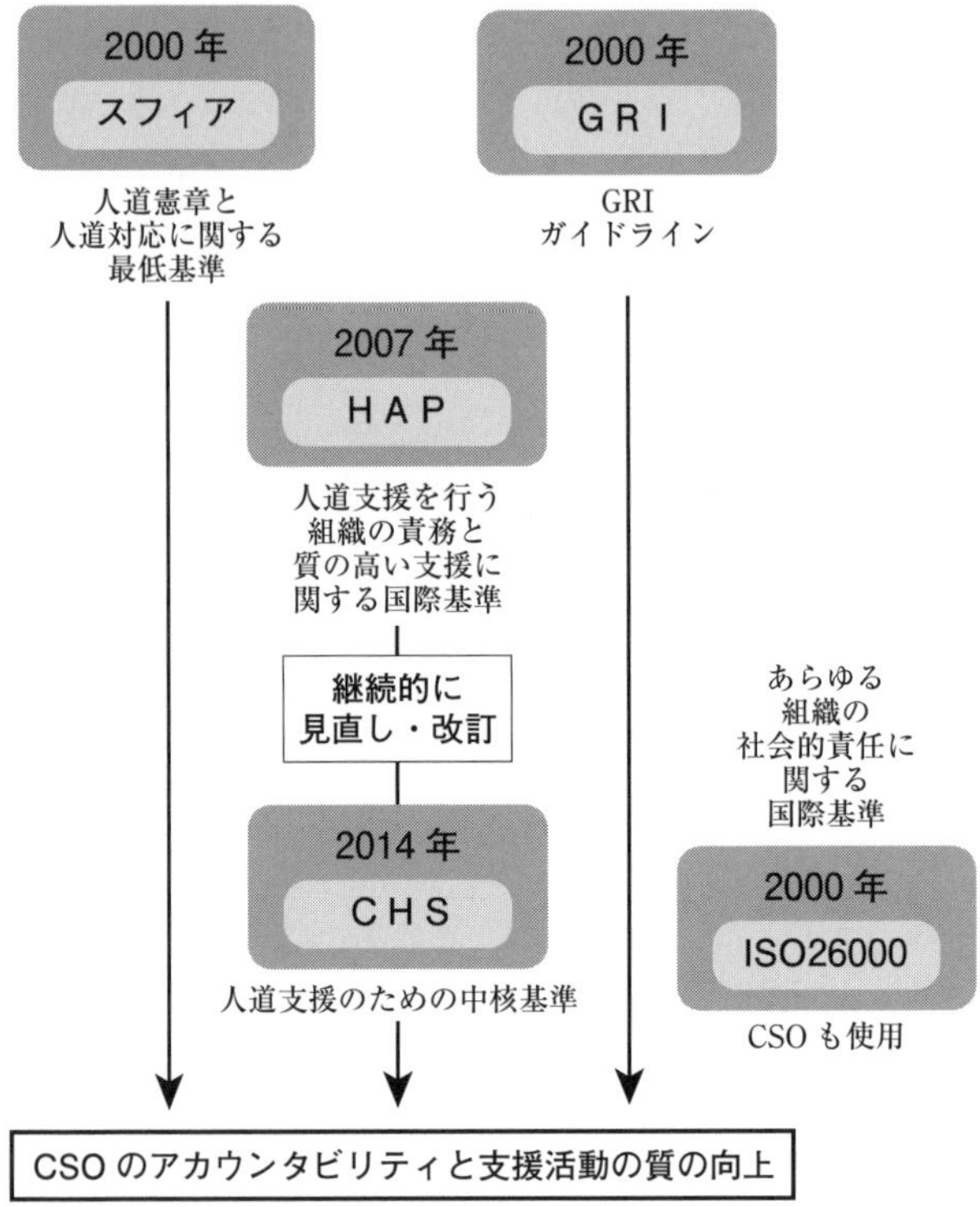

出所：JANIC の HP（「NGO の質とアカウンタビリティ『国際基準の解説図
http://www.janic.org/more/accountability/development/chart/
2017 年 1 月 21 日閲覧）を参考に作成

図0—8　CSOのアカウンタビリティの国際基準の制度作り

するための国際的なガイドライン「ＧＲＩガイドライン Global Reporting Initiative Guideline」やＮＧＯを含めたあらゆる組織を対象とする社会的責任（Social Responsibility）に関する国際的ガイドライン「ＩＳＯ２６０００」、国際ＮＧＯのアカウンタビリティと活動の質の向上を求める「国際ＮＧＯ憲章(International NGO Charter)」、「ＷＨＯ版心理的応急処置」(Phycological First Aid ＝ＰＦＡ）などの国際基準があり、ＮＧＯのアカウンタビリティ

と支援活動の質の向上はこの10年間で制度的・組織的に飛躍的に発展した[43]。

近年NGOが政府、企業、世界銀行などからアカウンタビリティを求められていることに対して、「では、NGOは誰の利益を代表し説明責任を果たしているのか」というNGOの正統性（レジティマシー）を問う動きも出てきており、CSOネットワークの黒田かをりは、NGOの正統性を確保するためのアカウンタビリティの必要性を述べている[44]。また、JANICの松尾沢子は「アカウンタビリティは〝コミュニケーション〟活動と捉えるべきだ[45]」として、NGOをあるべき状態に導くため、ステークホルダー間とのコミュニケーションの重要性を述べている。

アカウンタビリティの必要性は、すでに政府や企業だけの問題ではない。日本のNGOと比べれば、歴史も経験もある欧米のNGOは当然であるが、日本のNGOも、政府や募金をしてくれる一般市民など多様なステークホルダーを抱えているために、説明責任を負うのは当然の帰結だ。

6　問われるNGOの開発効果

今日の開発協力の議論では、最貧困者や弱者へのエンパワーメント貢献度や権利と義務という点が重視されている。前項で人道支援・開発協力のクオリティ（質）とアカウンタビリティの国際基準を紹介したが、第2次世界大戦後本格的に行われるようになった政府開発援助（ODA）やNGOによる開発協力のあり方や開発協力の質、つまり援助効果（Aid Effectiveness）や開発効果（Development Effectiveness）が国際的に問われている。

最近、援助効果の議論は、2005年に援助効果に関する第2回パリ閣僚会議で具体的な数値目標を定めた「援助効果にかかわるパリ宣言」は、援助効果向上のために、オーナーシップ（Ownership）、整合性

（Alignment）、調和化（Harmonization）、成果のマネージメント（Managment for Results）、相互のアカウンタビリティ（Mutual Accountability）の5つの施策が柱になっている。２００8年にはガーナで第3回アクラ閣僚会議が開催され、パリ宣言を補完するアクラ行動計画（Accra Agenda for Action＝ＡＡＡ〔トリプル・エー〕）が発表され、２０１１年11月には韓国で第4回ソウル閣僚会議が開催され、パリ宣言から後の5年間でどの程度の進捗があったのかの評価が行われ、今後の援助効果の方向性が議論された。ＮＧＯにおいても政府や国際機関による援助の監視役だけでなく、ＮＧＯや市民社会（ＣＳＯ）が行う開発効果についても問われている。[46]

この流れを受けて、世界のＮＧＯや市民社会側は、２０１０年9月トルコ・イスタンブールで開催された「ＣＳＯ開発効果第1回オープンフォーラム世界大会」において「ＣＳＯ開発効果に関する国際枠組み案」をまとめ、「ＣＳＯ開発効果に関する原則（以下、イスタンブール原則）が採択された。このイスタンブール宣言は、①人権と社会正義を尊重し、推進する、②女性と少女の人権を推進し、ジェンダーの平等と公平性を実現する、③人々のエンパワーメント、民主的オーナーシップと参加に焦点を当てる、④環境の持続性を尊重する、⑤透明性とアカウンタビリティを遵守する、⑥公平なパートナーシップと団結を模索する、⑦知識を創出、共有し、相互学習に関与する、⑧プラスの持続的変化の実現に寄与する、の8つの原則が合意されている。[47]

さらに、２０１１年6月カンボジア・シェムリアップで開催された「ＣＳＯ開発効果第2回オープンフォーラム世界大会」において、ＣＳＯが活動しやすい政策環境づくりの事例として、カンボジアにおけるＮＧＯ法改正の問題が発表され、ＮＧＯの登録を義務付けるＮＧＯ法に反対するＣＳＯの声明はすでに６５０団体以上が賛同に署名し、日本大使館を含む各国政府も一定の縣念を表明した。ＣＳＯがＮＧＯ法に反対するのはカンボジアにおける表現の自由や結社の自由が脅かされる危険性があるからだ。[48] 日本国際ボランティアセンター（ＪＶＣ）カンボジア事務所現地代表の若杉美樹は、カンボジアのＮＧＯの連合体ＣＣＣ（Cooperation Committee for Cambodia：カンボジア協力委員会）などＣＳＯはこのＮＧＯを規制するＮＧＯ法が成立する前に、

表0—5　CSOの開発効果にかかるイスタンブール8原則

原則1	人権と社会正義を尊重し、推進
原則2	女性・少女の権利を尊重し、ジェンダー平等と公正を実現
原則3	人々のエンパワーメント、民主的オーナーシップと参加を重視
原則4	環境の持続可能性を推進
原則5	透明性を確保し、アカウンタビリティ（説明責任）の実現
原則6	公平なパートナーシップと連携の模索
原則7	知識を創出、共有し、相互学習の実践
原則8	状況の改善に向けた持続的な変化の実現

出所：国際協力NGOセンター（JANIC）（2013）『シナジー「特集CSO開発効果　NGOが守るべき8つの原則」Vol.160、2014年1月号

ＮＧＯが開発効果向上に向けた指針を示し、ＮＧＯ活動が保障される民主的な環境づくりを目指していると述べている[49]。このカンボジアのＮＧＯ法を巡る背景には、近年の土地紛争を契機に土地問題で困難な立場にある農民を擁護するカンボジアの人権ＮＧＯを国家による法規制で管理しようという動きが強まっていることがある[50]。

高橋清貴は、ＮＧＯがパリ宣言でいう「援助効果」ではなく「開発効果」と使っているのは、「援助効果」は最低限度達成すべき指標にすぎず、真の「効果」を向上させていくにはそこにとどまってはならず、貧しい人々の社会的正義や人権、エンパワーメントを含めた開発全体への効果（「開発効果」）を目指すべきだからと述べ、「援助効果」から「開発効果」への概念化の発展の背景には、途上国のＮＧＯの置かれた政治環境の変化がある、と述べている[51]。

ＮＧＯの開発はどのような効果をもたらしているのであろうか。特に開発協力の受益者としての住民の生活にどのような影響をもたらしているのであろうか。リデルはＮＧＯプロジェクトの大部分は多分明らかな利益をもたらしたのであろうが、その利益の多くは受益者の生活を改善し、人生の幸福を高めることに小さな貢献しか行っていないだろうとＮＧＯの開発効果について厳しい評価を行っている[52]。

本書ではＮＧＯの誕生と発展についての議論を進めていくが、こ

の真の「効果」を向上させていくという開発効果の議論は本書と共通する議論であり、特にイスタンブール宣言の中の8つの原則は、人々の人権、エンパワーメント、環境、アカウンタビリティ、パートナーシップ、持続性を挙げており、本書で取り上げる課題と重なる部分があり、今後NGOが開発協力を行う上で、どのように効果が求められるか、いかにアカウンタビリティを向上させ信頼や社会的責任を果たしていけるのかが、国際的な援助や開発協力の議論を行う上でも求められているのである。

【注】

1 グローバル・ガバナンス委員会（1995）『地球リーダーシップ』NHK出版、28頁。筆者がイギリスのクリスチャン・エイドに在籍していた1995年当時、グローバル・ガバナンスの考え方を紹介した本書の発行はヨーロッパのNGOの間でも大きな話題になっていた。
2 グローバル・ガバナンス委員会（1995）2頁。
3 Kaldor（2003）pp.6-12.：カルドー（2007）11－19頁。
4 Kaldor（2003）pp.44-45.：カルドー（2007）64頁。
5 Kaldor（2003）p.10.：カルドー（2007）16頁。
6 Kaldor（2003）pp.80-81.：カルドー（2007）116－117頁。
7 DFID（2006）p.2.
8 DFID（2006）p.13.
9 西川潤（2011）151頁。
10 西川潤（2011）159－160頁、秦辰也（2014）まえがき:ii－iv。
11 Anheier, Kaldor and Glasius（2012）p.2.
12 Anheier, Kaldor and Glasius（2012）pp.19-25.

13　重田康博（２００５）294頁。他に、グローバル市民社会については、上村雄彦（２００９）、西川潤（２０１１）、高柳彰夫（２０１４）が詳しい。
14　高松市ＨＰ　https://www.city.takamatsu.kagawa.jp/10741.html
15　小松隆二（２００４）30－31頁。
16　カール、インゲ（１９９９）39頁。本書によると、地球公共財には純粋地球公益と最低限の地球公共財があるという。
17　同右、26－58頁参照。
18　重要なポイントを挙げる上で、１から９までのポイントについて基本的に重田康博（２００５）を参考にした。
19　以下の文献を参考にした。下澤嶽（２００７）、Drucker. P. F.（1990）、Edwards, M.and Hulme, D. eds.,（1995）、コーテン、デビット著／渡辺龍也訳（１９９５）、Riddell, Roger C.（2007）、Smillie, I（1993）.
20　OECD（1988）.
21　OECD（1988）p.16.
22　Smillie, I（1993）p.21.
23　Commission on Global Governance（1995）p.32.；グローバル・ガバナンス委員会（１９９５）63頁。
24　Union of International Associations, ed.（2002）p.2407. Ahmed, Shamima and David M. Potter（2006）p.19.
25　Anheier, Kaldor and Glasius（2012）p.20.
26　Anheier, Kaldor and Glasius（2012）p.20.
27　国際協力推進協会（１９８９）17頁。
28　外務省・国際協力ＮＧＯセンター（ＪＡＮＩＣ）（２０１６）『ＮＧＯデータブック２０１６』14頁。
29　内閣府ＮＰＯ　http://www.npo-homepage.go.jp/（２０１６年10月31日閲覧）
30　認定ＮＰＯ法人数　http://www.nta.go.jp/tetsuzuki/denshi-sonota/npo/meibo/01.htm（２０１６年10月31日閲覧）。
31　ＮＧＯの資金規模は、２００９年ＤＡＣ議長報告（外務省（２０１０））、２００２年ＤＡＣ議長報告（外務省

（２００４）、２００６年ＤＡＣ議長報告（外務省（２００８））を引用。

32 日本のＮＧＯの財政規模（総収入）は、１９９２年度はＮＧＯ活動推進センター（１９９４）、１９９４年度はＮＧＯ活動推進センター（１９９６）、１９９６年度はＮＧＯ活動推進センター（１９９８）、２００４年度は国際協力ＮＧＯセンター（２００７）、２００９年度は国際協力ＮＧＯセンター（２０１１）を引用。

33 Riddell（2007）p.259.

34 外務省編（２００２）46頁。

35 国連開発計画（２００２）。

36 外務省、注34に同じ、５－９頁。

37 外務省、注34に同じ、35－36頁。その他の「Ｐ」は、国民各層の幅広い参加（Participation）、官民双方向の交流（Public-Private Interaction）である。

38 国際連合広報センターのＨＰ　http://www.unic.or.jp/news_press/features_backgrounders/1129/（２０１７年2月22日閲覧）参照。

39 ＮＧＯ活動推進センター（１９９９）。また、下澤嶽（２００７）は、パートナーシップの定義について、「開発途上国におけるプロジェクトの実施に関して、南北関係ＮＧＯ間（ときには南の開発ＮＧＯと国連やＯＤＡ関係とのプロジェクトの場合もある）で役割分担をし、決定権など力関係においては対等であろうとする価値、姿勢、行動様式」と述べている。

40 Edwards, M. and Hulme, D.（1995）p.9.

41 Smillie, I. and Helmich, H.（1997）p.5.

42 ＪＡＮＩＣ・ＱＡワーキング事務局（２０１５）『支援の質とアカウンタビリティ』

43 ＪＡＮＩＣのＨＰ　http://www.janic.org/more/accountability/（２０１６年12月25日閲覧）

　ＪＡＮＩＣ・ＱＡワーキング事務局（２０１５）１－５頁。

44 ＪＡＮＩＣのＨＰ　http://www.janic.org/more/accountability/（２０１６年12月25日閲覧）

　重田康博（２００５）308頁。

45　松尾沢子（２０１２）24－25頁。
46　国際協力ＮＧＯセンター（２０１０）３－４頁。
47　林明仁（２０１１）22－23頁、高柳彰夫（２０１１）４頁、谷山博史（２０１１）５－６頁を参照。
48　宮下恵（国際協力ＮＧＯセンター）「ＣＳＯ開発効果第２回世界大会の報告」『ＯＤＡ政策協議会資料』(http://www.mofa.go.jp/mofaj/gaiko/shimin/oda_ngo/taiwa/pdfs　２０１１年７月閲覧）
49　若杉美樹（２０１１）７頁。
50　高橋清貴（２０１１）203－204頁。
51　同右、200頁。
52　Riddell（2007）p.272.

第1章　欧米諸国の市民社会の誕生と発展

――イギリスのチャリティの歴史と国際ＮＧＯ

本章では、欧米諸国の市民社会の誕生と発展を考えるために、最初に欧米諸国の市民社会の原型について歴史を遡って紹介し、次にイギリスの市民社会の一事例としてチャリティの発展について、第3にイギリスの国際ＮＧＯの原点としてキリスト教系団体の植民地における慈善活動と黒人奴隷制度からの解放のための政策提言活動を取り上げ、欧米の市民社会の誕生を経て国際ＮＧＯのルーツを探り、その発展のあり方を考える。

1　市民社会の原型・定義

最初に、市民社会、グローバル市民社会やＮＧＯの定義を説明する前に、それらの歴史的発展の経緯について簡単に触れる。市民社会の起源は、古代ギリシャの哲学者アリストテレスが言ったポリス（Polis＝都市国家）にあるといわれている。ギリシャやローマのポリスは、一定の限られた人たちが参加する政治共同体であり、市民とはその共同体の最終目的であるポリスに住む人を意味した[1]（臼井、高柳、西川、エドワーズ）。その後欧米諸国において、市民社会は長い歴史の激しい闘争の中で時間をかけて形成されてきた。17世紀から19世紀にかけて歴史的に有名な清教徒革命、名誉革命、フランス革命、チャーチスト運動等の革命や運動は、市民革命や市民運動ともいわれ、議会が作られ、民主主義が発展し、徐々に市民の支持と参加を獲得し、欧米の市民社会の成長に貢献した。17世紀から19世紀の間に、近代市民社会は、イギリスのロックやフランスのルソーの社会契約的市民社会観、ファーガソンやアダム・スミスのスコットランド啓蒙思想的市民社会観、ドイツのヘーゲルの反資本主義的市民社会観、ウェーバーのプロテスタント資本主義的市民社会観などヨーロッパの啓蒙思想や国家から離れた市民社会観を形成するが、それらの市民社会観を否定するマルクスのマルクス主義が欧米諸国を中心にして成長してきた[2]。中でもドイツの哲学者カントは、その著書『永遠平和のために[3]』の中で、世界国家でなく国際的連合つまり平和連盟を提唱し、その思想は20世紀に設立された国際連盟、国際連合の設立や世界市民やグローバル市民社会の形成につながっていく。20世紀に入り、ドイツの社会学者ユルゲン・ハーバーマスは彼の名著『公共性の構造転換』の中で、市民社会について「自由な意思にもとづく非国家的・非経済的な結合関係である。もっぱら順不同にいくつかの例を挙げれば、教会、文化的なサークル、学術団体をはじめとして、独立したメディア、スポーツ団体、レクレーション団体、弁論クラブ、市民フォーラム、市民活動があり、さらに同業組合、政党、労働組合、オールタナティブな施設にまで及ぶ[4]」と述べ、市民社会と公共圏の関係性について説明している。ハーバーマス以前は常に国家との関係で市民社会が語られることが多かったが、ハーバーマスの市民社会論以後は、市民が社会のあり方について自由に議論し合意を形成していく「市民的公共圏」の議論がされるようになった。

近年における市民社会の議論は、マイケル・エドワーズが彼の著書『「市民社会」とは何か』の中で3つの定義を述べている。第1は「団体としての市民社会（Association Life）」である。市民社会を国家や市場と区別しつつも、目標を達成するために自発性に基づく同じ社会の団体活動である。ハーバーマスが述べた通り、そこには家庭から国家の間に存在するすべての諸団体やネットワークを含んでいる。第2は「善い社会（Good

Society)」としての市民社会である。市民社会を、行動様式と規範が協力、信頼、寛容および非暴力といった態度や価値に基づく「善き心の社会」「礼儀正しい市民社会」として捉える考え方である。第３は「公共圏(Public Sphere)」としての市民社会である。共通の利益を求めて、市民に開かれた審議（合意形成）、理性に基づく対話型政治からなる「公共圏」としての考え方である。この点もハーバーマスの「市民的公共圏」と共通性があるが、現代社会の平和や発展を考えるとき公共圏の果たす役割を十分考える必要がある。エドワーズは、市民社会を考えるとき、この３つはバラバラでなく、統合して考える必要があり、それが「強い市民社会」を形成してくことになると述べている。[5]

2　イギリスのチャリティの発展

(1)「ボランティア（volunteer)」の意味について

よく使われるボランティアという用語は本来どのような意味があるのであろうか。『オックスフォード大辞典』によると、ボランティアという用語は、「自警団」「志願兵」という意味であり、「志願兵」は自ら志願して兵隊になるもので、強制的に兵隊になる「徴兵（military service)」とは異なる。また、柴田善守は、「1647年イギリスは、オリバー・クロムウェルによる革命の前夜で、イギリス全土は混乱状態にあり、村や町では自警団として、自分たちで村や町を守らねばならなかった」と述べている。[6]その他に、「社会問題解決のために無償で働く一般市民」[7]という訳語がある。なお、欧米では「ボランタリー活動」と言うことが多いが、本書では「ボランティア活動」と述べることとする。

ボランタリズムとは、国教として税金で維持されている宗教制度から分離して、信者が自らの献金で宗教を支える意志を表現する宗教的用語である。阿部志郎（元・横須賀基督教社会館館長）によると、「ボランタリズムはプロテスタント教会の原理だといってよいだろう。ボランタリズムの思想を確立したプロテスタントは、『ディッセントの伝統』（宗教上の権威、伝統、形式、特権に対して異議を申し立てる）に根ざしていた。この伝統が労働組合・協同組合・セツルメントや社会事業の働きを発展させたボランタリー・アソシエーション（任意団体）を形成することになり、ここからボランティアの活動が展開されたのである」[8]。また、国際協力ＮＧＯセンター（ＪＡＮＩＣ）の元理事長船戸良隆は「ボランタリー・アソシエーション（Ｖ・Ａ、ボランタリー組織）の起源は17世紀にまでさかのぼり、国教会に対する自由教会運動（国の税金で運営されている国教会に対し、自分たちの献金で運営される教会）にあります。これが後に、市民社会の形成に結びついていくわけです」[9]と述べている。柴田善守が『福祉名鑑』の中で、「ボランティアの発生は近代市民社会であり、個人の尊厳性が認められ、人権が尊重されるようになったとき、ボランティアが生まれ、成長したのである。歴史的にもっとも早く市民社会を形成したのは英国であり、ボランティア活動もイギリスにまずあらわれた[10]」と述べている通り、欧米のボランティア活動はイギリスで国教会から独立して市民が自主的に教会運動を行ったことを起源として始まり、それが市民社会の形成に結びつき支えていったということになる。

草地賢一（元・ＰＨＤ協会総主事）は生前、ボランティア活動について「言われなくてもやる、言われてもしない活動」と語っていた。つまり、ボランティア活動は、自主的、自発的、自由に必要と思われる公共の利益になることを実践することであり（自律、自立、自主であって、無償、自己犠牲だけではない）、時には政府に代わり自由で自主的な意志を持つＮＧＯや市民が市民社会の形成のために行う実践なのである。

(2) チャリティとは

チャリティ、ボランティア活動はイギリスにおいて始まったといわれている。イギリスはチャリティ大国、ボランティア大国といわれている。2001年度末現在で約60万のボランティア団体があり、約18万8000団体がチャリティ委員会に登録されている。[11]

「チャリティ（Charity）」という用語は、イギリスでは本来「教会の貧困救済行為のこと」[12]をいい、貴族等の富めるものが貧しいものを助けるという意味で、イギリスの歴史や社会に深く根ざしている。イギリスのチャリティ団体は、チャリティ法の下、チャリティ委員会という国の機関の認定を受けている。チャリティには次の3つの重要な概念がある。

①「公的公益」……市民やコミュニティのために利益になるものと定義づけている。
②「独自性」「自立性」「独立性」……政府とは異なるという概念である。
③「利益追求型としない」……チャリティは商業活動も行うが公益を目的とした活動である。

（市民フォーラム21『第二回イギリスのNGO／NPO活動調査報告』1997年より）

英労働党トニー・ブレア政権では、2000年チャリティ税制改正を実施後、2006年11月に新チャリティ法が成立し、新制度の導入と改革が進められた。新チャリティ法は、①公益目的の再定義（貧困の救済、教育の振興、宗教の普及、その他の4項目から13項目に追加）、②チャリティ委員会の見直し、③登録への最低収入限度の引き上げ（年収1000ポンド〈約21万円〉から5000ポンド〈約105万円〉に変更）、④チャリティ委員会に対する不服裁判所（Charity Tribunal）の新設、⑤新規公益法人組織（Charitable Incorporated Organisation ＝ CIO）設立（チャリティ資格と法人格との分離を一元化のため）となっている。[13]

(3) チャリティの発展の要因

それでは、なぜイギリス社会の中でチャリティがここまで発展したのであろうか。それは、歴史的、宗教的、文化的、政治的、経済的な要因などと深く結びついているが、ここでは以下の6点について議論を進めていく。

① キリスト教会の貢献

イギリスのチャリティの起源は12～13世紀の中世にまでさかのぼり、その発端は「富めるものが貧しいものを助ける」という当時の教会による貧困救済活動であった。当時から教会は貧しい者への救済を説いて、王侯貴族、大商人、敬虔な信者などにチャリティ活動への寄付を求めた。以後、17世紀になると、1601年に貧困者救済のための組織の設立を定めた「貧困者救済のためのエリザベス法令（The Elizabethan Act for the Relief of the Poor)」（公益ユース法ともいう）が制定された。チャリティ法の起源とされるこの法律によって公益活動が法的に認可され、1606年に教会組織を母体とする10のチャリティが設立された。

19世紀には、1853年、チャリティ法（Charitable Trust）を管理するチャリティ委員会が設立される。また、産業革命に伴って公害問題、貧困問題、公衆衛生問題、環境問題等が発生し、多くの教会がこれらの分野に関する活動を行った。例えば1844年「YMCA」(George William)、1865年「Salvation Army」(William Booth)、1895年「ナショナル・トラスト」などが設立される。20世紀の第1次および第2次世界大戦の被災者に対する救済活動や戦後の復興活動の際にも、教会系チャリティやNGOが多大な貢献を果たした。さらに、第2次世界大戦後、イギリスは福祉国家の道を歩むことになるが、教会は財政赤字に悩む自治体に代わり、地域でのチャリティ活動を支えた。以上の通り、教会は保守的であるが、助言、財政支援、精神的支えという3つの面で大きな木の幹のような役割を果たし、チャリティの発展に大きく貢献してきたといえる。

②　精神の自己浄化作用（カタルシス）

イギリス市民は、チャリティ団体への寄付やボランティア活動への参加によって、自己の魂を浄化させることを求める。古くは敬虔なクリスチャンにとって、チャリティとは自己や家族が神＝キリストに救われるための手段であるとされていた。また、ボランティア活動についても、当初は神への救済を求めて自発的に奉仕活動に参加することが目的とされていた。しかし、教会離れや信仰離れが進む現代のイギリスでも、市民の中に神による救いのためではなく、あくまでも自己浄化のためにチャリティ団体への寄付やボランティア活動に参加する人が多い。階級社会であるイギリスの中で、このような人々は中産階級以上のゆとりのある中高齢者、特に女性に多い。もちろん、労働者階級の中にもチャリティ団体への寄付を行っている人はいるが、多数ではない。また、個人主義の強いイギリス市民は家族よりもチャリティに自分の拠り所を求めることが多いといわれている。

③　政府への代弁者としての役割

イギリスのチャリティ団体が扱う課題は、高齢者、障害者、児童、女性、人権、環境、開発、教育など多岐にわたる。特に、これらの課題を扱う団体が集まった全国協議会や地域協議会は、地域市民や地域団体が直面している諸課題の解決のために、全国あるいは地域の代弁者として政府や自治体に対する政策提言を活発に実施している。例えば、イギリスのチャリティ団体の全国協議会であるＮＣＶＯ（National Council for Voluntary Organizations ボランタリー団体全国協議会）は、全国にあるチャリティ団体の問題点を把握し、約７００の加盟団体を代表して政府に対して問題解決のための提言や交渉を行っている。こうしたチャリティ団体による政策提言活動は、政府や自治体への地域からの要請であると同時に、チャリティ団体の大きな役割でもある。さらに、イギリスの国際NGOであるオックスファム、クリスチャン・エイドは、政府、国会議員、欧州連合（EU）をはじめ国連、世界銀行、国際通貨基金、WTOに対して果敢に政策提言を行い、政府、欧州連合、国際機関の政策改善や制度の撤廃を求める場合もある。

最近のイギリスのEU離脱の国民投票に関して、多くのNGOはEU残留を支持したが、国民投票による離脱決定後イギリスのNGOにも激震が走っている。人道支援に関しては、EUからの補助金が全額か大幅に削減されるのではないかという危惧があり、イギリスの国際協力NGOのネットワーク組織BONDでもEUの離脱を考えるワーキンググループが発足したりしている。

④ 商業資本家や中産階級の人々による支援

18世紀から19世紀にかけて産業革命の成功により財をなした商業資本家のエリート層（フィランソロフィストたち）や中産階級の人々は、政府とは別に独自性をもったチャリティ活動やボランティア活動を支援し大きくしてきた。元クリスチャン・エイドのロバート・アーチャーは、商業資本家のエリート層がチャリティ・セクターやボランティア・セクターを育てたことについて、「重要なことは、これが『反政府』ではなく、『政府とともにやってきた』ということです。しかし、独自の活動でした。そのことが、イギリス市民（社会）の中に根深くあります」[14]と述べ、この点がイギリスと日本との大きな違いだと強調している。産業革命による急激な産業の成長や経済発展のために、公害、環境破壊、工場での児童労働など多くの社会問題が噴出したが、逆に産業資本家には大きな富をもたらした。イギリスのナショナル・トラストが保存している遺跡や庭園をまわってみると、貴族や商業資本家が残した富の巨大さを実感することができるが、このような商業資本家の財がチャリティやボランティア活動の発展に大きく貢献したことは、産業革命の皮肉な成果である。

⑤　市民社会からの広範な支持

イギリスには長い歴史をかけて形成されてきた市民社会が存在する。この市民社会の萌芽は、12～13世紀の中世に見られる。当時の中産市民は、王侯貴族の封建制度に対抗していくために、自分たちの社会は自ら作り自ら守っていくという自治原理のもとに、中産市民による自治都市を形成していったのである。例えば、イギリスのヨークにはこの自治都市の傾向が見られる。これらの市民は、その後、貴族、聖職者、大商人などと結びつき、国王の絶対的な権力に対抗していくために、議会を作り、国王権力と多くの流血の争いを経て、数世紀をかけて民主主義を成熟させていった。この流れの中で、歴史的に有名な清教徒革命、名誉革命、チャーチスト運動などが展開され、民主主義が発展していったのである。今日のチャリティ団体の発展は、貴族・中産階級を中心とする市民社会によって支えられてきたわけであるが、やがてこれらの団体は政府への代弁者として、市民の支持と参加を獲得していったのである。

⑥　行政に代わる住民へのサービス提供――政府とボランティア・セクターのパートナーシップ

戦後イギリスが福祉国家になっても、赤字財政に悩む自治体に代わり、チャリティ団体が福祉サービス分野の事業を行った。１９７９年に登場したサッチャー政府は、「大きな政府」を民営化する努力を行い、チャリティ団体が自治体に代わって福祉サービス事業を行うことを奨励した。赤字財政をかかえる自治体に代わり、チャリティ団体が住民へのサービスを提供している。福祉国家の再編によって公共サービスにおけるチャリティ団体と行政との委託契約が進んでいる（逆に、効率的な運営や説明責任が求められる）。現に、イギリス市民は、自分たちの税金が使われている政府の政策に非常に関心を持ち、選挙の時だけでなく日常に問題があると、選挙区の代議士に直接申し立てる人も少なくない。市民の中には、政府を信頼していない人や政府嫌いの人も多く、官僚的で効率の悪い政府や自治体に税金を払うよりも、チャリティ団体に寄付した方が賢明であり、政府の仕事はできるだけチャリティ団体などのボランティア・セクターに移行していくことを望んでいる人もいる。それだけ、チャリティ団体は多くのイギリス市民から愛着を持たれ、支持を獲得してきたのである。

1998年ブレア労働党政権は、「第三の道」（third way）を政策理念として、市民社会とのパートナーシップを強調した。そして、ボランティア・セクターを政府の単なる代理人ではなく「コントラル・カルチャーからパートナーシップ・カルチャーへ」というキャッチフレーズを掲げ[15]、イギリス政府とボランティア・セクターとの間で政府とNPOの役割分担・独立性の認識を表した協定文書「コンパクト（Compact）」を策定し、合意した[16]。

「コンパクト」は、政府とボランティア・セクターのパートナーシップを強化するための文書で、両者の関係に関する法的拘束力のない「覚書」（memorandum）で、全国レベルのナショナル・コンパクトと地方レベルのローカル・コンパクトの「枠組文書」があり、ナショナル・コンパクトは、個別にイングランド、スコットランド、ウェールズ、北アイルランドと策定されている。これらは、両者のパートナーシップを推進するための枠組みを提供し、協議のプロセスを重視している。イングランド・コンパクトは、①「コンパクトの地位」、②「共有理念」、③「共有原理」、④「政府の責務」、⑤「ボランティア・コミュニティセクターの責務」、⑥「コミュニティ・グループや黒人やマイノリティ組織に関する課題」、⑦「不一致の解決」、⑧「コンパクトを推進するために」の8つの部分で構成されている[17]。田中弥生は、コンパクトには政府が果たすべきこと（NPOセクターの独立性を認め、委託契約金の設定の仕方について事前協議を行い明確で一貫性があること、政策立案・実施・評価の一連のプロセスにNPOを参加させる等）、NPOが果たすべきこと（サービス利用者へのアカウンタビリティを果たし、マネージメント力の発揮、政府との協議の際、ボランティアや会員、サービス利用者の参加を保証すること）の2つを述べ、さらにコンパクトが誕生した背景として、①NPOへの行政委託の増加、②政府のパートナーシップ政策、③コンパクトの導入を提唱したディーキン委員会、の3点を挙げている[18]。コンパクトの存在はイギリス政府とボランティア・セクターの関係が単なる行政委託ではなく、ボランティア・セクターと政府の戦略的パートナーシップによる両者の信頼関係の構築という段階まで達していることがわかる。

その他、「地域戦略パートナーシップ」（Local Strategic Partnership＝ＬＳＰ）は、公共セクター、民間セクター、ボランティア・セクターの３つを含めたより包括的で、戦略的なパートナーシップで、「パートナーシップの中のパートナーシップ」といわれている。２０１０年総選挙で勝利したキャメロン保守党政権は、「大いなる社会」（Big Society）なる政策ビジョンを表明し、引き続きチャリティ団体への支援を打ち出し、市民社会大臣、市民社会担当顧問を任命し、ボランティア・セクターと市民参加の強化を目指している。[19]

以上のような点が、イギリスのチャリティ団体を発展させていったのであるが、過去から現在にかけてこれらの団体がかかえてきた課題も多く、決して楽観はできない。

(4)　日本はイギリスの経験に学べるのか

日本のＮＧＯの今後の発展のために、イギリスの経験から何を学べるのだろうか。イギリスのチャリティの発展の事例はあくまでもイギリスのことであり役に立たないという声がある。一面では真実であろう。17世紀にチャリティ法の起源となる法律が制定されたイギリスと、１９９８年に特定非営利活動促進法（ＮＰＯ法）が制定された日本では、ボランティア活動の歴史が違って当然である。イギリスのキリスト教会のように、日本には誰もが社会的・精神的に拠り所と認めるような政府から独立した民間の組織はないし、一部の宗教団体の信者を除いては、信仰や寄付という習慣もない。

このような状況の中で、イギリスの事例からせめて学べるものがあるとすれば、次の点をじっくりと検討すべき時期に来ているのではないか。すなわち、今日の日本でボランティア活動を支える意識や基盤がどれだけ社会の中に育っているのか、日本のＮＧＯやＮＰＯは政府への代弁者や政策提言者となりうるだけの経験・実績・政策立案力・地域組織を持ち、市民から信頼と支持を得ているのか、そして教会のような組織がないとすればそれに代わり得るような組織やネットワークを求めていった方がよいのであろうか、といった点である。いずれにしても、日本のＮＧＯやボランティア団体の今後の発展のためには、個々の団体の努力とともに、ボランティア活動を支える市民社会の成熟が不可欠であり、日本人一人ひとりが真の市民社会の形成を求め、これに参加していくべきではないだろうか。[20]

3　イギリスの国際ＮＧＯの原点

(1)　キリスト教系団体の植民地における慈善活動

18世紀後半から19世紀にかけて欧米のキリスト教会がアジア・アフリカ・ラテンアメリカ地域への植民地支配に乗り出し、キリスト教の布教活動と同時に、イギリス国内で伝統的に行ってきた社会福祉事業をこれらの地域でも行うようになった。宗主国である欧米のキリスト教会は、植民地支配を通じて南の国々と歴史的に深く結ばれており、植民地での布教活動の資金は、宗主国での募金活動によって支えられていた。例えば、イギリスの団体の場合、１７９２年に設立された「バプティスト・ミッショナリー・ソサエティ（The Baptist Missionary Society）」は、最初にインドで活動を始めて以来、キリスト教の伝道を目的にアジア、アフリカ諸国で今日まで活動を続けている。現在「ＢＭＳワールド・ミッション（BMS World Mission）」という名称で、クリスチャン・ミッションの実現のために、世界35カ国で活動している。[21]

その他に、イギリスで発行された『Third World Directory 1993』によれば、１７９９年Church

Missionary Society、１８４４年 The South American Missionary Society、１８６９年 National Children's Home、１８７４年 The Leprosy Mission、１８７９年 Oxford Mission、１８９０年 St. Francis Leprosy Guildがキリスト教の布教のために、第三世界で活動するようになった。これらのキリスト教会やキリスト教系団体が現在のＮＧＯの原点だったのは間違いない。

(2) 黒人奴隷制度からの解放のための政策提言活動

18世紀後半から19世紀にかけて、黒人奴隷貿易が行われるようになり、イギリスもアメリカとの間に立って奴隷貿易の仲介を行うようになった。18世紀後半から19世紀前半にかけて、トーマス・クラークソンやウィリアム・ウィルバーフォース（イギリス下院議員として奴隷貿易廃止運動、奴隷解放法の制定を目指す）は、イギリス議会に対して奴隷解放キャンペーンを行った。彼らの生涯をかけた尽力により、イギリスにおける奴隷貿易は１８０７年に、イギリスの植民地での奴隷制度は１９３０年に廃止された。

「反奴隷インターナショナル（Anti-Slavery International ＝ＡＳＩ）」は、世界で一番古い人権団体として、トーマス・クラークソンを初代会長に１８３９年に設立された。その前身は、奴隷制度の廃止を求める団体として１７８７年に発足した Anti-Slavery Committee であり、１８３９年には British and Foreign Anti-Slavery Society（後に Anti-Slavery International for the Protection of Human Rights と名称を変更し今日まで続く）が、トーマス・クラークソンや他のクェーカー、バプティスト、そしてメソディストの協力によって設立された。その後、ＡＳＩは、クラークソンの遺志を引き継いで、強制労働、女性や子どもの労働、少数民族などに関するキャンペーン、政策提言、調査、関係団体の支援など第三世界の人々の解放を求め、彼らへの支援活動を今日まで行っている。２０１５年から２０１６年現在にかけて、ＡＳＩは世界最古の国際人権団体として、奴隷状態にある人々を支援するために、20カ国で40の関係団体と一緒に活動し、プロジェクト、パートナーシップなど11万5200人を超える直接的な支援を行っている。[22]

【注】

1 臼井久和（2006）8頁、高柳彰夫（2014）14－15頁、西川潤（2011）149頁、エドワーズ（2008）27頁を参照。
2 山口定（2005）1－23頁参照。
3 カント（2015）。
4 ハーバーマス（2007）1990年新版への序言xxxviiiを引用。
5 エドワーズ（2008）9－10、33、51頁。
6 柴田善守（1999）39頁。
7 早瀬昇（1997）44－46頁および岡本榮一編著（2004）2頁参照。
8 草地賢一（1995）186頁。
9 NGO活動推進センター（2004）。
10 柴田善守（1971）。
11 Prime Minister's Strategy Unit, UK Cabinet Office（2002）.
12 笹川平和財団（1990）。
13 塚本一郎、柳澤敏勝、山岸秀雄編著（2007）205－207頁、および企業税制研究所（2005）http://www.zeiseiken.or.jp/zeihou/2007/h20_britain_hieiri_Jigyohtai_zeisei.pdf 21Augu. 2016
14 市民フォーラム21（1996）「クリスチャン・エイド」24頁。
15 塚本一郎（2007）13頁。
16 黒田かをり（2004）194－195頁、重田康博（2007）194頁を参考に作成。

17　塚本一郎、柳澤敏勝、山岸秀雄編著（２００７）12－14、202－204頁を参考に作成。
18　田中弥生（２０１１）108頁。
19　田中弥生（２０１１）115－116頁。
20　本稿は、重田康博「英国新ＮＧＯ事情（１）　英国社会とチャリティ」（１９９６）を参考に作成。
21　Stubbs, Lucy（1993）.; Stanley, Brian（1992）.
BMS World Mission のＨＰ　http://www.bmsworldmission.org/（２０１７年1月9日閲覧）を参考に作成。
22　Gifford, Zerbanoo（1996）.
Anti-Slavery International のＨＰ　http://www.antislavery.org/english/（２０１７年1月9日閲覧）を参考に作成。

第2章　欧米の市民社会の人道復興支援活動の誕生と発展
──NGOは国家から自由な当事者でありえるのか

人間の歴史は戦争の連続であり、本当に平和の時代が来たのは20世紀後半以降からで平和は多くの国々で実現するようになった。しかし、その間は冷戦の時代でもあり、いくつかの国では米国と旧ソ連の代理戦争や民族独立戦争が行われ、現在でも中東やアフリカでは、依然として内戦や紛争状態にある国や地域が存在している。NGOの活動は、そのような戦争での傷病者や被災者への人道的な救援活動から始まった。ダンドローは人道という言葉の起源について、1830年代フランスの哲学者リトレにより「人道的」という形容詞を「人類全体にかかわるもの」と定義されたのが最初で、その後「集合的存在としての人類の擁護者」という意味になったと述べている[1]。また、国際赤十字は「人類に対する積極的好意の感情」と定義している[2]。

前章では、欧米のNGOの誕生と発展の経緯を見てきたが、本章では戦争被災者・難民の救済活動が契機となり、NGOの人道復興支援活動が開始され発展してきたプロセスを辿りながら、いくつかの事例を見ていくことにする。19世紀のNGOの人道支援の原点の活動、20世紀に入り第1次世界大戦とスペインの内乱における救援活動、第2次世界大戦後における人道復興支援活動を取り上げる。

同時に、NGOは政府と反政府の間で中立を守れるのか危険ではないのか、NGOの公正中立・非公開の原則は本当に正義といえるのかどうか、ＮＧＯは無国籍主義、つまり国家主権から自由な当事者でありえるのか等、「国際赤十字運動」および「国境なき医師団」の事例に触れながら、ＮＧＯと国家との関係のあり方についても触れる。なお、国際赤十字運動は、国によってＮＧＯか国際機関かその捉え方が違っているが、本章ではその誕生の経緯やその活動方針から国際ＮＧＯとして扱っていくことにする。

1　戦争被災者・難民への救済活動――ＮＧＯの人道復興支援の原点

(1)　19世紀：国際赤十字の活動

「国際赤十字委員会」(スイス)、「国際赤十字・赤新月社《せきしんげっしゃ》連盟」

19世紀に誕生した緊急援助団体としては、国際赤十字運動がある。国際赤十字の活動は、世界でも多くの人に知られ、日本でも日本赤十字社、通称、日赤という名前で知られている。この国際赤十字運動は、どのように生み出されたのであろうか。

国際赤十字運動の生みの親は、スイス人のアンリ・デュナンであった。１８５９年デュナンは、イタリア北部での旅の途中、イタリア統一戦争の激戦地ソルフェリーノで、傷ついて放置された兵士の悲惨な姿を目の当たりにした。彼は「傷ついた兵士はもはや兵士ではない。人間である。人間同士として尊い生命を救わなければならない」と考え、周囲の人々に協力を呼びかけて救護に努めた。ダンドローによると、14時間でオーストリア兵２万２０００人、フランス兵・イタリア兵１万７０００人が戦死・負傷し戦場にうち捨てられたという[3]。１８６２年デュナンは、ソルフェリーノでの体験を書いた一冊の本『ソルフェリーノの思い出』[4]を自費出版し、その中で、①戦場の負傷者と病人は敵味方の区別なく救護すること、②そのための救護団体を平時から各国に組織すること、③この目的のために国際的な条約を締結しておくことの必要性、を説いた。[5]

ここで重要なことは、ＮＧＯは政府と反政府の間で中立を守れるのか危険ではないのか、ＮＧＯの公正中立・非公開の原則は本当に国際人道上の正義といえるのかどうか、ということであった。このデュナンの提唱に賛同し、１８６３年2月17日ジュネーブの５人の市民からなる「五人委員会」が設立されたのが赤十字国際委員会の始まりである。同委員会の呼びかけにより、同年10月欧州16カ国代表による国際会議がジュネーブで開催され、①救護団体を各国に創立すること、②標章「白地に赤十字」を含む10カ条の赤十字規約が採択され、１８６４年には最初のジュネーブ条約が締結される。１９１９年には、平時事業を担当する国際赤十字・赤新月社連盟が創設される。

赤十字の国際活動は、赤十字の基本原則（人道、公平中立、独立、奉仕、単一、世界性）に基づき、赤十字国際委員会（International Committee of the Red Cross＝ＩＣＲＣ）と国際赤十字・赤新月社連盟（以下、連盟）という2つの国際機関と、各国赤十字・赤新月社（１７５社）の相互の協力体制の下に実施されている。いわゆる、国際赤十字とは、これら３つの機関の総称であり、正式には「国際赤十字、赤新月運動」と呼ばれている。ＩＣＲＣの活動は、①国際救援事業、②戦争捕虜・抑留者の訪問、③安否調査、④普及事業、また、連盟の活動は、①国際救援事業、②開発協力事業、③各国赤十字・赤新月社の組織強化となっている。１９０１年アンリ・デュナンはノーベル平和賞を受賞し、国際赤十字運動も１９１７年、１９４４年、１９６３年に同賞を得ている。特に人道の原則について赤十字は、「赤十字原理の中で唯一無二の地位を占め、他のすべての原則はこれに依存する」と述べている通り、人道は国際赤十字全体の根本的基礎をなしている。[6]

赤十字国際委員会は、19世紀、20世紀と組織を発展・拡大させてきたが、第1次世界大戦、第２次世界大戦を通じてソ連やナチスドイツ等に対していくつか禍根を残してきた。情報を公開すべきか、非公開の原則を遵守すべきか、これは赤十字が長年抱えてきた大きなジレンマである。第２次世界大戦中ナチスドイツが管轄する収容所に調査団を派遣したが、非公開の原則からユダヤ人の強制収容所の大量殺戮（ホロコースト）の人権蹂躙《じゅうりん》の事実を知りながら、中立と沈黙を守り、何百万人のユダヤ人の虐殺を防げなかったと批判された苦い経験を持つ。戦争捕虜訪問の任務の遂行のため、結果的に、赤十字はナチスドイツ政権に政治利用されることになった。戦後赤十字の沈黙の事実が明らかになり、国際社会から大きな非難を浴びた。ブローマンはこれが「人道という概念そのものが廃止された事実を考慮に入れなった点にある」[7]と述べている通り、赤十字は人道に対する大きな罪を犯したのであり、まさに人道の危機でもあったのである。

国際赤十字に関連して、この他に触れておかなければいけないのは、ジュネーブ4条約（国際人道法）である。ジュネーブ4条約は、第2次世界大戦で多くの残虐行為が行われ、それまでの人道法が無力だったという反省に立って、新しい条約が提案され、1949年に採択された。4条約は、「戦地の傷病者の待遇（陸の条約）」「海上の傷病者の待遇（海の条約）」「捕虜の条約」「文民保護条約」から成り立っており、特に戦争中における一般市民の保護は注目に値する。その後1977年、「国際的武力紛争の犠牲者の保護」と「非国際的武力紛争の犠牲者の保護」の2つの議定書が新たに追加された。この追加議定書は、一般住民の保護に力点を置いている。日本は1953年にジュネーブ4条約に加入したが、追加議定書については「文民と戦闘員の識別が必ずしも明確ではない」などの理由で加入を見送ってきた。しかし、日本が再び紛争当事者になることを想定した有事立法を整備する中で、追加議定書への加入が国会で承認された。[8]

日本赤十字社によると、2014年8月現在、国連加盟国が193カ国である中、1949年のジュネーブ4条約締約国は196カ国となった。イスラエルは、ユダヤ教を多数派宗教としており長年加入が認められなかったが、2005年赤十字、赤新月と並ぶ第3の標章として、レッドクリスタル（赤い菱形、イスラエルの救護団体マーゲン・ダビド公社ダビデの赤盾社が使用）を採用する第3追加議定書が採択された。1977年ジュネーブ条約追加議定書は、日本政府が2004年6月第159回通常国会にてジュネーブ条約第1および第２追加議定書への加入を承認し、８月31日正式に加入し、２００５年２月28日に日本において両議定書を発効した。[9]

日本では、１８７７年の西南戦争の後、佐賀藩出身の佐野常民によって「博愛社」が設立され、１８８７年に「日本赤十字社」と改名され、佐野は初代社長となった。

近年、特に注目されているのが、国際赤十字の公正中立・非公開の原則は本当に正義なのかどうかである。２００１年９月11日米国同時多発テロの後、対テロ戦争の掛け声の下、米国同盟軍によるアフガニスタン、イラクへの侵攻後、赤十字国際委員会はイラクでは米軍が管理するアブグレイブ収容所を訪問し実態調査を行い、イラク人虐待の事実を知りながら公表せず虐待を止めさせることもできなかった。しかし、アブグレイブ収容所で行われていた米国人兵士によるイラク人への虐待という屈辱的な事件が発覚し、この虐待への対応を巡って、赤十字の信頼が揺らぎ赤十字国際委員会の非公開の原則のあり方が問われた。さらに、米国はイスラム原理主義組織タリバンやアルカイダと見られる人物をグアンタナモ米軍基地（キューバ）に収容し、長期間にわたって尋問や勾留を行った。米国はアルカイダが国を超えたテロ集団で軍隊ではなく、捕虜には該当せずジュネーブ条約が適用されない敵性戦闘員であるとした。赤十字はジュネーブ条約など国際人道法がテロとの戦いの障害にならないと反論し米国に反論する声明を発表した。収容者の非公開の原則、アメリカとの関係、虐待事件をきっかけに赤十字は苦悩し揺れた。ヤコブ・ケレンバーガー赤十字国際委員会委員長（スイス元外務大臣）は「テロとの戦いのためには、個人の尊厳や命を軽視してもいいという主張がまかり通ることを恐れている」と警告した。[10] その事件は衝撃をもたらしたが、国際赤十字委員会は米国という国家の主権を侵害せず中立の立場を守り通したことが国際的に非難された。赤十字の中立・沈黙は正しかったのか、それとも赤十字は国際社会に内部告発すべきだったのか、第２次世界大戦中のナチスによるユダヤ人へのホロコーストに対する黙殺の問題と同様、赤十字はジレンマに陥った。

(2) 20世紀：第1次世界大戦とスペインの内乱における救援活動

「アメリカン・フレンド・サービス」（アメリカ）、「セーブ・ザ・チルドレン」（イギリス）、「プラン・インターナショナル（旧名：フォスター・プラン）」（アメリカ）

20世紀に入り、第1次世界大戦（1914年－18年）、スペイン内戦（1936年－39年）、第2次世界大戦（1939年－45年）といった世界的な規模の戦争が行われたが、これらの戦争における被災者、難民、戦災孤児を救援し、荒廃したヨーロッパの復興を行おうとした市民団体やグループが生まれ、現在の国際NGOの前身となった。これらのNGOは、国益や国策ではなく、国境を越えた人道的な側面から援助や復興活動を行った。これらの活動は、市民社会を基盤とするNGO活動の萌芽といえるであろう。以下にアメリカとイギリスの事例からNGOの誕生について見ていきたい。

「アメリカン・フレンド・サービス（American Friend Service Commitee＝AFSC）」は、1917年アメリカ・ペンシルバニア州フィラデルフィアの若いクェーカー教徒たちが、第1次世界大戦への従軍を良心的に拒否する代わりに、フランスでの難民の子どもたちの救済活動やベルギーでの救済活動を開始したことから設立された。AFSCは、非暴力、平和、公正を活動理念として、第1次および第2次世界大戦の徴兵を拒否する代わりに、戦地での医療活動に従事した。第1次世界大戦終了後はロシア、ポーランド、セルビア、ドイツ、オーストリア、ハンガリーなどの国々に救援活動や食糧援助を実施した。スペインの内戦では子どもに対する救援活動をし、第2次世界大戦中は、中国で救援物資を運び、ナチスドイツ下で迫害されていたユダヤ人の国外逃亡に協力し、フランスやイギリスで救援活動を行った。第2次世界大戦後は、ヨーロッパ、インド、ガザ地区、中国、日本、ナイジェリア、ベトナムで救援・復興活動を続け、今日まで緊急援助のほか、コミュニティづくりや保健・衛生プロジェクトを実施している。1947年には、イギリスのパートナー団体であるフレンド・サービス・カウンシル・ロンドンとともに、ノーベル平和賞を受賞している。非暴力、平和の方針から、現在でもＡＦＳＣは、アメリカ政府からの支援は一切受け取っておらず、クェーカー教徒に限らず多くの支持者からの寄付で成り立っているという。日本では、第2次世界大戦後の荒廃と混乱の中で、東京に極東事務所を置き、取り残されたハンセン病患者の施設の復興などの支援を手がけ、フレンズ・ワーク・キャンプを一時的に東京と大阪で組織した。現在ＡＦＳＣは、平和構築、移民の権利、刑務所の改善、経済問題への対応、差別の廃止などの問題に取り組んでいる。２０１７年にＡＦＳＣは、１００周年を迎える。[11]

「セーブ・ザ・チルドレン（Save the Children Fund＝ＳＣＦ）」は、１９１９年、第1次世界大戦で家族や家を喪失し、傷つき孤児になったヨーロッパの子どもたちを救済しようと、イギリス人教師エグランタイン・ジェブによってイギリスで設立された。敵国の子どもたちに支援することなど思いもしなかった時代に、彼女は「私には11歳以下の敵はいない」と、子どもの生活と教育環境の向上など子どもたちの人権保護を国際的に提唱し、スイスのジュネーブに国際セーブ・ザ・チルドレン連盟を設立し、初代総裁に就任した。彼女が病いに倒れるまでの数年間、心血を注いで国際社会に強く訴えた「子どもの権利宣言」は、１９２４年に国際連盟で採択され、いくつかの見直しの後、１９８９年「子どもの権利条約」が国際連合総会において全会一致で採択された。第2次世界大戦後、ＳＣＦは、開発途上国とヨーロッパ国内で子どもの教育支援のプロジェクトを行った。「子どもの権利を世界中で実現する」という理念の下に各国でも設立が相次ぎ、１９７９年に「セーブ・ザ・チルドレン世界連盟（２０１０年「セーブ・ザ・チルドレン・インターナショナル」に名称変更）」がスイスに本部を置いて発足した。アメリカ、スウェーデン、日本など先進国にも独立した事務所を持ち、２０１５年現在29団体（29カ国）が加盟し、世界約１２０カ国で約９４００万人（うち子ども６２００万人）を対象に活動を行っている。１９８６年には、「セーブ・ザ・チルドレン・ジャパン」が設立された。[12] ２００９年より、子どもを誰一人残さない「Every One キャンペーン」を実施している。

「プラン・インターナショナル（Plan）（旧名：フォスター・プラン（Foster Plan））」は、1937年イギリス人の戦争ジャーナリストのジョン・ラングトン・デービスによって、アメリカで設立された。1936年から1939年にかけてのスペイン内戦によって親や家を失った子どもたちを救うために、ジョン・ラングトン・デービスは、戦争孤児を保護し救済する施設を作った。その後、彼は1937年12月アメリカに渡り、「スペインの子どもたちのための米国フォスター・ペアレンツ・プラン委員会」を設立した。これが「プラン」の前身で、フォスター・ペアレント援助金制度の始まりだといわれている。1939年にはスペイン内戦激化に伴い、戦争孤児のための収容センターがフランス国境近くに建設され、「戦争孤児のためのフォスター・ペアレンツ・プラン」という名称に変更した。第2次世界大戦後、フォスター・プランはアジア・アフリカ・ラテンアメリカ諸国に活動対象を移し、子ども一人ひとりへの直接的な里親型援助から、彼らに焦点を当てつつ、その家族や地域社会全体を対象にした開発型援助へと変遷していった。現在プラン・インターナショナルは、「子どもとともに地域開発を進める国際ＮＧＯ」として、世界21の支援国に独立した事務所を持ち、途上国51カ所で活動し、約110万人のスポンサーが約140万人の子どもを支援している。2002年に団体名称を「フォスター・プラン」から「プラン」、さらに2016年に「プラン・インターナショナル」に変更した。2012年から女の子の生きる力を支援する「Because I am a Girl キャンペーン」を開始した。

1983年には、「日本フォスター・プラン協会」が設立され、日本のフォスター・ペアレント援助金制度を開始し、2006年に団体名称を「プラン・ジャパン」、2012年に「プラン・インターナショナル・ジャパン」と変更している。2007年特定公益増進法人、2011年公益財団法人として認可される。現在スポンサー約3万7000人、プラン・マンスリー・サポーター約1万5000人となっている。[13]

(3)　第２次世界大戦後における人道復興支援活動

①　【事例紹介】国境なき医師団（ＭＳＦ：フランス）――国家からの自由な当事者であるのか

（ａ）ＭＳＦの設立とその活動

１９７０年代以降の医療人道支援活動を行うＮＧＯとして、国際的に著名な「国境なき医師団（Medecins Sans Frontieres＝ＭＳＦ）」がある。アフリカのビアフラ（現在のナイジェリア）で１９６７年から２年半の間に分離独立運動による内戦で２万人が死亡し、第２次世界大戦中のナチスドイツによるユダヤ人ホロコースト事件に対する赤十字の態度と同様に、医師たちは人権侵害と迫害を目撃したが公表できず、フランス赤十字の紛争当事者に対する中立と国家主権に対する中立と非公開への批判がＭＳＦ設立の要因となった。ＭＳＦは、１９６８年フランスより赤十字の派遣によりビアフラに行った医師と、69年に医療新聞『トニュス』の呼びかけで東パキスタンへ行った医師との帰国後の出会いが契機となり、紛争犠牲者の救援を優先するために１９７１年にフランスで設立された。ＭＳＦの設立の背景には、医師の治療だけでは人権侵害と迫害は止められず、第２次世界大戦中の赤十字やフランス赤十字の中立による沈黙の誤りへの反省があり、完全に独立した立場で活動し、目撃した人道上の悲劇を積極的に公表しマスコミを効果的に活用した。これまで赤十字などの人道組織は国家との合意が障壁となり、医療など効果的な人道支援を行うことができなかった。

現在、ＭＳＦは世界各地に28の事務局を置き、活動地はアフリカ・アジア・南米などの途上国で、２０１５年は３万８０００人以上の海外派遣スタッフ・現地スタッフが、約70の国と地域で活動を行った。またＭＳＦ日本は、２０１５年度実績で、99人を派遣し、派遣回数は延べ１４８回で、31の国と地域で活動し、その総寄付収入は約82・９億円、そのうち援助活動費は77・３億円となっている。２０１５年度は、個人など民間寄付金が98・５％、うち78・０％が人道援助活動と広報活動に充てられている。[14]

ＭＳＦは、虐殺、強制移住など著しい人権侵害を援助の現場で目撃したとき、訴えるすべを持たない人々に代わって、その現状を国際社会に訴えている。ＭＳＦインターナショナル事務局はベルギーにあり、世界28カ国の支部のうち医師団をまとめ医療援助プログラムを行うオペレーション部は、フランス、ベルギー、オランダ、スイス、スペインの５カ国にある。それ以外のパートナー支部は、自国で医師団参加者の募集、広報活動、現地医療援助プログラムへの支援などを行っている。ロジスティックセンターは物資輸送・管理の中心となり、エピセンターは疫学専門の研究所として後方で支援している。現在の活動は、①世界で紛争、災害に直面している人々、貧困などの理由で医療から取り残されている人々への緊急医療援助、②必須医薬品の供給および使用に関する障害を取り除くための提言、などである。ＭＳＦは政治的中立を守るために、アメリカ政府等公的な資金の割合を削減し、個人募金の割合を増加させている。ＭＳＦは、長年にわたる人道復興支援活動が評価され、１９９９年ノーベル平和賞を受賞している。「（特定非営利活動法人）国境なき医師団日本」は、ＭＳＦフランスの支援の下、１９９２年に開設され、パートナー支部として活動している。[15]

ＭＳＦの名前が世界に知られたのは、１９９０年代前半湾岸戦争と内乱で難民となったクルド人への援助活動を開始し、イラク北部、トルコ、イランに特別機57機、物資２０００トン、外国人スタッフ１５０人を輸送し過去最大の規模の人道支援活動を行い、イラクのフセイン大統領によるクルド難民の迫害を世界に告発したときである。[16]

（b）ＭＳＦの危機

ＭＳＦにもいくつか危機があった。第1は、アジアの南シナ海の「リュミエール島号」におけるベトナムのボート・ピープル救援に対して、救援を主張するベルナール・クシュネール派（正統派、当時ＭＳＦ代表、後にフランス外務大臣）と救援すべきでないとした多数派（独立派、クロード・マリュレ、後にＭＳＦフランス代表）にＭＳＦの中で意見が分かれたときである。クシュネールは彼らを収容する病院船をチャーターすることを提案したが、多数派が勝利しＭＳＦはこれを却下した[17]。この論争をきっかけに、ＭＳＦが２つに分裂し、「世界の医師団（ＭＤＭ）」が設立されたのである。

第２は、ＭＳＦが活動地で政治的なビッグパワーを持つことによって、国家に政治的活動と誤解されてしまうことである。例えば、アフリカのスーダンで、ＭＳＦは中立的な活動を行っているにもかかわらず、政治的活動に巻き込まれ彼らの人道的活動と政治的活動が混同され、現地の人々との信頼関係がゆらぎ、ＭＳＦが現地で狙われ現地の活動から撤退するということも起きている[18]。これに関連して、最近ではアフガニスタン・クンドゥーズ州で、２０１５年10月３日ＭＳＦが運営しＭＳＦ医療関係者が働く外傷センターが米軍による誤爆により空爆され、多くの死傷者がでて、後からオバマ大統領が謝罪する事故が起きている。国際人道法に基づき、医療施設の中立性を尊重することが爆撃以前に取り決められ、紛争の全当事者から合意を得ていたにもかかわらず、爆撃されたのだ。続いてＭＳＦは内戦が続くシリアで２０１５年アサド政権と対立する反体制派地域の約80の医療施設を支援したが、その後マスコミの報道ではアレッポ市アル・ダカク病院など支援先の医療施設が94回も空爆・砲撃され、12の施設が全壊、23人の医療スタッフが死亡したと伝えられた[19]。

（c）国家からの自由な当事者

それでは、ＭＳＦは「国家主権から自由な当事者」でありえるのか、彼らは人道的活動を優先すべきなのか、政治的な活動を優先すべきなのであろうか。

創設者ベルナール・クシュネール（元フランス外務大臣）は、「人の命を守るためには、自分たちの意見をはっきりといい、それを世の中に訴えかけていかなければと考えたからです」と述べている。ＭＳＦはクシュネールと違い紛争地における「人道的介入の義務」を否定しているが、その憲章では「人道的救済の権利」をあげる。しかし、２０００年度活動報告「ＭＳＦはすべての関係当事者が認可を与えるまで活動を起こさない、というやり方を拒否する」と述べている。

ダンドローは、ＭＳＦのような国境を超えて行う人道支援活動などを「無国境主義」と呼び、「無国境主義は、ビアフラのような緊急事態が古典的人道主義を機能不全に陥らせたことへの反作用として生まれた。ビアフラの事態のもとで、諸組織は、脱植民地化と東西対立の文脈における国家主権という法的形式主義から抜け出すことができなかった」[20]と述べている。また、ブローマンは「これらの当事者は、そのときまでに国家に独占されていた国際舞台に姿を現し、国家主権の問題の外に位置した」[21]と述べ、グリーンピース、アムネスティ、ＭＳＦ、オックスファムをそれらの団体例としてあげている。また最上敏樹は、『人道的介入』の中で市民として迫害に苦しめられている人にどのように立ち向かうのかという議論のとき、オルビンスキＭＳＦ会長の１９９９年のノーベル平和賞のスピーチから引用して、オルビンスキが沈黙と問題のすり替えの拒絶のことを「拒絶の倫理」と呼んで[22]、ＭＳＦが沈黙に代わり人道的活動として行動することの正当性について説明している。

そして、ダンドローもブローマンもＮＧＯの人道支援の問題点として、国家や政治との関係を挙げている。ダンドローは、ＭＳＦの無国境主義による国家主権の克服（同意原則）を挙げているが、実際には国家主権の壁が立ちはだかり、人道活動の政治化（国による人道活動の政治利用）の問題がある。[23]ブローマンはＭＳＦの人道活動と政治活動のジレンマとして、市民活動は国家から自立するべきであるが、実際問題として国家なしにはやっていけない、人道援助の政治利用の危険と危機的な政治結末を危惧している。[24]

以上を考えると、ＭＳＦのような人道ＮＧＯは国境を超えて「国家主権から自由な当事者」を目指して人道的活動をしているが、実際には国家主権の制約を受けざるを得ず、人道支援の政治利用の危機にも巻き込まれる可能性がある。つまり、ＮＧＯによる人道支援活動は、正義にもなりうるし、不正義の偽善にもなりうるのである。

人道支援のジレンマを克服するために、ブローマンは「人道援助活動の空間」[25]という象徴的な概念を提唱し、ダンドローは、「人道主義は政治が放棄した空間の一部を占め、連帯という理想の種をまいた」[26]と述べているが、人道援助活動と政治的活動の間に、ＮＧＯが人道支援を行い難民や避難民のような政治的な迫害を受けた弱者が存在できるような空間が求められている。

〈参考〉

〈国境なき医師団「憲章」〉（抜粋）

国境なき医師団は
苦境にある人びと、天災、人災、
武力紛争の被災者に対し
人種、宗教、信条、政治的な関わりを超えて
差別することなく援助を提供する。
国境なき医師団は
普遍的な「医の倫理」と
人道援助の名のもとに、中立性と不偏性を遵守し
完全かつ妨げられることのない自由をもって
任務を遂行する。[27]

〈国境なき医師団ノーベル平和賞受賞記念スピーチ〉（抜粋）

ノーベル賞委員会から国境なき医師団に贈られたこの素晴しい栄誉は、心から感謝しつつお受けいた

しますと。しかし、社会から締め出された人びとの尊厳が日々冒されているということを考えると、やるせない気持ちにもなるのです。これは危険な状況に置かれているにもかかわらず忘れられている人びとのことで、例えばストリートチルドレンがそうですが、社会的、経済的秩序の中に「含まれた」人びとが捨てたものを食べて生きねばならず、そのために毎時間身を削りながら闘っています。またヨーロッパに生活しながら滞在許可証を持てずにいる人びとも同様です。政治参加は拒否され、国外追放につながることを恐れて医療処置すらも受けられずにいるのです。

私たちは危機的な状況にある人びとを助けるため行動します。ですがこの行動に満足しているわけではありません。困っている人びとに医療援助を行うことは、人間としての彼らの存在を脅かすものから彼らを守る試みなのです。人道的な活動は単なる寄付や慈善事業以上のものです。尋常な状態ではない地域に尋常な空間を築くことを意図しています。物質的に援助する以上に、一人一人が人間としての権利や尊厳を取り戻せることを求めているのです。私たちは独立したボランティア組織として、医療援助を必要としている人びとに直接施療する立場をとっています。しかし私たちは真空空間で活動しているわけでもなければ、風に向かって語っているのでもありません。支援したい、変化を起こしたい、不正を暴きたいというはっきりした意志をもって行動しているのです。私たちの行動、声は憤りを示す行為であり、直接的にせよ間接的にせよ他人に対する攻撃は認めないという拒否の態度なのです。[28]

2　まとめ

以上、本章では戦争被災者・難民の救済活動が契機となり、NGOの人道復興支援活動が開始され発展していったことを見てきた。

第１次世界大戦、第２次世界大戦後に、被災者や難民の支援や戦争で荒廃したヨーロッパの復興のために、欧米で多くのＮＧＯが設立された。これらの団体は、国益や国の政策を超えた、あくまでも人道的見地から援助を行っており、国際的に著名なＮＧＯに成長していくことになる。国際赤十字は人道支援で、セーブ・ザ・チルドレン、プランは子どもの教育支援を、特にセーブ・ザ・チルドレンは子どもの権利保護で世界的な規模のＮＧＯとして発展していく。

ＮＧＯと国家の関係、ＮＧＯは中立・非公開か、それとも国家主権からの自由な当事者として公開の原則なのか、はグローバル市民社会の議論の中でも常に問われている課題である。ＮＧＯの重要な役割として、人道復興支援だけでなく、声なき人たちを代表して国際社会に訴えるアドボカシー活動も重要であり、その点から「国境なき医師団」は国家主権からの自由な当事者として発言・発信する活動を行ってきたのである。次章で、引き続きＮＧＯの活動について、「慈善から公正へ」どのように変化してきたかを述べていく。

【注】

1　ダンドロー（２００５）７－８頁。
2　日本赤十字社（２００２）19頁。
3　ダンドロー（２００５）22頁。
4　原題：“Un souvenir de Solférino”
5　日本赤十字社（１９９８）８頁。
6　日本赤十字社（２００２）。
7　ブローマン（２０００）８－９頁。

8　日本赤十字社（１９９８）および吹浦忠正（１９９１）を参考に作成。
9　日本赤十字社のＨＰ　http://www.jrc.or.jp/（２０１7年1月9日閲覧）
10　ＮＨＫクローズアップ現代『揺れる赤十字』（２００4年8月2日放送）を参考に作成。
11　ＡＦＳＣのＨＰ　https://www.afsc.org/（２０１7年1月9日閲覧）、国際協力推進協会（１９８４）を参考に作成。
12　Save the Children International のＨＰ　https://www.savethechildren.net/（２０１7年1月9日閲覧）、セーブ・ザ・チルドレンのＨＰ　http://www.savechildren.or.jp/（２０１7年1月9日閲覧）を参考に作成。
13　プラン・インターナショナル・ジャパンのＨＰおよびＮＧＯ活動推進センター（２００４）を参考に作成。
14　国境なき医師団日本のＨＰ　http://www.msf.or.jp./（２０１7年1月9日閲覧）。
15　国境なき医師団日本のＨＰおよび『国際協力ＮＧＯダイレクトリー２００４』を参考に作成。
16　ＮＨＫ『世紀ビックパワーの戦略　第4集ＮＧＯ超国家ネットワークの挑戦』（１９９9年5月23日放送）を参照。
17　ダンドロー（２００５）127－128頁、ブローマン（２０００）21頁を参照。
18　注16に同じ。
19　『朝日新聞』２０１6年8月1日朝刊参照。
20　ダンドロー（２００５）57頁。
21　ブローマン（２０００）21頁。
22　最上敏樹（２００１）173－175頁。
23　西島真樹「訳者あとがき」ダンドロー（２００５）152－153頁。
24　高橋武智「訳者あとがき」ブローマン（２０００）146－147頁。
25　ブローマン（２０００）48頁。
26　ダンドロー（２００５）59頁。
27　国境なき医師団日本のＨＰ　http://www.msf.or.jp/（２０１6年9月2日閲覧）
28　国境なき医師団日本のＨＰ　http://www.msf.or.jp/（２０１6年9月2日閲覧）

第3章　欧米の市民社会の開発協力の変化・多様化・専門化
――慈善から公正へ

第2次世界大戦後、アメリカとソ連による東西冷戦が拡大されていく一方、アジア、アフリカの国々が独立を達成していき、同時にオリバー・フランクスによって「南北問題」がクローズアップされる。欧米諸国は、各国政府、国際機関、NGOの支援により、大戦の荒廃から徐々に立ち直っていく。同時に、欧米諸国の人々は、世界の貧しい国や地域に目を向けていく余裕ができ、キリスト教系、非キリスト教系のNGOが次々設立されていく。NGOは、人道支援だけでなく開発協力も行うようになり、規模や数も拡大していく。欧米諸国（北）のNGOから途上国（南）のNGOや住民組織などへの開発協力活動（人材派遣、パートナー団体支援、参加型開発）が多様化し、また、貧困・環境・教育・人権・女性・子どもなどの分野の活動が専門化していくことになる。同時に、1990年代以降NGOの活動は、貧困・地雷・債務・環境・貿易・グローバル・タックスなどの分野でネットワーク活動を展開していくことになる。2000年以後は、国連によるミレニアム開発目標（MDGs）が展開され、2015年以降はポストMDGsとして持続可能な開発目標（SDGs）が開始され、NGOがこの目標作成の過程に大きく関わり、その担い手として参加していくことになる。この間、NGOやCSO（市民社会組織）の開発協力は、「慈善から公正へ」と大きく変化し、グローバル市民社会の形成に関与していくことになる。
本章では、第２次世界大戦後から今日までのグローバル市民社会の変化、多様化、専門化を明らかにし、「慈善から公正」へ変化したＮＧＯの活動を検証する。

１　第２次世界大戦前後における人道復興支援活動（貧困問題）

「オックスファム」（イギリス）、「クリスチャン・エイド」（イギリス）、「ケア」（アメリカ）

①　人道支援から開発協力活動へ

第２次世界大戦に続く米ソ冷戦の開始により、ヨーロッパは混乱に陥る。この混乱期に、ヨーロッパの被災民や難民の救済、ヨーロッパの復興を目的とした救援・復興活動がＮＧＯによって開始された。また、50年代後半頃から、独立後のアジア、アフリカ、ラテンアメリカ諸国、いわゆる「第三世界」諸国へのＮＧＯの海外協力活動が始まる。

ヨーロッパの被災民や難民や被災者の救援活動やヨーロッパの復興活動を行うＮＧＯは、第２次世界大戦後の米ソ冷戦の開始等ヨーロッパの混乱時期、戦争被災者や難民の救済を行い、同時に戦争で荒廃したヨーロッパの復興のために、救援や復興活動を開始した。１９４０年代〜50年代には、新たな団体が設立され、１９６０年代以降欧米のＮＧＯは、難民・被災民の救援など人道支援から独立後のアジア、アフリカにある発展途上諸国への開発協力活動を行うようになっていった。

これらの団体は、国益や国の政策を超えた、国際主義に基づく人道支援・開発協力活動を行い、国際的に著名なＮＧＯに成長した。

イギリスの場合、オックスファムやクリスチャン・エイドなどのＮＧＯは、１９７０年代以降発展途上国への人道支援や開発協力活動を行うだけでなく、先進国と途上国の従属的な関係や国際経済の構造的な不公正・不平等に目を向け、開発教育、キャンペーン、政策提言、フェアトレードの推進、などの国内活動を通して、今日の市民社会活動の基盤を形成した。これらの活動の背景には、欧米のＮＧＯが貧困など開発の課題に深く関与し、単なる「慈善」的活動のままでは解決が困難な問題もあるとして、深く開発の問題に関与するために「公正」的活動へと変化させていったことがある。

②　慈善から公正へ――「オックスファム」（イギリス）の事例

第２次世界大戦中に誕生した今日世界を代表するＮＧＯのひとつが、「オックスファム（Oxfam）」である。１９４２年、イギリスのオックスフォードの市民やクェーカー教徒の人々は、ナチスドイツの攻撃と包囲により飢餓と病気に苦しむギリシャの人々を救済するために、「オックスフォード飢餓救済委員会（The Oxford Committee for Famine Relief）」（後に「オックスファム」）を発足させ、食料や古着や募金を集めた。イギリス国民の生活は戦争の影響で疲弊しており、また救援することでナチスドイツを支援することになるかもしれず、イギリスの国益や国策に反する可能性があるにもかかわらず、彼らは人道的見地からギリシャに食料と古着を送ったのである。

オックスファムは、難民・被災民への人道支援から開発協力へ移行し、戦後一貫して貧困問題に対応してきた。彼らのビジョンは、「貧困のない公正な世界」（A Just World Without Poverty）を実現することであり、貧困の不公正に対して創造的持続的解決をするように支援し、力を結集して貧困に立ち向かうこと（Power of People against Poverty）を目指している。[1]　現在オックスファムは、１万人のスタッフ、３５００のパートナー、約５万人のインターン・ボランティアと共に活動している。[2]　世界の３人に１人が貧困であり、世界の62人が３・５百万人と同様の富を有しているという貧困問題を改善するために、世界の18のオックスファム関連組織が93カ国で活動している。339億円以上の募金で支えられ、活動を実施している（2013年3月時点）[3]。

すべてのオックスファムの活動は、貧しい人々が貧困問題を解決するために、①持続的な暮らしの権利、②基礎的社会サービスの権利、③生活と安全の権利、④聞く権利、⑤アイデンティティの権利、の5つのゆるやかな権利ベースを目指すコミットメントにより形成されている[4]。またオックスファムは、そのコミットメントの下に、2013年から2019年のオックスファム戦略計画「貧困に対する人々の力」として、①活動的市民、②進歩するジェンダーの正義、③生命の蓄積、現在と未来、④持続的食料、⑤自然資源の公正な分配、⑥開発と普遍的重要なサービスのための資金、を挙げ、オックスファムの関連組織がこの6つのゴールの達成を目指している[5]。

それでは、オックスファムがどのように貧困問題に取り組んできたのか、貧困問題との関連でオックスファムの歴史を簡単に辿りたい。

③ オックスファムの歴史

1950年、オックスファムは、ヨーロッパの被災民や難民支援、人道復興支援を行う他、インドのビハール州の旱魃や地震、朝鮮戦争やアルジェリア戦争の被災民へ人道支援を行うようになり、オックスフォードだけでなく全国規模で募金活動を展開するようになる。その発端となったのが、1959年から1960年の国連「世界難民年」キャンペーンであった。アジアやアフリカの独立に伴う内戦や紛争の影響で、かつての植民地国からの難民の受け入れが非常に多くなった。当時地下鉄工事などの国内需要があり、移民も多く流入していた。オックスフォードの人々は、全国各地の人々に声をかけて、イギリス国内や世界の難民の救援や難民・移民の再定住を支援する「世界難民キャンペーン」を全国レベルで展開したのである。その際各地域の支援グループを通じて、オックスファムは地域展開の基盤を築いたのである。また1948年にはオックスファムショップをオックスフォードに開設し、古着や古本などを販売していたが、その後ショップを全国に展開し、募金やショップの売り上げを全国から集めるようになった。

１９６０年代に入ると、オックスファムはアフリカの独立国への援助を開始し、当初の緊急援助とともにやがて現地の人々の自立を目指すパートナー支援型の長期援助を行うようになっていく。60年から65年にかけて、イギリスの他のＮＧＯと協力して貧困問題を解決するため「飢餓からの解放キャンペーン」という全国的な募金活動・広報キャンペーンを行い、全国各地のＮＧＯが協力してネットワーク活動を行う契機となった。同時に、途上国の貧しい生産者を支援するため、オックスファム・トレーディング社を設立し、公正な貿易（フェアトレード）事業を開始し、草の根レベルでハンディクラフト、チョコレートなど途上国の製品、菓子、嗜好品をオックスファムが正当な価格で買い上げ、オックスファムのショップで販売し、現地の生産者に正当な報酬・収入として還元するフェアトレード事業の先駆けとなった。

１９７０年代に入ると、途上国の貧困はなぜ起こるのか、先進国と途上国の南北格差はなぜ発生するのかという疑問から、調査・研究活動、開発教育活動を行うようになる。緊急人道支援活動は、一時的に貧困を緩和するかもしれないが、貧困問題は構造的な問題であり、その経済構造や貿易構造を変えない限り貧困問題の解決は難しい。オックスファムは、援助、貿易、債務の調査分析を行うようになり、調査レポートや政府、ＩＭＦや世界銀行など国際機関に対して貧困問題改善のための政策提言活動を行うようになる。また後にはジェンダー研究にも力を入れるようになる。同時に、貧困問題の理解と活動参加のために学校教育や社会人教育向けの開発教育教材の制作と販売を行い、その後開発教育基金を設置し、サッチャー保守党政権下で開発教育予算を削減された全国各地の開発教育センターを支援する。

１９８０年代になると、カンボジアのポルポト政権による破壊とカンボジア人の大虐殺が明らかになり「カンボジア救援キャンペーン」を行い、またアフリカでもエチオピアやソマリヤの内戦や旱魃により飢餓や難民が発生し、その救援のために発生した難民や避難民の救済のために、「アフリカの角救援キャンペーン」が他のＮＧＯと共に展開された。このキャンペーンでは、ボブ・ゲドルフらのミュージシャンが中心となり、「ライブ・エイド」などのコンサートが開催されたが、これはバングラデシュ救援コンサートに次いでミュージシャンによるチャリティコンサートの原型となった。この時期オックスファムはカンボジアで活動を始めた日本国際ボランティアセンターの活動に支援や協力を行っている。

１９９０年代に入ると、米英の新自由主義からグローバリゼーションの時代に入り、グローバル化が生み出す貧困、格差、教育等の問題に対処するために、オックスファムは人間の基本的権利を守るための活動を強化していく。とりわけ１９９５年に設立された世界貿易機関（ＷＴＯ）は、先進国政府や国際機関に対して世界レベルで効果的にロビング・キャンペーンなどアドボカシー（政策提言）活動を行うことの重要性を認識させ、これまでバラバラだった世界のオックスファムの関連団体によってオックスファム・インターナショナル（ＯＩ）が設立される。そのオックスファムのメンバーによる活動の一つが、１９９５年から２０００年まで実施された「権利のために共に戦い、貧困に対して共に協力しよう」キャンペーンであった。このキャンペーンでは、途上国で貧困に苦しむ人々が基本的な権利を獲得することを支持し、貧困問題を解決することを目的としている。キャンペーンの土台になっているのが、『オックスファム貧困レポート』である。このレポートでは、人間の基本的な権利として、すべての人々が、住居、きれいな水、十分な食料、安全な環境、暴力からの庇護、機会の均等、未来への発信、教育、生活財、保健医療の基本的な権利を有することを謳っている。98年からはＯＩの全メンバーが参加して、世界、特に途上国の教育変革を目指す「教育を今！キャンペーン」を行い、世界の教職員を代表して各国２９４の団体・組合で構成される「教育インターナショナル」、教育ＮＧＯ「アクション・エイド」、児童労働に反対する国際キャンペーン運動「グローバル・マーチ」と共に「教育グローバル・キャンペーン」を行った。オックスファムは、この教育キャンペーンを通じて世界銀行や各国政府に対してすべての子どもに教育が与えられるように教育政策の改善を求めた。

２０００年に入ると、オックスファムは先進国と途上国間および各国内の貿易の格差や貧富の格差が拡大するグローバリゼーションの負の問題や小型武器の拡散の問題を重視するようになった。「公正な貿易を！キャンペーン」は、２００２年から世界の公正な貿易ルールを目指すために開始された。これは、途上国の貧困問題を解決するために、先進国によって作られた「ねじれたルールと二重基準」を見直して世界の貿易ルールの公正化を求めるキャンペーンである。またオックスファムは、２００１年カタール・ドーハでのＷＴＯ閣僚会議前にイギリスのＮＧＯ31団体と一緒に、貿易ルールの公正化を求める「貿易公正化キャンペーン」を行った。

グローバリゼーションの時代の国際貿易は、世界に小型武器を氾濫させ、途上国に内戦や紛争をもたらし一般市民の平和と安定を脅かし、貧困と格差をもたらすことがある。オックスファムはアムネスティ・インターナショナルや国際小型武器行動ネットワークと共に、「コントロール・アームズ・キャンペーン」を開始した。これは武器の生産・所有・流通などを各国政府が規制し、そのための国際法を求めるキャンペーンである。

さらに、世界の貧困問題解決や国連ミレニアム開発目標（ＭＤＧｓ）の実現を求めるために、２００５年「Ｇ－ＣＡＰ（Global Call to Action against Poverty）キャンペーン」というＮＧＯによる世界的規模のキャンペーンが展開された。世界50カ国以上のＮＧＯ、宗教団体、労働組合で構成され、１億５０００万人以上が参加し、Ｕ2のボノなど世界的著名人が協力している（110頁参照）。オックスファムは、Ｇ－ＣＡＰキャンペーンに対してアクション・エイドなど他のＮＧＯと共に企画を検討し、資金的・実務的にも支援した。

２０１０年以降オックスファムは、病気やけがで働けなくなることが貧困の大きな原因と考え、すべての人が必要な医療を貧困に陥ることなく受けられる状態、「ユニバーサル・ヘルス・カバレッジ」を達成しようと試みている。「ＧＲＯＷキャンペーン」では、世界の食料システムを変えることが貧困や飢餓をなくすことであると考え、気候変動の防止と農業保全、土地争奪の防止と小規模女性など農民の土地へのアクセスの保障、食料価格の高騰の防止、小規模農業の支援を行っている。また、2015年のMDGs終了と新しいMDGsの持続可能な開発目標（SDGs）の交渉に加わり、貧困、格差、環境破壊の是正を実現できるような目標の設定を求めた。また、フランスのトマス・ピケティで話題になった世界の貧国・格差拡大の是正キャンペーン（Even It Up）やパナマ文書の発覚に伴う租税回避（タックス・ヘイブン）対策とグローバル・タックスの導入のキャンペーンも展開している。2017年1月には格差に関する2017年版報告書『99％のための経済（An Economy for 99%）』を発表し、ビル・ゲイツなど「世界で最も豊かな8人が世界の貧しい36億人に匹敵する資産を所有している」と述べた。現在オックスファムは、「南北」関係の再構築を目指す「グローバル・サウス」の観点から、そのインターナショナルの本部のアフリカ・ケニアへの移転を検討している。

④　オックスファムの活動の原点

オックスファムも70年を超える歴史の中で、イギリス政府と間でいろいろな壁にぶつかり、その壁を乗り越えたり、乗り越えられなかったりしている。発足のきっかけとなったギリシャへの支援やカンボジアやアフリカでの人道支援活動も英国政府や現地政府と緊張関係を伴う微妙な政治上の駆け引きの中で行われている。例えば、市橋秀夫は「一方で、OGBの創設時からの人道主義の立場に立つ難民救援の活動の伝統も一貫して保持されている。中でも1979年からのカンボジアでの救援活動は、真に人道主義緊急支援が必要なときには国際政治のパワーポリテックスなど意に介さないOGBの想像力と行動力、政治的自立性を余すところなく示す実践となってイギリス政府をも動かした」[6]と述べている通り、オックスファムは戦後一貫して国家や国境を超えた人道復興支援活動と政策提言を展開してきたのである。しかし、オックスファムもイギリス政府との関係で最初の組織上の危機を迎えたことがある。80年代後半南アフリカのアパルトヘイト政策に反対し「貿易ボイコット・キャンペーン」を行った。この活動に対してサッチャー保守党政権下で英国政府の立場にあるチャリティ委員会は、チャリティ団体としてのオックスファムのキャンペーンが禁止されている政治活動に当たるとして立ち入り調査を行い、オックスファムとの間で大論争になった。組織内部ではチャリティ団体の資格を返上するべきだという議論もあったが、オックスファムは多くの市民が支えるイギリス最大のＮＧＯの一つになっていたこともあり、オックスファムが同キャンペーンを取り止めることによって、最終的にオックスファムとチャリティ委員会の両者は和解することになった。

このようにオックスファムは、長い歴史の中で彼らの活動を「慈善から公正へ」と変化させていったが、それは「貧困のない公正な世界」を実現することをビジョンとして提唱し、貧困問題を解決することを目指す彼らにとって避けては通れない変化であり、道筋であったと考えられるが、やはりイギリス政府との関係で避けては通れない限界もあったのだろう。オックスファムの活動は確かに「慈善から公正へ」と変化をしてきているが、オックスファムの活動の原点はあくまでも「人道支援」であり「難民支援」であると考えている。２０１６年11月のオックスファム・インターナショナル理事会に参加したオックスファム・ジャパン代表理事の黒田かをりは、同理事会で上映された、「オックスファムのシリア内での人道支援のビデオを見て胸に迫るものがあり、アレッポなどで水や衛生、食料、健康などの支援を続けていることに驚きもありました。やはり根っこは人道支援の団体なのだと改めて思いました」[7]と述べている キリスト教社会が基盤となっている欧米のグローバル市民社会の中で、少なくともオックスファムの70年を超える歴史は、人道支援と難民支援を通じた世界の貧困問題との戦いであり、それは「慈善から公正へ」を求める活動であったといえる[8]。

⑤「クリスチャン・エイド」と「ケア」

次に、「クリスチャン・エイド（Christian Aid）」は、第２次世界大戦中のヨーロッパの被災民・難民救済と戦争で崩壊した教会の復興を目的に、イギリス国教会（British Council of Churches）によって１９４２年に設立された。50年代まではヨーロッパの被災民や難民の救済、復興支援を中心にした援助を行っていたが、60年代に入るとアフリカを中心とした途上国への援助を開始した。クリスチャン・エイドは、オックスファムと同様に、1970年代以降開発教育、政策提言、キャンペーン活動に力を入れていく。1970年代に始まった開発教育活動では、数々の教材を作成し、特に『貿易ゲーム（Trading Game）』は開発教育教材の傑作として、日本でも広く活用されている。クリスチャン・エイドは、1980年代以降に「貿易キャンペーン」「世界銀行の構造調整プログラムの改革キャンペーン（Who Runs the World）」「債務キャンペーン」などを行った。「債務キャンペーン」は、その後に「債務危機ネットワーク」、そしてNGOによる国際ネットワーク「ジュビリー2000キャンペーン（債務帳消しキャンペーン）」の結成に結びついた。2015年4現在クリスチャン・エイドは、25カ国で33の人道支援を行い、災害に遭った300万人に支援を行った[9]。

また、「ケア（The Cooperative for American Remitance to Europe ＝CARE、対欧送金組合）」は第2次世界大戦後の1945年11月、アメリカにおいて、荒廃したヨーロッパの被災者を救援するために、22の団体が協力して結成された。最初のケアの援助活動は、「ケア・パッケージ」という、食料品、洋服などの生活必需品が詰められた救援物資の箱をヨーロッパの親戚や知人に送るというものであった。1947年には廃墟となった日本に対して、食料品、衣料、書籍などを送り、48年に横浜事務所を開設、その後8年間にわたって当時の金額で290万ドル、約1000万人の日本人が支援を受けた。その後フィリピン、韓国、インド、パキスタンなどのアジア諸国にも支援を拡大し、その間団体名も「全世界へのアメリカによる援助組合（The Cooperative for American Relief Everywhere）」、後に「地球規模の援助および救援組合（The Cooperative for Assistance and Relief Everywhere）」と変更し、1982年に「ケア・インターナショナル（国際ケア機構）」を設立し（本部はベルギーのブリュッセル）、現在では12カ国に独立した組織が存在し、1987年には「ケアジャパン」が発足した。現在ケアは、世界96カ国以上の途上国や紛争地域で活動し、890の人道援助と貧困削減プロジェクトを行い、６５００万人を超える人々を支援している。[10]

２　１９５０年代から１９８０年代のＮＧＯ活動

(1)　欧米各国で続々とキリスト教の精神に基づくＮＧＯが設立

「ワールド・ビジョン」（アメリカ）、「世界のためにパン（ＢｆｄＷ）」（ドイツ）、「コミュニティ・エイド・アブロード」（オーストラリア）

①　教育分野

「ワールド・ビジョン（World Vision）」は、アメリカ生まれのキリスト教宣教師ボブ・ピアスによって設立された。ボブ・ピアスは、１９４０年代の中国や朝鮮戦争時の韓国で人々の悲惨な現実を見て、「すべての人々に何もかもはできなくとも、誰かに何かはできる」と考え、１９５０年９月にアメリカのオレゴン州ポートランドで「ワールド・ビジョン」を設立する。ワールド・ビジョンは、韓国の戦争孤児、未亡人、ハンセン病や結核患者たちの支援からスタートし、戦後日本もワールド・ビジョンの支援を受けたが、87年日本の経済成長と内外の海外援助に対する気運の高まりとともに、独自の理事会を持つサポート・オフィスとして日本にも「ワールド・ビジョン・ジャパン（ＷＶＪ）」が設立された。世界96カ国にそれぞれ独立したＷＶパートナーシップ事務所があり、ワールド・ビジョン・インターナショナル（ＷＶＩ、イギリス）がその調整を行っている。また、ＷＶＪの２０１５年度概要では31カ国、１２１事業を実施し、開発援助23カ国88事業、緊急人道支援12カ国33事業を行っている。現在チャイルド・スポンサーシップ数は５万１９９５人、子どもの数は６万１９５４人となっている。[11]

② 貧困分野

「世界のためにパン（ＢｆｄＷ）」は、１９５９年に西ドイツのプロテスタント教会によって設立された。第２次世界大戦後、窮乏する西ドイツ市民が、諸外国のキリスト教会からの援助のパンで救われた経験から、恩返しとして、今度は途上国の貧しい市民とパンを分かち合おうというクリスマス・キャンペーンがそのきっかけだった。パン（brot）はすべての人間が自由で平等な存在として生活するための最低限のニーズの象徴的用語である。その後、ＢｆｄＷは、緊急援助、パートナー団体への支援などの開発協力、貧困や飢餓からの解放のためのキャンペーン、第三世界教育すなわち開発教育活動を行うようになる。現在まで１００カ国を超えて活動し、２０１５年度は５５３プロジェクト、全部で２１１百万ユーロの予算を実施している[12]。

オーストラリアで、１９５３年に誕生したのは「コミュニティ・エイド・アブロード（Community Aid Abroad＝ＣＡＡ）」（当初の名称はFood for Peace Campaign Group）である。当時、アジアで広がる貧困問題に関心を持っていた、イギリス国教会の牧師であるジェラルド・ケネディ・タッカー氏の呼びかけに応じ、１９５３年メルボルン郊外でキリスト教会関係のローカル・グループのメンバーが中心となってＣＡＡを設立した。このグループは、インドでの小規模保健プロジェクトに毎週寄付を送り、活動もビクトリア州全体に広がった。１９６３年名称を正式に「コミュニティ・エイド・アブロード」として、初めてのフルタイムの事務局長を迎え、１９６０代を通して活動はオーストラリア全土に拡大していった。１９７０年代に入ると、途上国のローカルＮＧＯに支援を行うようになり、住民中心の参加型開発のアプローチを取り入れていく。１９６０年代中盤には、オーストラリア政府の援助の量を拡大するように政策提言・キャンペーン活動を行うようになる。１９６５年には民間会社を設立してパートナー団体のフェアトレード商品の販売を開始し、78年までに国内に22のショップを開店した。コミュニティ・エイド・アブロードは、１９７２年オックスファム・イギリスのオーストラリアでの協力団体となり、１９９５年に正式にオックスファム・インターナショナル・ファミリーのメンバーになり、２００１年には名称が「オックスファム・コミュニティ・エイド・アブロード」と変わり、「オーストラリア飢餓解放キャンペーン（The Australian Freedom from Hunger Campaign）」と合併して、「オックスファム・オーストラリア」となっている。[13]

この他、欧米にあるキリスト教の精神に基づく団体として、イギリスのカソリック系の団体であるＣＡＦＯＤ（海外開発カソリック基金、１９６２年）、オランダのプロテスタント系団体のＩＣＣＯ（開発プロジェクト教会間調整委員会、１９６４年）とカソリック系団体のＣＥＢＥＭＯ（開発プログラム共同資金援助カソリック委員会、１９６５年）などが設立された。

(2) 途上国のパートナー団体への支援

「ノビブ」（オランダ）、「ミゼリオール」（ドイツ）

イギリス以外のヨーロッパ諸国で誕生したＮＧＯの中で、専門家など途上国への人材派遣ではなく、特に途上国のパートナー団体への資金協力を通した開発協力を行っている団体について、以下に代表的なＮＧＯを紹介する。

最初に、オランダで誕生した「ノビブ（ＮＯＶＩＢ）」である。ノビブの設立の発端は、１９５３年オランダの大洪水被害の際に海外から多くの援助を受けた経験から、北インドのビハール地域など世界の他の場所で苦しんでいる人たちに対して、サイモン・ジェレスマなどオランダ人の民間のグループの主導により支援を行ったことである。この民間グループの支援がきっかけとなり、その後国際援助を行うオランダの団体を設立するために委員会が結成され、オランダ国内の70団体により、１９５６年3月バナード王子が最初の会長となって非教会系の開発ＮＧＯとしてのノビブが設立された。ノビブは、すべてのオランダの人々の関心を引く団体になることを目指し、初期の活動としては、毎年反飢餓週間とインドのための食糧キャンペーンのような、飢餓と闘うキャンペーンを行った。57年からは開発問題専門の雑誌『ひとつの世界（Onze Wereld）』を発行し、63年から第三世界の飢えや食料不足の問題に関心を持つオランダ市民に、「食卓の客」貯金箱を送るとともに、オランダ市民に関心を持ってもらうように情報や開発教育の資料を送った。ノビブは、人材派遣のような技術協力型援助ではなく、対等なパートナーとしての協力を目指して、パートナーと呼ばれる協力団体への資金援助を行った。上からの経済開発の概念を外部から導入するのではなく、パートナーである途上国の市民によるもうひとつの開発や下からの変革を支援することを目指している。バングラデシュ最大のＮＧＯであるＢＲＡＣ（151頁参照）に長年多くの資金やアドバイスを与え、ＢＲＡＣの活動の拡大や財政的な独立に貢献した。その他にも、ノビブは、キャンペーン、政策提言、開発教育を行うオランダ最大のＮＧＯである。東和大学国際教育研究所の教授だった室靖は、「欧米のＮＧＯの中で開発教育に最初に取り組みだしたのはノビブだ」と述べている[14]。ノビブが政府から多くの資金を受けながらも政府批判を含めた政策提言を行ってきたことは、オランダのＮＧＯと政府の関係性を表す特徴的なことであるが、近年中道右派政党が政権につくようになり、ノビブと政府の関係性が難しくなっている。94年にノビブはオックスファム・インターナショナルのメンバー団体となり、２００６年「オックスファム・ノビブ」と名称を変更し、現在まで90カ国を超える国々で活動している[15]。

次に紹介するのは、ドイツの「ミゼリオール（MISEREOR）」である。第2次世界大戦後、外国からの支援によって復興のきざしを見せていた当時の西ドイツのカソリック界は、貧困・飢餓・病気に苦しんでいる第三世界の人々の実情に心を痛めていた。そして、第三世界の人々を救済するために、「共に苦しむ」べく立ち上がり、西ドイツのカソリック聖職者が中心となって、１９５８年ミゼリオールを設立した。ミゼリオールの名前の由来は、「われ汝と共に苦しまん」というキリストの言葉のラテン語訳〝MISEREOR Superturbam〟から来ている。現在、ミゼリオールは、パートナーシップの精神に根ざした開発協力を推進するために、アジア、アフリカ、ラテンアメリカなど世界の途上国のパートナー団体に対して資金協力を行い、質の高い、きめの細かな援助活動を行っている。[16]

(3)　青年ボランティアの派遣

「ＶＳＯ」（イギリス）、「ＣＵＳＯ」（カナダ）

１９５０年代から１９６０代にかけて、欧米のＮＧＯの中でも、若者を直接途上国に派遣する団体が登場する。イギリスのＶＳＯやカナダのＣＵＳＯの青年の人材派遣プログラムの経験は、アメリカの平和部隊（Peace Corp）や日本の青年海外協力隊の発足につながっていくことになる。

最初は、イギリスで設立された「ＶＳＯ（Voluntary Service Overseas）」である。青年ボランティア指導者アレック・ディクソンとモイラ・ディクソンが、クリスチャン・エイド（94頁参照）の支援によって、１９５８年5月15日18人のイギリス人のボランティアを募って途上国（マレーシア・サラワク、ナイジェリア、ガーナ、ザンビア）へ派遣したことをきっかけに、同年ＶＳＯが設立された。その後、最初に派遣されたボランティアのうち数名が、ナイジェリア、ガーナ、ザンビアのプログラムに関わるようになった。ボランティア精神にあふれる青年男女を途上国に派遣して社会奉仕活動を行うというＶＳＯの理念と活動は、その後に設立される人材派遣型ＮＧＯや政府の人材派遣プログラムに多くの影響を与えることになる。以来、現在までＶＳＯは４万３０００名を超えるボランティアを１２０カ国以上の国に派遣し、約17万４０００人にトレーニングを行い、２０００百万人を超える人の命の仕事に関わった。[17]

続いて、カナダで発足した「ＣＵＳＯ」である。ボランティア派遣を行う大学の学生団体が発展して、１９６１年ＣＵＳＯ（Canadian University Service Overseas）が設立された。１９８０年代以降は大学生以外の専門家を途上国に派遣するようになった。ＣＵＳＯは、カナダ政府のカナダ国際開発庁（ＣＩＤＡ）からの支援にもかかわらず、民間団体として政府から独立性を保ち、人材派遣型の援助を行ってきた。またＣＵＳＯでは、帰国したボランティアが中心となって開発教育を行い、途上国問題への理解と開発問題への参加をカナダ国民に呼びかけた。CUSOは、2011年設立50周年を迎え、CUSO International となり、カナダだけでなく、アメリカでもNGO登録するようになった。2013年から2014年にかけて、地域開発分野（Community）で13カ国において43のパートナー団体と共に74人のボランティアが活動し、健康分野（Health）において32のパートナー団体とともに50人のボランティアが活動し、生計向上分野（Livelihood）で25カ国において、143のパートナー団体とともに、281人のボランティアが活動している[18]。

(4) 開発の課題に特化したNGOの登場

1950年代から1980年代にかけて、貧困、家族計画、保健医療、人権、環境、教育、適正技術など特定の開発分野の課題に焦点を当てたNGOが登場してくる。以下に、課題別に分類して、それらのNGOの発展について紹介していく。

① 貧困

「ウォー・オン・ウォント（WOW）」「グローバル・ジャスティス・ナウ」

1951年に、イギリスの新聞『ガーディアン』の編集委員をしていたビクター・ゴランツらによって、世界の貧困・飢餓問題の撲滅を目的に、「ウォー・オン・ウォント（War on Want ＝WOW、貧困との闘い）」が設立される。WOWは、設立当初から、世界の貧困・飢餓問題や先進国と途上国との間にある不公平の解消を訴えるために貧困撲滅キャンペーンを開始するとともに、農業、農村開発、保健衛生、教育など途上国の自立に向け長期的展望に立った開発援助を行い、開発教育の分野でもリーズ開発教育センターが制作した『ダッカからダンディへ――バングラデシュとイギリスの不公正な世界（Dhaka to Dundee - Bangladesh and Britain in an

Unequal World)』という開発教育の教材を発行し（日本適用版は開発教育協議会〔現、開発教育協会〕より『援助と開発』として1995年に発行されている）、様々な分野で活動している。イギリスのチャリティ委員会に登録されているNGOの中でも、最も過激な国際政策キャンペーンや政策提言活動に力を注いできた団体でもあり、イギリスの開発NGOの中で常にユニークな立場にあった。1980年代後半には、財政赤字による倒産の危機に陥り、チャリティ委員会の監査が入ったが、90年代に入りその規模を縮小するなどして再建し、今日に至っている。近年では、「慈善ではなく正義を」と訴え、イスラエルとの軍事貿易禁止、税金透明化の要求、移民労働者の保護、ユニクロの中国労働者への支援、公正な貿易の実現などをイギリス議員、EU議員などに働きかけ、引き続き政治キャンペーンを続けている。[19]

また、イギリスのオックスファム、クリスチャン・エイド、CAFOD、ウォー・オン・ウォントなどの開発NGOと教会組織は、イギリス政府や国際機関に対して世界の貧困問題に関する政治的なキャンペーンや援助政策への提言を行うために、1969年「グローバル・ジャスティス・ナウ（Global Justice Now）」（旧名「世界開発運動」（World Development Movement＝WDM））を設立する。チャリティ団体ではないWDMは、チャリティ団体であるために政治活動が制限されていたオックスファムなどの団体に代わって、政治的なキャンペーンや政策提言活動を行っているが、2015年グローバルレベルで社会的、経済的正義を訴えるために、名称を変更した。[20]

②　家族計画、保健医療

「国際家族計画連盟（IPPF）」（インド、イギリス）、「国境なき医師団（MSF）」（フランス）

「国際家族計画連盟（International Planned Parenthood Federation＝IPPF）」は、世界の家族計画、母子保健活動を推進するために、インド、イギリス、アメリカ、オランダ、スウェーデン、西ドイツ、シンガポール、香港が最初のメンバーとなって、インドのボンベイで1952年に設立され、1977年にイギリスで法人化された。現在世界152の独立した家族計画組織が存在し、日本では「(公益財団法人)ジョイセフ(JOICFP)」(旧名「家族計画国際協力財団」)が1968年に発足した。60年後、IPPFは、152カ国のパートナー協会からなる連盟として、172カ国で事業を実施し、2011年には、世界中に広がるその6万5000のサービス拠点で、約8900万件のセクシュアル/リプロダクティブ・ヘルスサービスを提供した。[21]

「国境なき医師団」については77頁を参照。

③ 人権

「アムネスティ・インターナショナル」(イギリス)

人権分野のNGOとして、1961年にイギリスで設立されたのが、「アムネスティ・インターナショナル(Amnesty International)」である。

1961年イギリスのユダヤ人法律家ピーター・ベネンソン(2005年2月25日没)は、ポルトガルの2人の学生が政治犯として逮捕され、7年間拘束の判決という新聞記事を読み、英仏の新聞に「忘れられた囚人たち」という投稿記事を掲載、国家権力によって自由を奪われた人々を忘れずに声をあげていく世界規模の市民運動があればと読者に呼びかける。彼は、暴力を用いていないにもかかわらず、自分の信念、人種、宗教、肌の色などを理由に囚われの身となった「良心の囚人」の無条件釈放を求める手紙を各国の政府に書くよう、世界中の市民に呼びかけた。ベネンソンのこのキャンペーンには、やがて「アムネスティ・インターナショナル」という名称がつけられる。アムネスティは、人権侵害を防ぐために世界的な規模で市民運動を起こし、世論による圧力をかけていく方法を提唱し、「良心の囚人」の釈放、拷問と死刑の廃止など人権擁護活動で世界に名を知られるようになった。その後、働きが認められ、1977年にノーベル平和賞、78年に国連平和賞を受賞する。現在世界中に約80カ国の支部による活動拠点があり、世界で７００万人以上がアムネスティの運動に参加している。２００３年からアムネスティがオックスファム、国際小型武器行動ネットワーク（ＩＡＮＳＡ）と連携して行った武器規制を求める「コントロール・アームズ・キャンペーン」の成果もあり、小規模武器貿易条約（ＡＴＴ）は、２０１４年12月24日に国連で成立した。２０１４年には、４度目の拷問廃止世界キャンペーンを行った[22]。

④　環　境

「ＷＷＦインターナショナル」（スイス）、「グリーンピース」（カナダ）

環境分野でも、今日国際的なネットワークを持つＮＧＯがこの時期設立されている。

１９６１年「世界野生保護基金（World Wildlife Fund ＝ＷＷＦ）」設立実行委員会の発足は、イギリス人の生物学者ジュリアン・ハクスリー卿（ユネスコ初代事務局長）がアフリカの野生動物の絶滅の恐れなどの危機をイギリスの『オブザーバー』紙に訴え、アフリカなどの自然を守るために、緊急に国際組織を作る必要があると呼びかけたことに始まる。その呼びかけに、鳥類学者でイギリスの自然保護協会事務局長であったマックス・ニコルソンが応えて、科学者、宣伝・広報の専門家を集め、野生動物の保護を求めた「モルジュ宣言」を発表した。その後、野生動物の生育地の保全を目指すプロジェクトに取り組み、開発途上国での環境保全に協力と支援を行うことを目的として、ジャイアントパンダをシンボルマークとするＷＷＦがスイスに本部を置いて発足する。その後、名称を「世界自然保護基金（World Wide Fund for Nature）」と改め、ＷＷＦインターナショナルの傘下にアメリカ、イギリス、日本（１９７２年）など各国委員会が設立された。現在ＷＷＦインターナショナルは、本部をスイスのグランとして、50カ国以上の国々に拠点を置き、１００を超える国々で地球規模の活動を行っている。ＷＷＦは、地球の自然環境の悪化を食い止め、人類が自然と調和して生きられる未来を築くことを使命として、①世界の生物多様性を守る、②再生可能な自然資源の持続可能な利用が確実に行われるようにする、③環境汚染と浪費的な消費の削減を進める、の3つの活動を行っている。2015年12月世界196カ国が参加した第21回国連気候変動枠組条約（COP21）での「パリ協定」の作成と採択に向けて、WWFのネットワークが提言などを積極的に行い、大きな役割を果たした[23]。

また、「グリーンピース（Greenpeace）」は、アラスカ沖でのアメリカの核実験に抗議するために、ジャーナリスト、学生たちが募金を集めて船を出したことがきっかけとなって、1971年にカナダで設立された。その後、グリーンピースは、大気中核実験を国際的に禁止させることに成功した他、地球規模の環境破壊を食い止めるために、現場に行って直接抗議し、マスコミなどを通じて世界にアピールすると同時に、解決策の提示も行う、世界でも代表的な環境保護団体のひとつに成長した。具体的な活動としては、核実験、核の再処理、放射性廃棄物の海洋投棄、南極の汚染と破壊、石油採掘機海洋不法投棄などに反対するほか、遺伝子組み換え食品、塩化ビニールおもちゃの法規制、オゾン層破壊防止とフロンガスの代替および禁止、ダイオキシン（有機残留汚染物質）全廃、原生林保護、生物保護などの課題に取り組むなど幅広く活動している。現在グリーンピース・インターナショナル本部は、オランダ（アムステルダム）にあり、世界で300万人の個人サポーターに支えられ、世界55カ以上の国と地域で活動している。なお、グリーンピース・ジャパンは1989年に設立された[24]。

⑤ 教　育

「アクション・エイド」（イギリス）

1970年代に入ると、「アクション・エイド（Action Aid）」（最初の名称はAction in Distress）は、イギリスで過去にオックスファムやヘルプ・ザ・エイジド（国際的に高齢者問題を扱う。現在はエイジ・コンサーンと合併してエイジＵＫ）の活動に関わったビジネスマンのセシル・ジャクソン・コールを中心に、インドとケニアの子どもたちに教育を与えるためのスポンサーとなった88名のサポーターたちによって発足した。アクション・エイドは、子どもへのスポンサーシップによる教育プログラムを実施し、今日では約20カ国で参加型を取り入れた長期的な開発援助、緊急援助を行うほか、開発教育、キャンペーン、政策提言活動を行っている。教育キャンペーン、食料権利キャンペーン、ＨＩＶ／エイズキャンペーンなどを実施している。アクション・エイドＵＫの設立は１９７２年と、イギリスの大手ＮＧＯの中では比較的新しいが、イギリスで70年以降に設立されたＮＧＯとしては最も急成長した団体のひとつとなり、２０１２年に設立40周年を迎えた。２０１１年から「貧困を終わらせる人々のアクション（People's Action to End Poverty）」という戦略を開始した。現在、アクション・エイドは、アクション・エイド・インターナショナルとして活動し、南アフリカのヨハネスブルグに本部事務所を置き、１５００万人を対象に、世界約45カ国で活動している。[25]

⑥　適正技術

「プラティカル・アクション（旧名「中間技術開発グループ（ＩＴＤＧ）」）（イギリス）

１９６５年〝Small is Beautiful〟（『スモールイズビューティフル――人間中心の経済学』）の作者として世界的に有名な経済学者Ｅ・Ｆ・シューマッハーは、イギリスの新聞『オブザーバー』に途上国の人々が関心を持つようなニーズと技術に基づいた中間技術の必要性を提唱し、シューマッハーと彼の仲間は労働集約的な技術の有効な活用を推進する相談センターとして、１９６６年「中間技術開発グループ（Intermediate Technology Development Group＝ＩＴＤＧ）」をイギリス（本部：ラグビー）で設立した。ＩＴＤＧは、適正技術を通じて第三世界への開発援助を行うユニークな団体として、アフリカ、アジア、ラテンアメリカの農村を対象に、持続可能な適正技術の開発協力を行い、「テクノロジー・ジャスティス（Technology Justice）」を訴えている。２０

05年に活動名を「プラクティカル・アクション（Practical Action）」と変更し、2008年にその団体名称で法人登録した。現在、9カ国に事務所を置きながら世界45カ国で活動し、清潔な水、持続可能なエネルギー、安全な食料、自然災害の軽減、適正技術などの事業を行い、他にイギリスのラグビーの本部において適正技術のアドバイスとそのスクールで開発学の研修を開催するほか、IT出版物の発行やかつてはロンドンに書店を持っていた[26]。

3　1990年代から現在——NGOによる国際ネットワーク活動の時代

1990年代以降、南のNGOの活動がより活発になり、北のNGOとの対等な協力関係（パートナーシップ）が模索され始めたことによって、南北のNGOによる国境を超えた地球規模のNGOによるネットワーク活動が盛んになる。これらのNGOの国際ネットワークは、途上国の貧困問題、南北の経済的・社会的格差是正、地雷廃絶、債務帳消し、貿易是正、平等な教育の導入、HIV／エイズ・感染症の拡大防止、租税回避防止とグローバル・タックス導入など経済のグローバリゼーションの不公正を解消・改革することを目的として、国連会議、G7サミット、世界銀行・国際通貨基金（IMF）年次総会、アジア開発銀行総会などの国際会議で活動するようになっている。

以下に、NGOの国際ネットワーク活動について紹介していく。

①　地雷廃絶——「地雷廃絶国際キャンペーン」

1992年、アメリカ、ヨーロッパのいくつかのNGOが、地雷の使用、生産、備蓄、移転、売却すべてを禁止する条約を成立させるため「地雷廃絶国際キャンペーン（International Campaign to Ban Landmines＝IC

BL）」を発足させ、97年の「対人地雷禁止条約（Anti-Personnel Mines Convention）」（オタワ条約、2014年現在161カ国批准または加入）調印の大きな原動力となった。ICBLは、現在では世界70カ国、約1300団体からなる国際ネットワーク団体になった。97年ICBLのコーディネーターのジョディ・ウィリアムスがノーベル平和賞を受賞し、その動きに応えて「地雷廃絶日本キャンペーン（JCBL）」が97年に設立された。故小渕恵三元首相が同キャンペーンの趣旨に賛同し、日本が1999年3月に地雷撤廃条約に署名したことは話題になった。

②　債務帳消し——「ジュビリー2000キャンペーン」

「ジュビリー2000キャンペーン」は、アフリカ・キリスト教協議会が、2000年までに最貧国の債務帳消しを求めたことに始まる。その後、ローマ法王や世界キリスト教協議会が呼びかけ、国際自由労連や多くの国際NGOが参加し、イギリスの「債務危機ネットワーク」が中心となって1995年イギリス・ロンドンに本部を設立する。現在世界の70カ国にジュビリー2000が存在し、重債務貧困国の債務問題を世界中の市民に伝え、債務削減に関して、98年のバーミンガムG7サミット、99年ケルンG7サミット、2000年の九州・沖縄サミット、世界銀行・IMFの総会のときには、債務帳消しの提案や人間の鎖などの直接のアクションで大きな影響を与えた。

日本では、98年10月に宗教界、労働界、多くのNGOが参加して「債務帳消しキャンペーン実行委員会」を作り活動を始めた（2001年から「途上国の債務と貧困ネットワーク」と名称を変更して活動を継続したが2004年に解散）。2000年7月に開催された九州・沖縄サミットの沖縄G7会議では重債務国債務帳消しキャンペーンを世界中で展開した。福岡ではジュビリー2000福岡（現在は「債務と貧困を考えるジュビリー九州」）が活動を行い、2000年7月8日福岡のG7蔵相会合で、フラワーマーチングを行った。筆者も19

94年から1997年にクリスチャン・エイドで客員研究員をしていたが、クリスチャン・エイド内にジュビリー2000の事務所があったので、同団体が債務という難解な課題を扱うネットワークNGOとして世界的ネットワークNGOに拡大していく過程を目の当たりにしたが、NGOの持つエネルギーに圧倒され、NGOが創造するグローバルな空間を最初に体験した時期でもあった。

③ 温暖化防止――「気候アクションネットワーク（CAN）」

「気候アクションネットワーク（CAN）」は、温暖化防止会議のために1995年に設立された国際ネットワーク組織で、日本を含めた100カ国以上のNGOが加盟している。97年12月の温暖化防止京都会議（COP3）を成功させるために活動した「気候フォーラム」の趣旨・活動を継承するために、日本では1998年4月に全国ネットワーク組織として「（特定非営利活動法人）気候ネットワーク」が設立された。

④ 違法な投機取引の抑制とトービン税の導入、グローバル・タックス――「アタック（ATTAC）」「ロビンフッド・キャンペーン」

「アタック：市民を支援するために金融取引への課税を求めるアソシエーション（Association for the Taxation of financial Transactions for the Aid of Citizens＝ATTAC）」は、1998年フランスで設立された新しいネットワークで、世界を駆けめぐる投機的な資本の移動を抑制するために、すべての外国為替取引に対し一定の率で課税するという「トービン税」を課し、これを途上国の貧困の根絶のための資金などにしようという市民運動である。アタック・ジャパンは2001年に設立される。99年12月のアメリカのシアトルでのWTOへの大規模抗議の経験から、ATTACフランス、ブラジルの労働関係団体、農民団体、世界のNGO、市民団体などがブラジルのポルトアレグレ市でのフォーラムを呼びかけ、2001年1月、120カ国1万50

００人が参加して「第1回世界社会フォーラム（ＷＳＦ）」が開催された。この会議は、スイスのダボスで世界の政治・経済のエリートたちを集めて開催されている「世界経済フォーラム（通称ダボス会議）」に対抗するかのように開かれたものだ。「もうひとつの世界は可能だ（Another World is Possible）」をスローガンに、ひとつの決定を下すのではなく、世界の人々が出会い、議論や経験を共有し、現在の一部超大国・多国籍企業主導の新自由主義的グローバリゼーションへのオルタナティブを模索する連帯する場所である。ＷＳＦは、以後毎年開催され、２００5年1月の第5回の会議では、ダボス会議でフランスのシラク大統領が提唱した「国際連帯税」の導入が主張された。

現在グローバル・タックス（国際連帯税ともいう）導入を目指して欧米を中心に世界中のＮＧＯが活動している。２０１０年2月にはイギリスでＥＵなど金融取引税の実施を求める「ロビン・フッド・タックス・キャンペーン」が実施され、ＮＧＯ２００団体が参加、①主要な金融取引（外国為替、株式、デリバティブなど）に課税、②そこからの税収は国内向けおよび世界向け公共資金として半分に分配、③世界的公共資金を開発向けと気候変動向けに半分に分配、の3つを提言し、国会議員、官僚、マスメディアなどに働きかけている。[27] また、タックス・ジャスティス・ネットワーク（Tax Justice Network）によると、タックス・ヘイブンに秘匿されている資金は実に21兆ドル（２５２０兆円）から32兆ドル（３８４０兆円）に上る[28]と述べている。日本でもグローバル・タックスの運動が進められている。

⑤「G－CAPキャンペーン」「ホワイトバンド・キャンペーン」

「G－CAP（Global Call to Action against Poverty）」は、２００5年7月イギリス・グレンイーグルスG8サミット、9月ニューヨーク「国連ミレニアムプラス5サミット」、12月香港「WTO閣僚会議」など重要な国際会議の開催に標準を合わせて実施されたＮＧＯによる世界規模のキャンペーンである。05年1月ブラジルのポルトアレグレで開催された「世界社会フォーラム」（WSF）において、世界の貧困問題の解決や「ミレニアム開発目標（MDGs）」の実現を求めるために発足した。世界50カ国以上、NGO、宗教団体、労働組合などの団体で構成され、1億5000万人以上が参加し、U2のボノなど世界の著名人やセレブも協力した。

G-CAPとは、各国独自で行われているキャンペーンの総称で、イギリスでは「貧困を過去の歴史に」（Make Poverty History）、日本では「ほっとけない世界のまずしさキャンペーン」が行われ、このキャンペーンの一環として「ホワイトバンド・キャンペーン」が同時に実施され、その道具としてホワイトバンドやクリッキングフィルムが制作・配布され、大きな話題を得た。このキャンペーンの特徴は、ジュビリー2000（219頁参照）と同様に、世界各国で独自のキャンペーン活動が行われたことである。キャンペーンの成果として、G8サミットの以下の宣言に対して直接的・間接的影響力を与えたことである。

（a）アフリカへの援助増額

G8サミットで「アフリカの貧困問題」を中心に議論、2010年までに対アフリカの援助を倍増することで合意し、アフリカへ年間250億ドルの支援、日本の政府開発援助（ODA）を今後5年間で総額100億ドル上乗せすることを約束した。

（b）重債務貧困国の債務帳消し

G8サミットおよびG8サミット財務相会合（2005年6月）で、重債務貧困国中、政治能力や汚職追放など一定の条件を満たした18カ国（アフリカ14、中南米4）について、IMF、世界銀行、アフリカ開発銀行向け債務を全額帳消しすることで合意した。

以後のG7サミットに合わせて、NGOキャンペーンは継続され、G-CAPキャンペーンのメンバーなど日本を含め世界からNGOのメンバーが集合し、「もうひとつのサミット会議」が開催された。日本では「動く→動かす」がキャンペーンを行っている（220頁参照）。

日本など各国で行われたＧ－ＣＡＰキャンペーンは、債務帳消しのジュビリー２０００キャンペーンとともに、世界のＮＧＯが20年間積み上げて作り上げたキャンペーンの一つであると考えられる。

⑥　ＮＧＯの開発効果

参加型開発や権利ベース開発協力を含めた今日の開発協力の議論では、最貧困者や弱者へのエンパワーメント貢献度や権利と義務という点が重視されている。この点は、近年問われている弱者へのアカウンタビリティ（説明責任）や援助効果（Aid Effectiveness）や開発効果（Development Effectiveness）の議論と共通するものがあり、第２次世界大戦後本格的に行われるようになった政府開発援助（ＯＤＡ）やＮＧＯによる開発協力のあり方そのものが問われており、開発効果に関する国際的なネットワークも形成されている（46頁参照）。特に、世界のＮＧＯや市民社会側は、２０１０年９月トルコ・イスタンブールで開催された「ＣＳＯ開発効果第１回オープンフォーラム世界大会」において「ＣＳＯ開発効果に関する国際枠組み案」をまとめ、採択された「ＣＳＯ開発効果に関する原則（以下、イスタンブール原則）」は重要で、ＮＧＯが開発協力を行う上でその原則の適用が求められている。

今後ＮＧＯが開発協力を行う上で、どのように効果が求められるか、国際的なネットワークが果たす役割も大きい。

⑦　持続可能な開発目標（ＳＤＧｓ）に向けてのＮＧＯの連携

２０１５年９月の国連総会で国連「ミレニアム開発目標（ＭＤＧｓ）」に代わり新たに「持続可能な開発目標（ＳＤＧｓ）」が採択された。多くのＮＧＯや市民社会は、この策定プロセスに関わった。

２０３０年までに目標を達成し格差を是正することが重視されているＳＤＧｓのスローガン「誰ひとり残さ

ない（Leave no one behind)」は、ＮＧＯ・市民社会の強い働きかけによって実現した。[29] 例えば、セーブ・ザ・チルドレンは、「すべての子どもの権利の観点から、世界中のメンバーが連携し、国連の交渉の場および各国政府との対話や提言を通して、積極的に策定プロセスに関わってきた[30]」と述べている。

⑧ 完全自律稼働型兵器「キラーロボット」協議を公式にし、全面禁止を

「キラーロボット（殺傷ロボット）」は、人間のコントロールなしに標的を選択し攻撃可能な完全自律稼働型兵器である。これらの兵器は、２０１６年12月12日～16日の国連軍縮会議特定通常兵器使用禁止制限条約（以下、ＣＣＷ）第５回検討会議の対象になり、ＣＣＷ１２１加盟国のうち米国、ロシア、イギリス、中国、イスラエル、韓国など数カ国が自律稼働性のレベルが高い兵器システムを開発中といわれている。ヒューマン・ライツ・ウォッチとハーバード・クリニックは、報告書「論証：キラーロボットの危険性と先制的禁止の必要性」の中で、完全自律稼働型兵器の全面禁止に反対する16の論点に反論し、キラーロボットの危険性について法的、道徳的、安全面などの側面から懸念を示し、全面禁止以外の選択はないと結論、「アカウンタビリティ（法的責任）の欠如問題」について分析した。ヒューマン・ライツ・ウォッチは「ストップ・キラーロボット」キャンペーンを開始し、「キラーロボット」の全面禁止を国連軍縮会議において全会一致で合意することを目指している。[31]

4　まとめ

以上本章では、ＮＧＯの活動の多様化と専門化について述べ、ＮＧＯの発展と人道支援から開発協力への変化を検証した。オックスファムやクリスチャン・エイドなどのＮＧＯは、第２次世界大戦後、人道支援からパートナーシップ型の開発支援も行うようになるが、先進国と途上国の従属的な関係、国際経済の構造的な不公正・不平等に早くから目を向け、イギリスの開発教育、キャンペーン、フェアトレードにおいて果たした役割は大きく、「慈善から公正」を求める活動へと質的に変化し、今日のＮＧＯによるアドボカシー活動や開発教育活動の基盤を作ったといえる。

確かに、ＮＧＯは、人道支援だけでなく開発協力も行うようになり、規模や数も拡大した。南のＮＧＯが成長し、北のＮＧＯの開発協力活動（人材派遣、パートナー団体支援、参加型開発）などが多様化し、また、１９５０年代以降、貧困、環境、教育、人権、女性、子どもの分野など活動が専門化していくことになる。同時に、１９８０年代以降、ＮＧＯの活動は、貧困、地雷、債務、環境、貿易、グローバル・タックス、開発効果などの分野でアドボカシー活動やネットワーク活動を展開していく。

さらに、２０００年以後は、国連によるミレニアム開発目標（ＭＤＧｓ）が展開され、２０１５年以降はポストＭＤＧｓとして持続可能な開発目標（ＳＤＧｓ）が開始され、ＮＧＯがこの目標作成の過程に大きく関わり、その担い手として参加していくことになる。

【注】

1　オックスファム・インターナショナルのＨＰ　https://www.oxfam.org/en/（２０１７年1月7日閲覧）参照。
2　Oxfam International（2016）参照。
3　オックスファム・インターナショナルのＨＰ　https://www.oxfam.org/en/（２０１７年1月7日閲覧）、オックスファム・ジャパンのＨＰ　http://www.oxfam.jp/（２０１７年1月7日閲覧）参照。
4　Oxfam International（2016）参照。
5　Oxfam International（2016）参照。

6　市橋秀夫（２００６ｂ）54頁。
7　２０１６年11月24日の黒田かをりさんからのメールより。
8　本事例研究は、重田（２００６）、市橋秀夫（２００６ａ）、市橋秀夫（２００６ｂ）、Black. M.（1992）、オックスファム・インターナショナルのＨＰ　https://www.oxfam.org/en/（２０１７年１月７日閲覧）、オックスファム・ジャパンのＨＰ　http://www.oxfam.jp/（２０１７年１月７日閲覧）を参考に作成。
9　クリスチャン・エイドのＨＰ　http://www.christianaid.org.uk/（２０１７年１月７日閲覧）参照。
10　ケア・インターナショナルのＨＰ　http://www.care-international.org/（２０１７年１月７日閲覧）参照。
11　ワールド・ビジョン・インターナショナルのＨＰ　http://www.wvi.org/（２０１７年１月７日閲覧）、ワールド・ビジョン・ジャパンのＨＰ　https://www.worldvision.jp/（２０１７年１月７日閲覧）を参考に作成。
12　ＢｆｄＷのＨＰ　https://www.brot-fuer-die-welt.de/en/bread-for-the-world/（２０１７年１月７日閲覧）を参考に作成。
13　オックスファム・オーストラリア（旧名Community Aid Abroad）のＨＰ　https://www.oxfam.org.au/（２０１７年１月７日閲覧）を参考に作成。
14　室靖（１９８９）。
15　オックスファム・ノビブのＨＰ　http://www.oxfamnovib.nl/（２０１７年１月７日閲覧）、国際協力推進協会（１９８４）、Novib（1993）、松井やより（１９９０）62－72頁を参考に作成。
16　ミゼリオールのＨＰ　http://www.misereor.org/（２０１７年１月７日閲覧）、国際協力推進協会（１９８４）を参考に作成。
17　ＶＳＯのＨＰ　https://www.vsointernational.org/about-us（２０１７年１月７日閲覧）、国際協力推進協会（１９９４）、クリスチャン・エイドのJack Artheyの話を参考に作成。
18　CUSO InternationalのＨＰ　http://www.cusointernational.org/ http://www.waronwant.org/（２０１７年１月７日閲覧）および国際協力推進協会（１９８４）を参考に作成。高橋彰夫氏によると、ＣＵＳＯはイギリスのＶＳＯと合併し、「ＶＳＯ－ＣＵＳＯ」となったが、再分裂し、ＣＵＳＯに戻ったとのことである（２０１７年１月

９日付メールより)。

19 ＷＯＷのＨＰ　http://www.waronwant.org/（２０１７年１月７日閲覧）、Lucy Stubb（1993）を参考に作成。

20 グローバル・ジャスティス・ナウのＨＰ　http://www.globaljustice.org.uk/（２０１７年１月７日閲覧）を参考に作成。

21 ＩＰＰＦのＨＰ　http://jp.ippf.org/（２０１７年１月７日閲覧）、ジョイセフのＨＰ　https://www.joicfp.or.jp/jpn/（２０１７年１月７日閲覧）、Stubbs（1993）を参考に作成。

22 アムネスティ・インターナショナルのＨＰ　https://www.amnesty.org/en/（２０１７年１月７日閲覧）、アムネスティ・インターナショナル日本のＨＰ　https://www.amnesty.or.jp/（２０１７年１月７日閲覧）、国際協力ＮＧＯセンター（２００４）を参考に作成。

23 ＷＷＦインターナショナルのＨＰ　http://www.worldwildlife.org/（２０１７年１月７日閲覧）、ＷＷＦジャパンのＨＰ https://www.wwf.or.jp/（２０１７年１月７日閲覧）を参考に作成。

24 グリーンピースのＨＰ　http://www.greenpeace.org/international/en/（２０１７年１月７日閲覧）、グリーンピース・ジャパンのＨＰ　http://www.greenpeace.org/japan/ja/（２０１７年１月７日閲覧）、国際協力ＮＧＯセンター（２００４）を参考に作成。

25 アクション・エイドのＨＰ　http://www.actionaid.org/（２０１７年１月７日閲覧）を参考に作成。

26 プラティカル・アクションのＨＰ　http://practicalaction.org/（２０１７年１月７日閲覧）を参考に作成。

27 上村雄彦編著（２０１６）116－117頁。

28 上村雄彦編著（２０１６）48頁。

29 田中治彦・三宅隆史・湯本浩之（２０１６）66頁。

30 セーブ・ザ・チルドレン・ジャパンのＨＰ　http://www.savechildren.or.jp/lp/sdgs/（２０１６年11月６日閲覧）を参考に作成。

31 ヒューマン・ライツ・ウォッチのＨＰ　https://www.hrw.org/ja/news/2016/12/09/297530（２０１６年12月20日閲覧）を参考に作成。

第4章　南の市民社会の誕生から発展
——アジアの市民社会の事例から

1　アジアの市民社会はどのように発展してきたのか

１９４０年代中盤から１９６０年代にかけて、第２次世界大戦が終了し、アメリカとソ連による東西冷戦が始まり、アジアやアフリカ諸国は、かつての宗主国との独立闘争や独立運動を通して独立を達成することになる。

１９５０年代から１９６０年代には、それらの諸国は、ようやく宗主国から独立を達成しても、国内の権力闘争や新たな独立を巡る争いのため、内戦や紛争を繰り返し自国民に多くの犠牲を強いた。内戦や戦争が終わっても、国は貧しく混乱し、アジアやアフリカ諸国の住民は辛苦に耐えて生き残っていかねばならず、彼らにとってその道は苦難の歴史であった。第２次世界大戦後、西側先進国が復興し急速な経済発展を遂げたのに対して、アジアやアフリカ諸国は低開発国とか発展途上国とかいわれるようになり、先進国の経済発展に追いつかず、先進国と発展途上国との間の経済格差は年々拡大し、両者の格差はやがて南北問題といわれるようになった。

そのような途上国だけでの発展は困難かつ限界があり、先進国、国際機関の他、先進国のＮＧＯが途上国に支援を行うことになる。途上国には、政府の他に宗教団体、社会団体、土着団体、自治会、住民組織、協同組合などが地域の団体（Community Based Organization＝ＣＢＯ、People Organization＝ＰＯ）あるいは集合体として独自に国内で活動してきたが、それらの団体を通して、あるいは新たに西側の支援によりローカルＮＧＯが設立されていくことになる。特に、先進諸国や国際機関の援助が相手国政府との関係から難しい場合、ＮＧＯが政府や国際機関に代わって住民に直接支援するようになり、ＮＧＯが人道復興支援や開発協力で住民のために大きな成果を出した国もある。特にＮＧＯの支援の場合、住民により近く支援できるだけでなく、住民の意識化、住民参加を重視した開発、組織の形成、組織や活動の事業化や社会企業化などの支援に力を入れ、やがて途上国のローカルＮＧＯ（南のＮＧＯ）、住民組織、関係組織が育って先進国のＮＧＯ（北のＮＧＯ）から独立や自立をしていくことなる。そして、アジア、アフリカ、ラテンアメリカ等の国々において南のＮＧＯが誕生し、かつ発展し、地元の人々によって南のＮＧＯが運営されるようになり、多くの北のＮＧＯは南のＮＧＯへの資金協力や自国での開発教育・政策提言などに活動の重点を転換していくことになる。こうして、20世紀後半から21世紀にかけて、ＮＧＯを含めた南の市民社会は成長し、ＮＧＯによっては巨大化し企業化して、北のＮＧＯ以上に規模が大きくなり、グローバルサウス（Global South）として大きな影響力をもつことになる。

以上の背景を通して、南の市民社会を考えた場合、特にアジアの市民社会の芽は１９５０年代以降、フィリピン、スリランカ、タイ、バングラデシュなどで萌芽し、以後１９９０年代にかけて民主化運動や住民運動の影響も受けながらアジア各国に市民社会が形成され、様々な市民社会組織（ＣＳＯ）が設立されていく。

それでは、アジアの市民社会の特徴を以下に述べていこう。

第１に、アジアの市民社会のダイナミックな成長と発展である。

アジア諸国の中でフィリピン、スリランカ、バングラデシュ、タイは、国家の経済発展は発展途上であるが、ＮＧＯ、地元の組織などＣＳＯが早くから成長かつ発展し、政府のできない部分の支援を政府に代わって活動している。１９７０年代以降アジア諸国の中で、民主化運動や住民運動の変化がダイナミックになり、その変化や動きの中で市民社会が形成されてきた国もある。西川潤は『グローバル化を超えて——脱成長期日本の選択』の中で、アジアでも市民社会の概念は多様であると述べ、[1] 秦辰也も『アジアの市民社会ＮＧＯ』の中で、アジアの国々の多種で多元的な市民社会の流れを指摘している通り、[2] 近年、アジアの経済成長と共に、ＮＧＯを含めたＣＳＯは多種・多様な分野で活動を行い、ダイナミックなアジアの市民社会の成長と発展を支えている。

第2に、国家と市民社会の関係性が国や地域によって多様で複雑である。

アジアの中でも儒教の影響を受けた日本、韓国、中国、台湾、シンガポールは、権威主義国家で政府や政治的指導者の引導によって経済発展を行ってきており、集団志向が強く、個人主義や市民社会が育ちにくい。その反面、フィリピン、スリランカ、バングラデシュ、タイなどのアジア諸国は儒教の影響が少なく経済発展は発展途上であるが、政府を補うＣＳＯが発展し、政府のできない部分を政府に代わって活動し、市民社会を形成してきた。政府に代わって国の広範囲で活動してきた著名で巨大なＮＧＯ、国家による不当な人権侵害や環境問題に対して抗議するＮＧＯ、民主化や住民運動を主導するＮＧＯもある。重富真一は、このようなアジアの国家とＮＧＯの関係性について、ＮＧＯの活動環境を経済的スペース（ＮＧＯに対する経済的需要）と政治的スペースの関係（国家や社会の政治的コントロール）として、ＮＧＯのスペースと活動可能性の関係を図式化して表し、成長し発展しているアジアの国々においても政治的スペースの大小にかかわらず、ＮＧＯの経済的スペースにおいて果たす役割が大きいことを紹介している。[3]

第3に、財源の多様化と社会企業化である。

1960年代から1980年代、多くのアジアのNGOは先進国や国際機関のドナーから援助や支援を一方的に受けることで財政的に成り立っていたが、1990年代以降このような北のドナーに経済的に依存する関係から脱却するために、自ら財源の多様化と社会企業化を始めたNGOも多い。アジアのNGOは、事業によって自己資金を集めて外部資金の比率を下げ、自立することを目指す、バングラデシュのNGOのマイクロ・ファイナンスがその代表例として紹介されることが多いが、マイクロ・クレジット、ハンディクラフト販売、印刷業、倉庫業、コーヒー、紅茶、チョコレート、菓子類など嗜好品によるフェアトレード、携帯電話の貸し出し、学校や研修の運営などを事業として行っているNGOも多い。

第4に、国内外のNGOとのネットワーク活動が盛んである。

今では多くのアジア諸国のNGOにより、地域別、課題別にネットワークNGOが設立されている。アジア各国の政府がMDGsやSDGsを達成するために、国連組織やNGOがその達成実現に向けて政府を支援したり協力したりする場合もある。今後新たに設立されたSDGsの達成に向けて、NGOのネットワーク活動やネットワーク団体が関与していくことが期待されている。

本章では、南の市民社会の発展について、アジアのNGOを取り上げて、その多様性、役割や問題点を明らかにしていく。また、南のNGOの巨大化と企業化に焦点をあてて紹介し、その一方、南の市民社会に多くの限界もあることを指摘していく。また、誌面の関係上多くは取り上げられないが、東アジアの中国、韓国の市民社会の概要についても取り上げる。

２　アジアの市民社会の担い手であるＮＧＯの発展の特徴

(1)　カリスマ性のある指導者による貧困者への救済活動

①　農村開発──「ＰＲＲＭ」（フィリピン）、「サルボダヤ運動」（スリランカ）、「ＣＥＤＡＣ」（カンボジア）

第２次世界大戦後、１９５０年代に入ると、アジアでカリスマ性のある指導者によって農村開発を行うＮＧＯが設立され、活動を発展させるようになる。

最初に、フィリピンのＮＧＯの特徴を述べる。

フィリピンは、19世紀から20世紀半ばにかけて宗主国スペイン、米国からの独立運動が起こる。第２次世界大戦中の日本の軍事支配が終わり、20世紀後半にフィリピンでは米国からの独立運動、左翼運動、農村復興運動、民主化運動の中で、ＮＧＯが成長していく。この国は、カソリック教徒が大半を占めるキリスト教社会であるが、教会によってＮＧＯやＣＢＯが設立される。１９８６年独裁者マルコス大統領の失脚後、マルコス大統領を打倒しアキノ政権を誕生させたピープルズ・パワーの民主化運動を主導した一部のメンバーとして、ＮＧＯは政府、企業、教会とともにフィリピン社会において大きな存在となる。それらのＮＧＯは、開発型、伝統慈善型、財団型、疑似型、ネットワーク型に分類され、大臣や国会議員になるような有能なＮＧＯスタッフも登場したが、フィリピンの大土地所有制など既得権益者や大富豪と貧農などとの格差の壁が依然として存在する。その後、２０１３年11月台風による甚大な被害の際、フィリピンのＮＧＯは救援活動を展開した。

フィリピンのＮＧＯとして、例えば、ＰＲＲＭ（Philippine Rural Reconstruction Movement フィリピン農村再

建運動）」は、戦前中国において農村開発運動を行い、戦後フィリピンに渡ったジェームス・イェン博士によって、フィリピン中部で１９５２年に設立された。フィリピンでは、フィリピン大学のコンラド・ベニテズ学部長に導かれたすぐれたフィリピン人のグループとして始まった。

１９６２年イェン博士は、途上国のリーダーを対象に農業開発学の研修を行う「国際農村復興研修所（International Institute of Rural Reconstruction＝ＩＩＲＲ）」を建設する。この研修所は、世界から研修生を招いて、教育事業、保健事業、収入向上事業、住民の自治組織づくりを通した農村指導者の育成と国際農村復興運動の国際的連帯の強化を目指し、世界の農村での識字運動を展開して、タイ、コロンビア、グアテマラ、インドでも活動する国際ＮＧＯになる。65年マルコス大統領が就任すると、戒厳令が敷かれ、ＮＧＯの活動が規制され、ＰＲＲＭも活動を停止した。86年にマルコス大統領が失脚しアキノ政権になると、活動を再開し、正式にＮＧＯとして政府に登録した。現在ケソン市に本部を置き、ルソン10カ所、ビサヤ１カ所、ミンダナオ２カ所の合計13州に支部を持ち、主な活動分野は、環境保護、資源管理、持続可能な生計向上、基礎サービスへのアクセスの保証、人間開発の保証、災害発生への対応、脆弱なコミュニティの削減などである。[4]

また、「サルボダヤ・シュラマダーナ運動（Sarvodaya Shramadana Movement）」は、１９５８年スリランカのコロンボで、当時高校教師をしていたＡ・Ｔ・アリヤラトネが、高校生や学校教師を対象に、僻地の農村でワークキャンプを実施したことをきっかけに始まった（詳細は第5章139頁参照）。

その他、カンボジアのＣＥＤＡＣ（Cambodian Centre for Study and Development in Agriculture）は、元日本国際ボランティアセンター（ＪＶＣ）のスタッフだったセン・コマ・ヤンらによって設立されたカンボジア最大の農業・農村開発団体である。２０１４年現在、２７７人のスタッフを抱え、カンボジアの22県、１５０郡、７２００の農村において16万の農家に支援を行っている。農村開発のほか、研修、健康・環境プログラム、ビジネス部門としてサハクレア・セダッを発足し、農作物の流通事業を行っている。[5]

②　女性の地位向上――「ＳＥＷＡ」（インド）、「ケマラ（Ｋｋｅｍａｒａ）」（カンボジア）

アジアには、女性の地位向上のための女性運動や女性への教育・保健に力を注いで発展したＮＧＯがある。

最初に、インドにある「ＳＥＷＡ（Self Employed Women's Association 自営女性労働者協会）」は、マハトマ・ガンジーにより設立されたインドの繊維労働組合ＴＬＡ（Textile Labor Association）の女性部門担当として働き、弁護士でもあったイラ・バットによって、インフォーマル・セクター（未組織部門）の貧しい自営労働者のための労働組合として、１９７２年に設立された。イラ・バットはインフォーマル・セクターで働く最下層の女性労働者を「自営女性労働者（Self Employed Women）」という新しい概念で捉え、彼女らが社会的に正しく認知された労働者としての権利を勝ち取ることを支援するために、ＳＥＷＡの活動を始めた。ＳＥＷＡは、女性運動、労働組合、協同組合運動を合わせた３つの合体（サンガム）運動と位置づけられ、会員だけでなくインド全体のインフォーマル・セクターの女性たちの生活が改善されるように、政策を変えるための政策提言（アドボカシー活動）や、他の女性団体への支援を重視している。ＳＥＷＡは、非暴力と真理という方法で社会変革を行うガンジー主義を受け継いでいる。会員数は約97万人（２００８年）、主要構成メンバーは家内労働者、露天商、日雇い労働者などである。活動内容は、労働組合、協同組合、会員への支援事業、農村開発の４つからなり、職能グループは労働組合、協同組合、貧しい農村の女性が組織したＤＷＣＲＡ（Development for Women and Children in Rural Area）となっている。支援サービスは、①ＳＥＷＡ銀行（貯蓄と融資）、②保健、③保育、④ＳＥＷＡ保険、⑤法的支援、⑥ＳＥＷＡメンバーのキャパシティビルディング、⑦住宅とインフラストラクチャ、⑧ビデオＳＥＷＡ、である。[6]

また、カンボジアでは、１９７９年のポル・ポト政権崩壊後、91年のパリ和平協定調印により20年におよぶ内戦が終了し、先進国政府、国連、世界銀行、アジア開発銀行の援助資金が一気に流れ込んだ。同じ時期に、カンボジアの国内でいくつかのローカルNGOが誕生する。

91年カンボジア女性ソクア・レイパーによって設立された「ケマラ（Khemara）」は、カンボジアで設立された最初のローカルNGOである。レイパーは、フランス・アメリカに留学、国連職員との結婚とポル・ポト政権の樹立の影響もあり長くカンボジアを離れていたが、91年パリ和平協定を機にカンボジアに帰国し、国際NGOの友人からのアドバイスもあり、ケマラを設立した。発足当時のケマラは、内戦で夫を失った女性など貧困家庭を対象に、マイクロ・クレジット（小規模融資）、女性の保健、働く女性のための子ども保育センター、女性の手作りによる手工芸品の製作・販売を行うなど、初代代表としてのレイパーの精力的な動きもあって非常に注目を浴び、国連や先進国のNGOもケマラに対して支援を行った。しかし、レイパーが94年政界に転出してケマラを離れると、その後事務局長が交代するなどして混乱が重なったが、現在はコイ・ファラニーが代表となって、以前より小規模になったものの、活動は持ち直している。現在のケマラの活動は、健康、ノンフォーマル教育、HIV／エイズの予防と保護、子どもの正義などのプログラムを実施している。[7]

③ 小規模融資――「グラミン銀行」（バングラデシュ）

1970年代には、貧しい人々のための小規模融資の活動を行う南のNGOとして、バングラデシュの「グラミン銀行」が誕生する。

世界的に著名なグラミン銀行は、1976年バングラデシュの経済学者ムハマド・ユヌス博士によって作られた、土地なしの貧困層（特に貧しい女性）のための融資銀行である。79年以降は、中央銀行やバングラデシュ農業銀行、および国際農業開発基金（IFAD）がグラミン銀行に支援を行うようになり、83年には60％政府出資の銀行となって発展していく。この銀行は「裸足の銀行」と呼ばれ、村の中の支店から、行員が徒歩や自転車で借り手に直接会いに行く。所有する土地の面積が0・5エーカー未満の貧しい人々を対象に、返済期間１年間、年利20％で無担保の小規模融資を行っている。現在のメンバーの９割以上が女性である。銀行全体では、約５００の事業があり、７つの活動に分けると、①畜産・水産、②農林業、③加工・製造、④売買、⑤商店、⑥行商、⑦サービス業、となる。グラミン銀行は、１９９３年には１０３０の支部と１万２０００人のスタッフを持つようになり、貸付金額約１億ドル、１６０万人にまで達した。グラミン銀行の返済率は98％という高い数字である（政府系銀行の農業セクターへの融資プログラム返済率は46％）[8]。

その後、グラミン銀行の活動は、開発事業の発展や成功の事例として、世界に広く紹介されるようになり、多くの途上国においてグラミン銀行のような小規模融資事業を行う団体が現れ始めている。グラミン銀行は、２００６年ムハマド・ユヌス総裁と共に、ノーベル平和賞を受賞している。２０１１年ユヌス総裁は、バングラデシュ中央銀行から解任を発表されたが、その後グラミン銀行からユヌス総裁は永久総裁であると反論され、現在もユヌス総裁として仕事を続けている[9]。

④　教　育――「ドゥアン・プラティープ財団」（タイ）

１９７０年代には、教育奉仕活動を行うタイの「ドゥアン・プラティープ財団（Duang Prateep Foundation）」が登場する。創設者のプラティープ・ウンソンタムは、１９６８年、16歳のときに、自らも生まれ育ったタイ最大のスラムであるバンコクのクロントイ・スラムで、家が貧しいために学校に行くことができない子どもたちを対象に、文字の読み書きを教える「１日１バーツ学校」を作り、10年以上教育奉仕活動をしてきた。プラティープは、クロントイ・スラムからの立ち退き要求が出されたとき、貧しい人たちと団結し、断固拒否して闘ったことで知られている。

プラティープは、１９７８年にアジアのノーベル賞といわれるマグサイサイ賞を受賞し（当時26歳）、その奨励金２万ドル（当時のレートで40万２５００バーツ）を基に「ドゥアン・プラティープ財団」を設立し、スラムの子どもたちに教育を与える活動を開始した。これまで財団は、スラムの子どもの教育・幼稚園経営・保健・生活保護・立ち退きと再定住問題、環境問題実態調査などの活動を行っており、現在財団は、①教育推進事業――スラム教育里親制度、芸術、難聴児教育、女性生活向上、おもちゃ図書館、お話キャラバン、幼稚園、②スラム地域開発事業――スラム地区幼稚園支援プロジェクト、クロントイ信用組合、高齢者プロジェクト、③人材育成事業――青少年育成プロジェクト、HIV/エイズ予防プロジェクト、生き直しの学校（カンチャナブリ県・チュンポン県、麻薬や家庭崩壊児童らの更正、救援施設）、④緊急支援事業――クロントイ消防隊、津波プロジェクト、などを行っている。プラティープは2000年から2006年までタイの上院議員になった。[10]

(2) 貧困からの脱却（農村開発・協同組合）

「ビナ・スワダヤ」（インドネシア）

インドネシアの「ビナ・スワダヤ（Bina Swadaya コミュニティ自助開発協会）」は、YSTM（農民社会経済開発財団）を母体として、1981年に設立され、現在ではインドネシアの中でも最大規模のNGOとなっている。YSTMは、IPP（パンチャシラ農民協会）の事業を引き継ぎ、農村部の経済的に遅れた地域の開発を振興することを目的に1967年に設立された。ビナ・スワダヤは、農民だけでなく、漁民、職人、商人、家畜飼育者、低所得者層（零細農民等）の生活水準向上のために、技術的指導と支援を与え自立させることを目的としている。彼らは、社会運動（Social Movement）時代、社会経済開発組織（Socio-Economic Development Institution）時代、社会企業（Social Entrepreneurship）時代の3つの時代を経て発展してきた。農民や漁民など対象グループが協同組合的自助組織を発足するように支援し、こうした自助組織の主体性・自立性を重んじながら、貯蓄奨励、教育・訓練、所得向上などの事業を実施した。地域にある自助組織を支援するのは、ビナ・スワダヤのフィールドワーカーであり、彼らは自助組織の数やメンバー、ネットワークを拡大し、リーダー研修、ワークショップを開催し、自助組織の生産および貯蓄活動を奨励し、支援する。支援の対象は、マネージメント開発、人材資源開発、資金開発、開発におけるパートナーシップである。現在の活動内容は、①地域エンパワーメント（研修コース、ファシリテーション&コンサルティング）、②マイクロ・ファイナンス・サービス（信用組合、民衆信用銀＝BPR）、③農業企業開発（農業生産と農業設備の方法とマーケティング）、④開発コミュニケーション（雑誌の発行、書籍、イベント）、⑤オルタナティブ・ツーリズムの開発（文化・環境・開発エキスポージャープログラム）、⑥印刷サービス（開発コミュニケーション活動と他のプログラム支援）、⑦ファシリテーションの準備（研修、ワークショップ、セミナー）の7つの分野である。近年の経営方針は、収入は外部に依存せず、マイクロ・ファイナンスなど社会企業事業を行い、自己資金比率を高く保つようにしている[11]。

(3) 地域の紛争・内乱などによる被災民・難民への救済活動

「BRAC」（バングラデシュ）

BRAC「(Bangladesh Rural Advancement Committee バングラデシュ農村振興団)」は、1972年バングラデシュ独立後、F・H・アベッドら数名のバングラデシュ人によって、バングラデシュ北東部シレット県の帰還難民の定着など難民・被災者救援、国内復興団体として発足した（詳細は第5章151頁参照）。

(4) 北のNGOから独立したNGO

「プロシカ」（バングラデシュ）

多くの南のNGOが北のNGOや政府、国連機関などから支援を受けている。最初は、北のNGOの支部や事務所として途上国で設立され、北のNGOによる財政的な支援を受けながら、その後南のNGOとして独立したNGOもある。

バングラデシュの「プロシカ（PROSHIKA）」は、バングラデシュの救援と開発に従事してきたCUSO（カナダ）（99頁参照）のリーダー研修部門が1976年に独立し、代表がバングラデシュ人になったことで、ローカルNGOとして活動を開始した。プロシカは農村の組織化とエンパワーメントを通じた活動を行い、現在ではバングラデシュでBRACに次ぐ規模のNGOとなっている。プロシカのHPによると、全国58地区の2万3559の村と2102の都市スラムにおいて、約2・77百万人のメンバーを対象に活動している。現在のプロシカの主な活動は、①貧しい農村の組織化（組合づくり—サミティ）、②開発と教育、③雇用と収入向上活動（小規模融資含む）、④農村の健康設備、⑤ソーシャル・フォレストリー、⑥環境農業（有機農業）、⑦都市の貧困開発、⑧災害マネージメント、である。創設者理事長のファルク・アメッド博士（Dr. Qazi Faruque Ahmed）は、バングラデシュのネットワークNGOのADAB（Association of Development Agency in Bangladesh バングラデシュ開発団体協会）の理事長を兼ねていたが、政治活動に関わり逮捕されたりして混乱が続いている。[12]

(5) 国内・地域における課題別ネットワーク活動

「PHIDHRRA」（フィリピン）、「ANGOC」（フィリピン）、「CODE-NGO」（フィリピン）、「WALHI」（インドネシア）、「INFID」（オランダ、インドネシア）、「TVS」（タイ）、「ADAB」（バングラデシュ）

アジアの国々では、国内における農村人材開発、農地改革と農村開発、政府間会議などに対して、個々のNGOが単独で政策提言するのでなく、国内のNGOが連携・協力して、ネットワーク活動を行うために、ネットワークNGOを組織するようになる。

フィリピンでは、アジア農村人材開発フィリピンパートナーシップ（Philippine Partnership for the

Development of Human Resources in Rural Areas＝ＰＨＩＬＤＨＲＲＡ）は、１９７４年にタイで開かれたアジア農村人材開発のワークショップを発端として、１９７８年に設立され、フィリピン国内の複数のＮＧＯによって構成されている。目的は、貧しい地域における社会開発に直接関わるＮＧＯ間の連絡調整と協力を推進することによって、フィリピン国内の変革に貢献することにある。主な事業内容は、①人材開発、②農地改革と地域開発の推進と提言、③女性プログラム、④連絡調整と出版事業、⑤政府機関との連絡などである。[13]

同じくフィリピンにあるＡＮＧＯＣ（Asian NGO Coalition for Agrarian Reform and Rural Development）は、１９７９年に国連食糧農業機関（ＦＡＯ）により開催された「農地改革と農村開発についての世界会議」に知識と意見を提供しようとしたアジア７カ国のＮＧＯがバンコクに集まって１９７９年に発足した地域ネットワークＮＧＯで、現在の本部はフィリピンにある。[14]

フィリピンでは、正当なＮＧＯと他のＮＧＯとを区別するために、１９９１年にＣＯＤＥ－ＮＧＯ（Caucus of Development NGO Networks）を設立し、10の全国ネットワーク組織を組織した。[15]

インドネシアでは、環境問題に関与するＮＧＯの全国会議の決議をもとに、１９８０年に「インドネシア環境フォーラム（ＷＡＬＨＩ）」が設立された。その目的は、①環境ＮＧＯの連絡調整、②環境保護運動、③環境問題に対する意識の向上である。主な活動は、①連絡調整と情報普及、②研修と教育、③プログラム開発などである。[16]

また、「インドネシア援助国会議に関するＮＧＯ間会議（Inter-NGO Conference on IGGI Matters＝ＩＮＧＩ）」は、インドネシアに関わるＮＧＯグループとして１９８５年にオランダで設立された。北のＮＧＯ（オランダのノビブなど）の主導によって設立されたが、その後多くの先進国ＮＧＯとインドネシアＮＧＯが参加して、国際的ＮＧＯフォーラムとなった。現在は、「インドネシアの開発に関する国際ＮＧＯフォーラム（International NGO Forum on Indonesian Development＝ＩＮＦＩＤ）」という名称になっている。日本では、「日本インドネシアＮＧＯネットワーク（ＪＡＮＮＩ）」がＩＮＦＩＤの日本の連絡窓口になっている。[17]

タイでは、１９８０年に設立されたタイ・ボランティア・サービス（ＴＶＳ）が、タイのＮＧＯスタッフ研修、調査研究、ボランティアの研修、ＮＧＯ間の連絡調整・サービス提供、スタディツアー等を行っている。[18]

バングラデシュにおいては、バングラデシュのＮＧＯ間の調整を目的に、ＢＲＡＣなど9団体が呼びかけて１９７４年に設立された、ＡＤＡＢ（Association of Development Agency in Bangladesh バングラデシュ開発団体協会）がある。設立当時は、ＡＶＡＢ（Association of Voluntary Agencies in Bangladesh）という名称であったが、１９８２年に現在の名称に変更した。その理由は、バングラデシュ独立当初は救援活動が中心であったが、80年代以降次第に開発活動にシフトしていったためである。[19] さらに、80年代に入ってから、政府と他のＮＧＯ間の緊張が高まり、ＮＧＯと政府間の連絡交渉役として、政府と協議し、政府への提言活動を行うようになった。現在ＡＤＡＢは、全国12カ所に支部を置き、ＮＧＯ間の連絡調整、バングラデシュ政府への政策提言、情報提供、ネットワークづくり、研修とセミナー開催、出版などの活動を行っている。[20]

3　東アジアの市民社会の動向について——中国、韓国など東アジアのＮＧＯの活動

次に、東アジアの市民社会、特に中国、韓国のＮＧＯの動向について簡単に触れておきたい。東アジアの国々には、中国、台湾、韓国、北朝鮮、そして日本がある。中国はアジアの大国であるが、半官半民の社会団体や草の根団体や、海外のＮＧＯの事務所もあり、支援を必要とする経済的スペースも大きいが、中国政府自体がすでに多くの南の国々へ支援をしているので、南の国々と同列に扱うことは難しい。韓国はすでにＯＥＣＤのＤＡＣ諸国に加盟し、多くの国際協力ＮＧＯも存在しているので、日本と同じ北のＮＧＯとして位置付けることができる。台湾はあまり知られていないが、多くのＮＧＯが存在する市民社会のスペースがあり、国際

協力ＮＧＯも存在し、「中華民国仏教慈済慈善事業基金会（慈済会）」など２０１１年３月の日本の東日本大震災の際は日本で支援活動を行ったＮＧＯもある。ここでは中国、韓国の市民社会と国際協力ＮＧＯについて紹介する。

(1) 中国の市民社会

社会主義国、共産党一党独裁体制の中国に市民社会はあるのか、という議論もあるが、中国は日本の隣国であり、アジアの大国であり、21世紀の中国は日本だけでなく世界に大きな影響を及ぼす可能性があり、中国の市民社会の動向は見逃せないし、彼らが世界の市民社会とどのようにつながっていくのか、注目する必要がある。

中国では１９７８年の改革開放後、ＮＧＯ（民間非営利団体）が急増し、２０１３年の中華人民共和国国家統計局によると、２０１２年で約50万団体になり10年間で倍増している。[21]

中国のＮＧＯは、大塚健司によれば、①社会団体ＮＧＯ、②社会事業体ＮＧＯ、③草の根ＮＧＯ、④国際ＮＧＯの４つに分類されている。[22] そして、在日の中国の市民社会・ＮＰＯ研究者の李妍焱（Ri Yanyan）によれば、行政部門の民生部で登録できる団体は、「社会団体（社団、結社）」「民間非企業単位（単位＝組織、事業体）」「基金会（財団）」の３種類で、これらを「法定ＮＧＯ」としている。[23] 大塚は社団型ＮＧＯを「半官半民組織」と述べているが、[24] 純粋に「草の根ＮＧＯ」ということはできない。その場合「実質ＮＧＯ」は、企業として登録、また法定ＮＧＯではない、市民による「草の根ＮＧＯ」のことを指す。２０１０年には直接登記を可能にする制度改革が実施され、草の根ＮＧＯも登記した。[25]

法定ＮＧＯは政府の影響力が大きい団体であるが、実質ＮＧＯも登録できるようになってきた。２００５年までは「民間」を使い、同年以降「社会組織」「公益組織」として使われる。１９９０年代以降の草の根ＮＧ

Oとして、1993年環境NGO「自然之友」、環境保護と女性の権利保護の「北京地球村」（1996年）、女性への相談サービスを行う「北京紅楓婦女心理指紋センター」（1995年）、出稼ぎ女性の生活支援を行う「農家女文化発展センター」（1996年）、ジャーナリストによる環境NGO「緑家ボランティア」（1996年）があり、李妍焱によると、これらの最初の世代の草の根NGOは、「カリスマ性のある知識人リーダーの存在」を挙げている。[26]

　次世代の中国のNGOは、中国の格差拡大と問題の多様化を背景に、個性化と専門性を確立していく。コミュニティの住民参加を推進する「社区参与行動」（2002年）、村づくりを行う「北京緑十字（緑十字）」（2003年）、出稼ぎ者への教育を行う「北京協作者」（2003年）、環境NGOとして民間非企業単位「淮河衛士（衛士）」、社会団体「緑色漢江」などがある。[27]

　最近の世代の事例としては、2008年の北京オリンピックの開催など国力の増強と問題のより複雑化に伴い、社会起業家とIT新世代のNGOが登場している。社会起業家を紹介した「GLI（Global Links Initiative）」、社会起業家の支援と拡大を目指した「上海NPI（Non-Profit Incubator、恩派）」、ツーリズムと貧困地域の学校支援を行う「1キロ　モア」、青年の冒険教育と環境保護を一緒に行う「雷励」、耳の不自由な人の職業訓練を行う「小龍包」、知的障がい者の子どもたちの絵を販売する「無障碍芸途」などがある。[28]また、IT新世代の「公益行為芸術」というインターネットを活用して演劇や芸術活動など公益活動を行う「バイカー広州」「北京青空日記」という新しいNGOも設立された。[29]

　このように中国のNGOは、政府系・共産党に関係する法定NGOが多く、規制も多いが、「草の根の団体」も増加している。大塚は国家についてNGOを「反政府・反社会的活動」の温床と見る一方、「小さな政府・大きな社会」の社会セクターの構成組織として期待している政府の矛盾した態度を指摘している。[30]

　しかし、最近の日本の新聞でも、中国や香港の民主化運動など市民社会は、政府や共産党によって大きな制約や規制だけでなく、取り締まりが強化されていると度々報道されている。中国政府は、中国内のＮＧＯや人権弁護士への取り締まりを強めているという。例えば、２０１６年5月、中国当局は、各国の民主化を支援する「全米民主主義基金（ＮＥＤ、本部ワシントン）」を米国政府の先兵と見なし、支援を受ける中国の団体へ家宅捜査を始めたと述べている。[31]また、16年9月、中国政府民生省は、新たにＮＧＯなど組織を作る場合「中国共産党の指導や方針、政策を堅持し、中国の特色ある組織発展の道を歩む」「党組織を作り、活動に協力する」という承諾書を提出し、党員数も報告する通知を出したという内容で、資金面や思想面で海外から支援を受けるＮＧＯは政府から脅かされるのではないかという警戒を強めているという。[32]

この辺りの事情は、中国政府が従来からＮＧＯに対して実施している規定や制約もあるので確認する必要があるが、中国の市民社会の動きを縮小させてはならないし、特に「草の根ＮＧＯ」の活動を止めてはならない。今後グローバル市民社会は、これらの中国の市民社会とどのようにつながっていくのか、そのつながり方を考えなくてはならない。

(2)　韓国の市民社会

韓国では、１９８０年以後の経済発展と民主化運動の中で、１９８７年の「民主化宣言」以降、１９９０年代からＮＧＯが増大していった。１９８０年代には、民主化や政府に政策提言を行うアドボカシー団体が多かった。初期の代表的なＮＧＯとして、１９８９年に設立された「経済正義実践市民連合」などがある。[33]１９９０年代以降国際協力ＮＧＯが増加し、仏教系ＮＧＯもあるが、キリスト教系、欧米系の国際ＮＧＯの支部や事務所を設立する。例えば、韓国の国際協力ＮＧＯであるグッドネーバーズ（Good neighbors）は、緊急支援と開発を目的に１９９１年に設立され、ジュネーブや日本などにも事務所を持ち、世界的レベルで活動している。[34]

２０００年以降「非営利民間団体支援法」が成立し、ＮＧＯが政府から独立して公の立場で活動するようになる[35]。

２０１１年に韓国・釜山で開催された「援助効果向上に関する第４回ハイレベルフォーラム（釜山ＨＬＦ４）」では「釜山パートナーシップ合意」が合意されたが、多くの韓国のＮＧＯが参加し、特に韓国の国際協力ネットワークＮＧＯである「ＫＣＯＣ（Korean NGO Council for Overseas Cooperation）」が援助効果に関する釜山閣僚級会議に向けて委員会を立ち上げ、海外のＮＧＯとの間で会議の議題や方向性の協議や調整を行い、大きな役割を果たした。ＫＣＯＣは、現在１３２団体がメンバー団体となっており、会員間の情報交換、ＮＧＯ能力強化プログラム、政府や国際機関への政策提言、ネットワーク活動、市民への啓発活動に取り組んでいる[36]。

このように、現在韓国のＮＧＯは、公益を追求する「民間非営利団体」として韓国の市民社会を形成しており、国際協力ＮＧＯも多く育っている。

４　南のＮＧＯの変化とアジア市民社会の形成

以上本章で述べてきた通り、南のＮＧＯは多様であり、複雑である。南のＮＧＯの開発協力の変化として、南のＮＧＯの中には先進諸国によるＯＤＡ資金を自ら獲得し、北のＮＧＯにとってはパートナー団体どころか北の資金を獲得し合うライバル的な存在に変化している団体もあるが、その一方、多くの小規模な南のＮＧＯは財政事情の圧迫により北のドナーへの従属と依存が進んでいる現状もある。

また、南のＮＧＯと北のＮＧＯのパートナーシップ型開発協力を進めている団体もあり、資金援助だけではなく、プロジェクトの計画段階から、中間モニタリング、事後評価までプロジェクトの全工程を南と北のＮＧ

Ｏが一緒に実施していく支援形態もある（37頁参照）。この場合、北と南のＮＧＯは、貧困削減のためのプロジェクトを行う上での、パートナーの選択、理念、内容、継続性、評価等パートナーの自立を協働で行う協力関係づくりを行う必要がある。

さらに、南のＮＧＯの中には、バングラデシュのＮＧＯであるＢＲＡＣのように、すでに援助される対象から、自ら開発プロジェクトを行い、地球的諸課題を「北のＮＧＯ」と一緒に解決するパートナー団体へと成長している団体も存在する。

最後に、アジアのＮＧＯは、アジアの国家とどのように向き合っていけばよいのか、共存的関係なのか、補完的関係なのか、それとも対立的関係なのかを考えたい。

アジアのＮＧＯがアジアの国家とどのように向き合っていくのかは、その国家の政治が権威主義的な独裁体制なのか、民主主義体制なのかによっても対応が異なり、その国家の体制や法制度に合わせて活動せざるをえない。現実にはアジアの国家の中には、軍事政権、独裁政権が存在し、政府の役人による汚職、腐敗制度なども存在する。集団思考の強いアジアの国家では、個々の市民が意見を持つことが必要であり、アジアの市民社会はアジアの市民の意見形成の場や空間（スペース）として機能していくことが求められる。

まず、ＮＧＯは、貧困救済や緊急救援活動で市民を助け支援する役割があり、国家が平和・発展・安定、人権擁護等を目指すように独立した立場で関わる必要がある。しかし、ＮＧＯは国家ではないので、時にはウォッチ・ドッグとして国家に提言・提案・監視していくことが望まれる。筆者は、そのためにアジアのＮＧＯが国家と共存的・補完的・対立的関係でもなく、ある程度国家から距離をおいて対応していくような「独立的共存関係」が望ましいと考える。何よりもアジアの現場や被災地と向き合い日々活動しているのはＮＧＯやＣＳＯである。その現場や被災地の声を背負い代弁していくのがＮＧＯやＣＳＯの役割であり、その声と具体的な行動がアジアの市民社会の場や空間の形成へとつながっていくことになる。

マイケル・エドワーズとアラン・ファウラーは、ＮＧＯは市民社会に属し、市民社会、国、市場の間の空間で活動し、「第４の立場」として３つのアクターをつなぐ「コネクター」であると説明している。[37] また、西川潤は、現在のアジアの市民社会の形成について「アジアの市民社会がグローバル市民社会に接続する方向を示しているように思える」と述べているが、[38] ＮＧＯやＣＳＯは、アジアのそれぞれの合意形成の場や空間としてのアジアの市民社会の形成づくりに努力し、セーフティ・ネットを構築していく必要があり、それがグローバル市民社会へと向かっていく可能性があることを認識しておきたい。

【注】

1 西川潤（２０１１）158頁。
2 秦辰也（２０１４）「まえがき」ii。
3 重富真一（２００１）24－25頁。
4 ＰＲＲＭのＨＰ　http://www.prrm.org/（２０１７年１月12日閲覧）、北沢洋子（１９９８）14－29頁を参考に作成。
5 ＣＥＤＡＣのＨＰ　http://www.cedac.org.kh/（２０１７年３月５日閲覧）、ＡＲＵＮのＨＰ　http://www.arunllc.jp/portfolio/company/cedac（２０１７年３月５日閲覧）を参考に作成。
6 ＳＥＷＡのＨＰ　http://www.sewa.org/（２０１７年１月13日閲覧）、甲斐田万智子（１９９７）、喜多村百合（２００４）、ＪＶＣ九州ネットワーク２００４年度年次総会配布資料を参考に作成。
7 ＫｈｅｍａｒａのＨＰ　http://khemaracambodia.org/（２０１７年１月13日閲覧）、重田康博（２００３）、重田康博（２００５）を参考に作成。
8 下澤嶽（１９９８）63頁、渡辺龍也（１９９７）を参考に作成。
9 REUTERSロイター　２０１１年３月３日の記事　http://jp.reuters.com/article/idJPJAPAN-19806220110303

（２０１７年1月13日閲覧）。
10　デュアン　プラティープ財団のＨＰ　http://www.dpf.or.th/jp/（２０１７年1月13日閲覧）、国際協力推進協会（１９８５）を参考に作成。
11　ビナ・スワダヤのＨＰ　http://binaswadaya.org/bs3/en/（２０１７年1月13日閲覧）、国際協力推進協会（１９８５）、車両競技公益資金記念財団（１９８４）を参考に作成。
12　プロシカのＨＰ　http://www.proshika.org/index.html（２０１７年1月13日閲覧）、国際協力推進協会（１９８５）、馬橋憲男・斉藤千宏編著（１９９８）197頁を参考に作成。大橋正明氏によると、プロシカのファルク氏の政治活動のために、プロシカは大混乱になったようだ（２０１７年1月16日のメールより）。
13　国際協力推進協会（１９８９）54－55頁を参照。
14　国際協力推進協会（１９８９）139頁参照。
15　ＣＯＤＥ－ＮＧＯのＨＰ　http://code-ngo.org/（２０１７年3月5日閲覧）を参考に作成。
16　国際協力推進協会（１９８９）85頁参照。
17　国際協力推進協会（１９８９）78－79頁参照。
18　ＴＶＳのＨＰ　http://thaivolunteer.org/（２０１７年1月13日閲覧）参照。
19　国際協力推進協会（１９８５）170頁参照。
20　下澤嶽（１９９８）62頁を参考に作成。
21　今井淳雄（２０１５）。
22　大塚健司（２００１）276－282頁。
23　李妍焱（２０１２）23頁。
24　大塚健司（２００１）280頁。
25　李妍焱（２０１２）23－24頁。
26　李妍焱（２０１２）15頁。
27　李妍焱（２０１２）31－34頁。

28 李妍焱（２０１２）46－54頁。
29 李妍焱（２０１２）52－53頁。
30 大塚健司（２００１）292－293頁。
31 『朝日新聞』２０１６年５月18日付朝刊。
32 『朝日新聞』２０１６年９月28日付朝刊。
33 磯崎典世（２００１）373頁。
34 グッドネーバーズ・ジャパンのＨＰ　http://www.gnjp.org/（２０１７年１月１日閲覧）、国際協力ＮＧＯセンター（ＪＡＮＩＣ）のＨＰ　http://www.janic.org/（２０１７年１月１日閲覧）を参照して作成。
35 磯崎典世（２００１）367頁。
36 ＪＡＮＩＣのＨＰ　http://www.janic.org/news/ngocsooda.php（２０１７年１月１日閲覧）を参考に作成。
37 Edwards. M & Fowler. A.（eds）(2002)、Fowler（2002）pp.8-9, pp.19-21 を参考に作成。
38 西川潤（２０１１）165－166頁。

第5章　南の市民社会の巨大化と社会企業化
――サルボダヤ運動の人間開発とBRACの社会企業化の事例研究

前章では、南の市民社会の誕生と発展について述べ、特にアジアの市民社会の事例を見てきた。本章では、南のNGOは今後どのような活動を進めていけばよいのか、どのような役割があるのか、どのような課題があるのか、具体的には従来のベーシック・ヒューマン・ニーズを中心とする人間開発（草の根ボランティアの精神や理念）を進めていくべきか、それとも社会企業化（マイクロ・ファイナンス＝小規模融資やフェアトレードを含む）を行っていくべきか、を検討するために、スリランカのサルボダヤ運動、バングラデシュのBRACの事例を取り上げて検証する。

1　【事例研究1】サルボダヤ運動の人間開発（スリランカ）

(1)　はじめに

今アジアでは、グローバル時代の近代的発展・開発観に基づく国家による成長戦略が繰り広げられている。

中国は、国家開発による経済成長を進め、国内経済と同時に海外への輸出拡大に努め、アジアインフラ投資銀行（ＡＩＩＢ）を設立し、世界レベルの中国型経済成長モデルを進める。東南アジア諸国もインフラ投資によるメコン開発を進め、域内関税の撤廃を目指すＡＳＥＡＮ経済共同体（ＡＥＣ）を創設した。日本の安倍政権は、２０１５年に開発協力大綱を10年ぶりに改正し、政府開発援助（ＯＤＡ）を活用して経済成長戦略を進めようとしている。このアジアのインフラ開発の流れは、90年代からの持続可能な開発、開発における環境評価・ガイドライン等、過度の開発に一定の歯止めや規制をかけてきた先進国政府、国際援助機関、ＮＧＯ等による開発政策をなし崩しにし、過去のトリックルダウン成長戦略パラダイムへの復活の印象を与える。

一方、グローバル経済拡大の中で、途上国のＮＧＯを含めた市民社会が進めるもう一つの開発の動きがある。彼らはグローバル化に対して一定の歯止めをかけ、国内や地域でセーフティ・ネット機能を築き持続可能な社会のための活動を実施している。もう一つの開発は、途上国の急激な開発のあり方へのメッセージを発信している。このもう一つの開発の事例として、スリランカのサルボダヤ・シュラマダーナ運動（以下、サルボダヤ運動）の人間開発がある。約60年間活動してきたサルボダヤ運動の人間開発を改めて見直すことは、今日急激に巨大化するグローバル開発やインフラ開発のあり方を再考するための一定の歯止めになるのではないだろうか、これが本事例の問いである。

サルボダヤ運動に関しては、その活動の歴史の長さに比例して、本書巻末の参考文献の通り著作や論文等ですでに多くの先行研究がある。しかし、２００５年以後のサルボダヤ運動に関する著作や文献はＡ・Ｔ・アリヤラトネのものを除いてめっきり減った。その理由として、サルボダヤ運動が数多く研究され新鮮味がなくなったのか、あるいはサルボダヤ運動に幻滅して離れていったのか、等が予想される。筆者がサルボダヤ運動に出会って30年の月日が流れ、その開発の理念や倫理を再検討する上で、長い活動経験があるサルボダヤの人間開発を改めて見直すことは必要であると考え、２０１１年から２０１４年までサルボダヤ運動を毎年訪問し、今日のサルボダヤ運動の活動を人間開発の面から調査を行った。

(2)　サルボダヤ運動の活動――過去と現在

サルボダヤ運動は、１９５８年、当時コロンボで高校教師だったＡ・Ｔ・アリヤラトネによって設立された。現在サルボダヤ運動は、スリランカ全土で1万５０００以上の農村において、農民の自立を目指しワークキャンプ、農村開発、女性参加、マイクロ・ファイナンス、津波復興支援、適正技術、保育園、エコツーリズム、平和構築等の活動、仏教面ではラトゥナプラの仏教研修のセンター、仏教僧の指導による麻薬中毒リハビリプロジェクトへの資金的支援などを行っている。また、サルボダヤは、１９８０年代からシンハリ・タミール紛争に対処するために、北東部において支援を行い、緊急援助、インフラ整備、民族間の対話・文化活動、メディテーション、平和活動を進めてきた。２０１1年に筆者が視察したバブニヤ地域周辺でもタミール人居住区域で緊急救援活動を行っていた。Ａ・Ｔ・アリヤラトネは、現在でも民族融和と平和のためのメディテーション活動を各地域で行っている。サルボダヤ運動の専務理事のビニヤ・アリヤラトネも The Sarvodaya Peace Action Plan という平和構想を打ち出し、すべての民族、文化と宗教コミュニティの融合による紛争解決を目指した。しかし、シンハリ民族中心のサルボダヤ運動には、シンハリ・タミール系住民との和解活動や人権侵害に対応することは限界があった。サルボダヤより、後発のスリランカのＮＧＯセーワ・ランカの方が、北東部地域で人道援助・開発援助で実績を上げ、タミール人居住地域への支援を行っている。日本のパルシックなどのＮＧＯも北東部で人道支援活動を行っている。

近年特に力を入れているマイクロ・ファイナンス事業は、ＳＥＥＤＳ（Sarvodaya Economic Enterprises Development Services）、ＤＤＦＣ（Deshodaya Development Finance Company）である。ＳＥＥＤＳは、サルボダヤ運動の海外のドナーからの経済的自立と外部からの寄付に頼らない村人の経済的自立を達成することを目的に、スリランカの中央銀行からの特別な許可を得て貯蓄と融資業務を行っている。１９９５年に開始したＳＥＥＤＳは、１９９８年に有限会社として独立した。具体的には、５名から７名のサルボダヤメンバーである村民のグループを対象に複数の連帯保証人を選び、一般的にはレベル１の２０００ルピーからレベル３の10万ルピーの融資が行われる。グループの中からリーダーと会計が選出される。その金利は市中銀行の方が低金利であるが、担保を必要としない。その融資は法律に違反しないすべての事業に対して行われるが、サルボダヤが仏教思想を基本とすることから精肉を扱うビジネスは対象としてない。[1]

その後ＳＥＥＤＳは、サルボダヤの経済的活動の中で重要な役割を担っていくことになる。従来サルボダヤ運動は、住民へマイクロ・ファイナンスを行う場合ＳＥＥＤＳによる融資を行っていたが、２０００年以降の政府の民営化の方針の流れの中で、２０１２年にＤＤＦＣはＳＥＥＤＳの事業を引き継ぐ形で地域開発銀行となり、国内30の支店と32の顧客サービスセンターにより事業を展開している。[2] これに伴い、ＳＥＥＤＳはサルボダヤ運動の組織内でサルボダヤ支援者のための社会開発を進めるための融資資金として活用されることになり、借り手である住民の貯蓄を通じてグループへの融資を行うことになった。

また、ＳＥＥＤＳは、ＪＩＣＡも円借款を融資している中央銀行からの融資によって人材育成プログラムを行い、社会開発リーダーシップトレーニング、起業化リーダーシップトレーニング、職業訓練トレーニングを行っている。総資金は52百万ルピア、対象はサルボダヤ支援者を中心に52地域、２万６０００人の受益者であり、女性への融資等も行っている。現在ＤＤＦＣとＳＥＥＤＳは、サルボダヤ運動を支援し、サルボダヤ運動の経済活動の中心的な存在となって活動している。[3]

(3) サルボダヤの人間開発

「サルボダヤ」という意味は、マハトマ・ガンジーが影響を受けたジョン・ラスキンの著書〝Unto This

Last〟（「この最後のものにも」新約聖書、マタイ福音書20章）をサンスクリット語に翻訳した「すべての人の幸福」という言葉であり、Ａ・Ｔ・アリヤラトネはこれを「すべての人の目覚め」と説明し、「シュラマダーナ」を労働の分かち合いと呼んだ[4]。

サルボダヤ運動はその思想的基盤として、仏教哲学に基づくすべての人間の「覚醒」と「労働の分かち合い」による農村開発を進め、人間の持つ潜在能力を向上させるために「貧困のない社会」「過度の豊かさ、浪費のない持続可能な社会」「ガンジーの非暴力の平和な社会」という人間開発のモデルを提示している。サルボダヤ運動は、基本的な人間開発のニーズ（ＢＨＮｓ）を満たすために、①きれいで美しい環境、②清潔な飲料水、③十分な衣料の供給、④適正でバランスのとれた栄養、⑤質素な住居、⑥基本的ヘルスケア、⑦基本的な交通・通信機能、⑧最小限のエネルギー供給、⑨十分な教育、⑩精神的・文化的ニーズの実現[5]を挙げている。つまり、この人間開発モデルは、経済開発だけでなく、文化的、道徳的、精神的開発が重要であり、伝統文化、宗教的価値観を見直し、心の開発というアプローチを実施している。

当初サルボダヤ運動の人間開発アプローチがなぜ注目されたかといえば、スリランカ政府に代わり約60年間１万５０００の農村でもう一つの開発を進めてきたこと、②西欧近代アプローチではなく東洋仏教アプローチであったこと、③経済インフラ導入型の外発的発展ではなく、持続可能な内発的発展モデルであったこと、④トップダウン・アプローチではなく住民参加型のボトムアップ・アプローチであったこと、⑤〝Small is beautiful〟で有名な経済学者Ｅ・Ｆ・シューマッハーのいう人間中心の経済学に通じる仏教経済学アプローチを導入していること、が考えられる。その独特な人間開発のアプローチは、当初西欧の開発関係者やドナーに注目され、１９７０年代から１９９０年代半ばまで多くの外部資金が導入され、活動や組織も拡大していった。

しかし、１９９０年代半ば過ぎから、サルボダヤの財政の外部依存度が高くなり、組織運営や開発プロジェクトの問題点を指摘され、その組織的・財政的自立と立て直しが求められた。従来の活動は社会的エンパワー

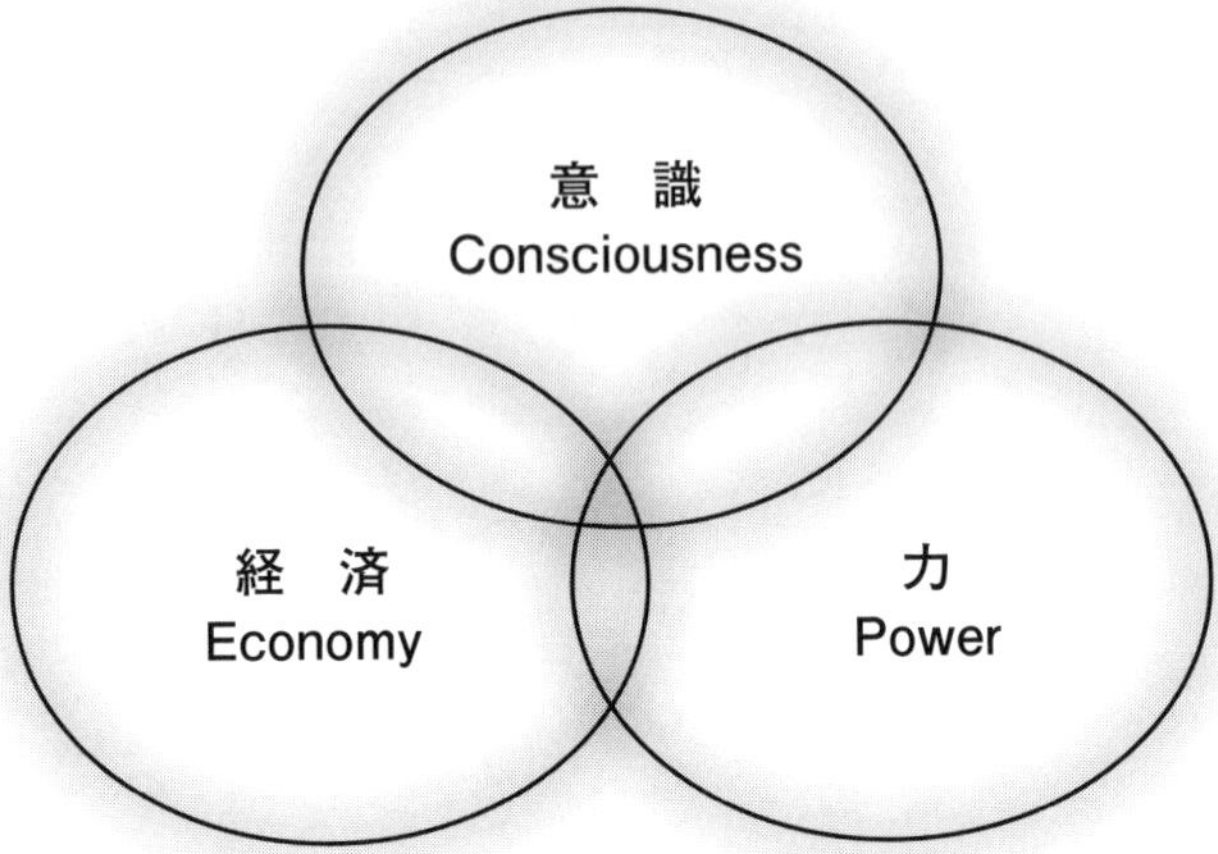

出所：SARVODAYA（2013）*Annual Service Report 2012-2013*

図5―1　サルボダヤ運動のアプローチ

メント部門、技術的エンパワーメント部門、経済的エンパワーメント部門に統合され、1995年、SEEDSを設立し、その後財政的基盤を確立することになる[6]。

今日のサルボダヤ運動の開発アプローチは、図5―1の通り、①意識（Consciousness、精神的開発）、②力（Power、グッド・ガバナンス・人々のためにある制度）、③経済（Economy、基本的なニーズ、持続可能な生産）の3つの領域から構成されている。①の意識の覚醒は、サルボダヤ運動のすべての開発活動の基礎をなす。覚醒レベルは、個人、家族、村落、国家、そして世界へ拡大していく。覚醒は、心理的、道徳的、文化的、社会的、経済的、政治的な能力、潜在能力を全体として調和のある開発を目指す。②の力（パワー）は、政治的機能の開発のことであり、住民が地域レベルで力を与えられ、住民がエンパワーされていく政治的機能のことである。③の経済は、地域の住民の基本的なニーズを満たし、持続可能な生産活動をしていくことである。食料生産から始まり人々が経済的に自立していくことである[7]。

サルボダヤ運動の農村開発プログラムは、図5―2の通り5段階の開発ステージと①社会的エンパワーメント、②

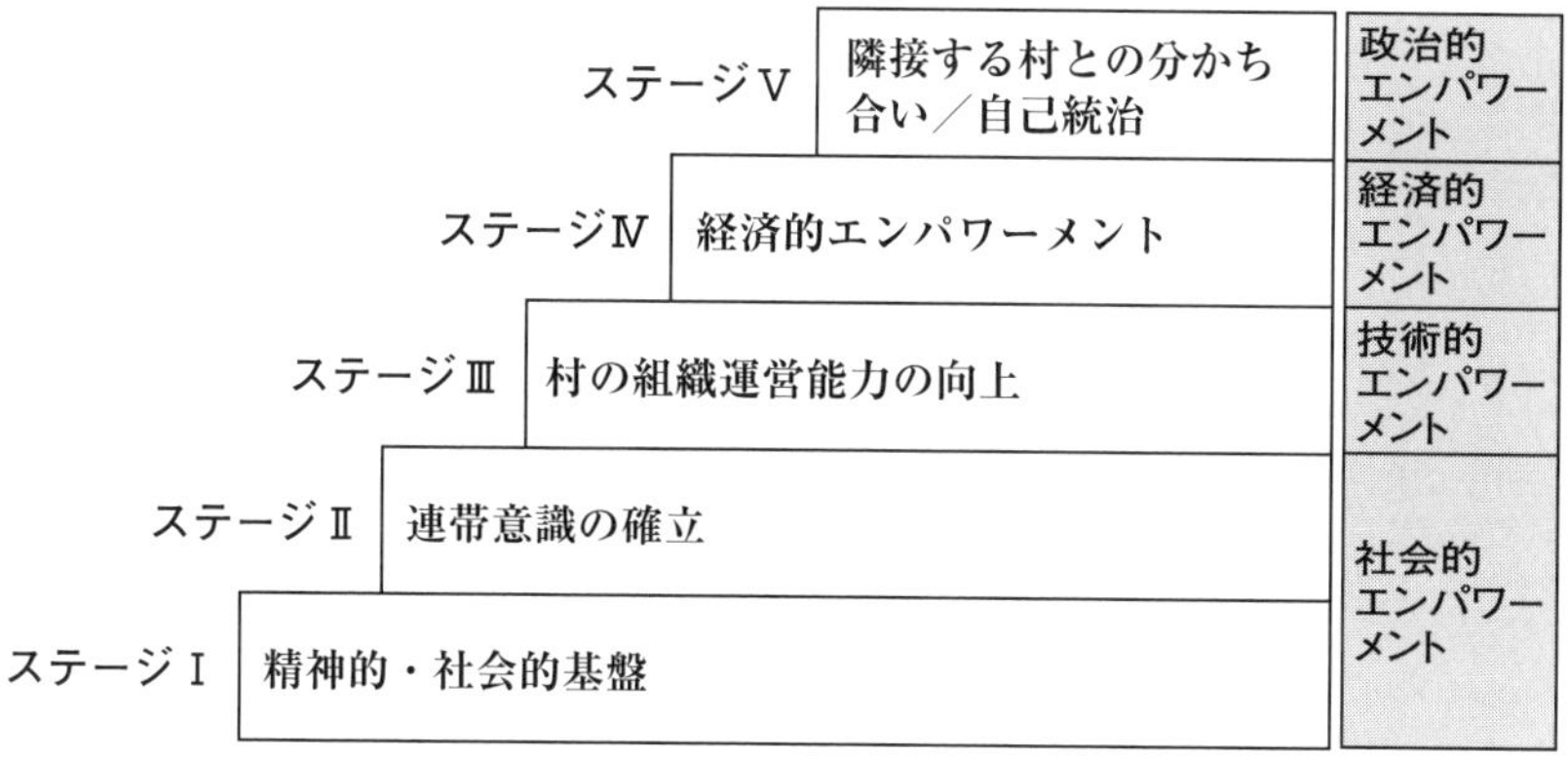

出所：サルボダヤ International Division の Bandula Senadeera 氏提供の資料より陣内雄次作成、重田・陣内（2012 年）より引用

図５―２　サルボダヤ運動のエンパワーメントのステージ

技術的エンパワーメント、③経済的エンパワーメント、④政治的エンパワーメントの4つのステージに段階的に到達していくと述べているが、ＳＥＥＤＳやＤＤＦＣの活動は③の経済的エンパワーメントを達成するための経済的システムとして導入された[8]。

　サルボダヤ運動でＳＥＥＤＳやＤＤＦＣのような経済的側面の活動が増えることについて、Ａ・Ｔ・アリヤラトネは、「資金供与組織について仏陀、マハトマ・ガンジー等の教えを包含する哲学と原理に基づくプログラムを実施し、経済的なニーズと調和のシステムと精神的な価値を重視しているが、ＤＤＦＣは利益のみ追及や浪費を目指すものではない[9]」と述べている。Ａ・Ｔ・アリヤラトネは、ＤＤＦＣについて経済的側面と精神的側面のバランスを取りながら活動を進めていることを説明している。ＳＥＥＤＳとＤＤＦＣの年次報告の最初のページにも、サルボダヤのビジョンとして「貧困のない、贅沢をしない持続可能な生活の実現」、ミッションとして「持続可能な生活を実現するため経済的エンパワーメントを推進して貧困を根絶すること」が挙げられているが、サルボダヤ式マイクロ・ファナンスの活動があったからこそ、サルボダヤ運動が外部に依存しない経済的ニーズを求めることができたと考えられる。

(4) フィールド調査の事例から

2011年3月6日~3月17日、サルボダヤ運動の現地調査を行った。同年3月7日~10日、サルボダヤ運動本部(モロトワ)でSEEDS聞き取り調査を行った。それによると、SEEDSは1997年に設立され、マイクロ・ファイナンスは、5-7人の村社会のメンバーである村人に対して行われた。複数人で連帯保証(group security)をする、ローンはレベル1が2万ルピー、レベル2が5万ルピー、レベル3が10万ルピーで、グループの中から代表と会計が選ばれる。無担保であるが、金利は市中銀行より高い。事業対象は仏教を基本とすることから、生き物の肉(鶏、ヤギ、豚)は対象としない。次に、同年3月11日ヌワラエリアにあるガルパラマ村においてSEEDSに関する聞き取り調査を行い、村民230名、約7割がサルボダヤ・ソサエティのメンバーであり、この村ではSEEDSからの資金を利用し返済期間を100日とするOne Person Loanを2007年に開始した。融資の前、フィージビリティスタディを実施し融資の判断を決定し、融資開始14日後に現地にて調査を行い、過去150名のソサエティのメンバーが融資のための面接を受け、Exective Committeeが融資先を決定する。9割がビジネスに成功し、1割が失敗、9割以上が融資を返済し、1~2%が返済を中止した[10]。

次に、2012年9月10日、サルボダヤのアヌラダプーラ地区センターにおいてエンパワーメントの現地踏査を行った。同センターのコーディネーターのクマリデミによると、SEEDSにより経済的に自立することは人間の基礎的な欲求としても重要であり、これはサルボダヤが教える「精神的目覚め」であるという。同センターの重要な活動にSEEDSがあり、筆者たちは同センターが支援しているタンブット・テガマ村の村銀行(ビレッジ・バンク)でサルボダヤ会員から聞き取り調査を行い、SEEDSの活動の現状を把握した。同銀行は２００４年設立、この村には、２２３人の会員があり、約１００人がこの銀行から融資を受けている。２０１１年度の村銀行の利益は、28万６０００ルピー、総額５００万ルピーを融資し、１５０万ルピーが返済済、返済期限までの返済率は１００％であり、その利益の10％はサルボダヤ会員の福利厚生に使用された。村銀行では、親が子どものために貯蓄する口座もあり、年間10％の利息がつく。各種ローンがあり、利率は融資額によって違う。サルボダヤ会員の８割は農民であり、村の女性達はＳＥＥＤＳで新しいビジネスを行い、自立した生活の主役であった。[11]

さらに、２０１３年９月12日から９月21日の間、モロトワのサルボダヤ運動本部、ＳＥＥＤＳ銀行、バンダラガマのサルボダヤ大学（Institute of Higher Learning）、サルボダヤ・キャンディ地区センター、ヒポポラ村サルボダヤ関係者（キャンディ近郊、シンハリ系住民）、ヌワラエリヤ地区センターＳＥＥＤＳ銀行、ラブスリープ村（シンハリ系住民）・ガラパラマ村（タミール系住民）・ヌワエリヤ市街（モスリム系住民）、仏教研修センター（ラトゥナプラ）のMithuru Mithuro（友から友へ）麻薬中毒リハビリプロジェクトにおいて聞き取り調査を行った。[12] ９月16日のヒポポラ村は、サルボダヤの地区のソサエティ・メンバーの代表地区コーディネーターのバンダラから話を聞き、１９９２年からＳＥＥＤＳ銀行の融資が開始、過去に１５０人が融資を受けて事業に成功しているという。ペラデニヤ大学の芸術学部社会学科へラス教授がかつて調査をしたことがあると聞いた。９月18日雨の中ヌワラエリヤ地区センター管轄の紅茶畑の中にあるラブスリープ村を訪問し、シンハリ系住民でミドル・クラスの男性Ｓさん（67歳、５人家族）からＳＥＥＤＳ銀行の融資に関する話を聞き、花の販売の事業で融資を受け事業は順調だという。同日同じガラパラマ村を訪問し、タミール系住民の男性Ｂさん（53歳、５人家族）から、紅茶栽培の仕事を手伝っておりＳＥＥＤＳ銀行から融資を受け、住宅ローンの返済をしていることを聞く。この家庭はミドル・クラスより貧しいレベルであるという。さらに同日ヌワエリヤ市街のモスリム系住民のＣさん（６人家族）から、雑貨屋を営んでおり、ＳＥＥＤＳ銀行から融資を受けこの雑貨屋を開業し、商売は順調でローンの返済も毎月行っていると聞いた。この聞き取り調査で、シンハリ系住民に比べて、タミール系住民やモスリム系住民はまだ貧しく、サルボダヤのＳＥＥＤＳ銀行などの支援の必要性を感じた[13]。

続いて、２０１４年９月２日から９月３日の間、サルボダヤ運動本部で、創設者・代表Ａ・Ｔ・アリヤトネ氏および専務理事ビンヤ・アリヤラトネ氏、各担当者から女性支援プロジェクト、ＳＥＥＤＳ、ＤＤＦＣから聞き取り調査を行った。また、サルボダヤ・キャンディ地区センター、キャンディ地区センター管轄のコーディネーター、同地区のゴダタレ村の女性プロジェクト担当者から話を聞いた。現在サルボダヤのそのプログラムは、ＤＥＳＳＨＯＤＡとＳＥＥＤＳとして行われている。サルボダヤのＳＥＥＤＳは、大きな変化の時期にあるようだ。従来サルボダヤは、住民へのマイクロ・ファイナンスを行う場合ＳＥＥＤＳとして融資を行っていたが、政府の民営化の方針の流れの中で、２０１３年度以降ＤＥＳＳＨＯＤＡはＳＥＥＤＳの事業を引き継ぐ形で地域開発銀行となり、国内30の支店と32の顧客サービスセンターによって事業を展開するようになった。主な事業は、貯蓄、指定預金、住宅ローン、期間ローン、マイクロ・ファイナンス、緊急信用ローンである。これに伴いＳＥＥＤＳは、サルボダヤ運動の組織内で支援者のための社会開発を進める融資資金として活用され、借り手である住民の貯蓄を通じてグループへの融資を行うことになった。また、ＳＥＥＤＳは、ＪＩＣＡも円借款を融資している中央銀行からの融資によって人材育成プログラムを行い、社会開発リーダーシップトレーニング、起業化リーダーシップトレーニング、職業訓練トレーニングを行っている。総資金は52百万ルピア、対象はサルボダヤ支援者を中心に52地域、２万６０００人の受益者であり、女性への融資なども行っている[14]。

また、９月４日、サルボダヤ運動の女性社会プログラムの視察のため、９月14日キャンディ地区センター管轄にあるゴダタレ村を訪問した。そこで、キャンディ県地区コーディネーター（ゴダタレ村）のシリヤ氏、ゴダタレ村女性グループのリーダーのマニケさんから話を聞いた。サルボダヤ運動ではキャンディ県20郡に２人のコーディネーターがいて、その２人が10郡に分けて担当し、訪問したゴダタレ村は、人口６００人、１７５世帯が住んでいる。この村の女性社会プログラムはサルボダヤ運動の資金的支援によって２００９年から開始、ＳＥＥＤＳによる女性への融資や女性のための社会開発プロジェクトを進めている。この村では60～70名が参加し、具体的には、子どものための保育園提供、裁縫、お花（造花）など職業訓練のための講義をし、その他、公衆衛生検査官を雇いマラリア・デング熱など感染症予防キャンペーンや世界子どもの日のキャンペーンを行っている[15]。

以上のフィールド調査の結果から、サルボダヤ運動の現在の活動はＳＥＥＤＳやＤＤＦＣ事業が中心になりつつあり、これらの事業が住民の経済的自立のための一定の効果を果たしていることがわかった。その一方、シュラマダーナ・キャンプのような従来型の伝統的な農村開発事業等も行われていた。

(5) サルボダヤの課題

約60年活動してきたサルボダヤ運動にも当然これまで多くの課題があった。先行研究で多くの研究者からもたくさんの課題が指摘されてきた。主な課題をあげると、①崇高な人間開発の開発哲学と経済開発アプローチのバランスの難しさ、②グローバル時代における組織運営体制のあり方、③プロジェクトの画一化と評価手法とデータの未整備、④外部資金依存度が高い財政的構造、⑤組織の肥大化と人員削減、⑥時の政権との微妙なバランス、⑦組織の高齢化とトップダウンの意思決定、⑧スリランカＮＧＯの増加に伴う熾烈な競争、⑨シンハリ仏教アプローチの限界、⑩民営化が進むスリランカの中での位置づけなどである。特に、本報告でも取り上げた、サルボダヤ運動のＳＥＥＤＳやＤＤＦＣのマイクロ・ファイナンスの活動を人間開発と見なすことができるかどうか、議論や批判はあると思うが、筆者はこれらのマイクロ・ファイナンスの活動はＡ・Ｔ・アリヤラトネがいう通りサルボダヤの人間重視の仏教的アプローチを取り入れた人間開発アプローチだと考える。むしろ、このマイクロ・ファイナンスの特徴は、サルボダヤの人間開発の理念を取り入れながら運動の経済的な自立を目指している。

本稿でこれらの課題を扱う紙面はないが、サルボダヤ運動は、過去度々財政難、人材不足、政府との関係等の課題を克服しながら今日に至っているが、それは南のＮＧＯのパイオニアであることの宿命なのかもしれない。サルボダヤ運動は、当初革新的で実験的な試みとして国内外から注目を集めてきたが、今後問われるのはマイクロ・ファイナンス事業を取り入れたポスト・Ａ・Ｔ・アリヤラトネ時代の活動である。

(6) おわりに

グローバル化の進む世界において、スリランカの人々の生活や価値観も変化しており、サルボダヤ運動もその例外ではない。近年のスリランカは、中国との関係が強く、実質ＧＮＰ７％の好調な経済成長を維持する中で、サルボダヤ運動はかつてほどの影響力はなくなっている。彼らは政治的には常に中立を保ち、これが活動を維持できた理由であるが、１９７０年代から１９８０年代にかけて一部政府の代わりをしてきた時代もあり、政府との関係性は微妙なバランスの上に維持してきたといえる。

サルボダヤ運動は、ＳＥＥＤＳやＤＤＦＣのような経済システムを導入し経済的側面の活動を強化しながら、基本的にその人間開発の理念を変えずに維持している。サルボダヤ運動は、これまで政治的にも経済的にも数多くの困難に遭遇しながら、それを克服してきた。それは、Ａ・Ｔ・アリヤラトネ自身の仏教哲学に基づく信念であり彼の人間らしい苦難に満ちた生きざまそのものであり、それを支えるスタッフの尽力の賜物であった。サルボダヤの開発の理念は、マハトマ・ガンジーの思想に影響された仏教哲学に基づく普遍性のある人間開発理念であり、それは開発の原点回帰に立ち返るとき蘇って来る思想だと考えられる。サルボダヤの人間開発の理念を深く考え実践することは、今日急激に巨大化するグローバル開発やインフラ開発のあり方を再考するための一定の歯止めになることは間違いない。つまり、人間の精神、文化面、そして開発の倫理面を再検討する上で、サルボダヤの人間開発は、ポスト開発・ポストグローバル化を目指すオルタナティブな開発の一つのモデルを提示している。間もなく60周年を迎えるサルボダヤ運動の開発理念を今一度考えてみたい[16]。

2　【事例研究２】「ＢＲＡＣ」の巨大化・社会企業化（バングラデシュ）

(1)　はじめに

ＢＲＡＣ「(Bangladesh Rural Advancement Committee バングラデシュ農村振興団)」は、１９７２年バングラデシュ独立後、Ｆ・Ｈ・アベッドら数名のバングラデシュ人によって、バングラデシュ北東部シレット県の帰還難民の定着など難民・被災者救援、国内復興団体として発足した[17]。１９７３年から4年間の「総合地域開発プログラム」を開始したが、「当初地域のすべての層の人々を対象とし、村の富裕層のボランタリズムを基本にすえた開発プロジェクトはうまくいかず、この後新たに『ショミティ』と呼ばれる農村の貧困層を対象に住民の組織化を目指すグループづくりへと活動が変わっていった[18]」。その後、ＢＲＡＣは、農村総合開発団体へと発展し、今日では11万人のスタッフをかかえ、バングラデシュのみならず世界でも最も大きい南のＮＧＯのひとつとなった。ダッカに21階建ての自社ビルを持ち、資金規模は図５―３の通り２０１５年の年間支出額（資本支出を含む）が９億４００万ドル（９０４億円）で、２０１５年はマイクロ・ファナンス（34・94％）、健康（10・49％）、教育（12・76％）、水・衛生（２・79％）、農業と食料（０・77％）、極度の貧困（６・37％）、社会企業（26・92％）、その他（４・95％）となっており、マイクロ・ファイナンスと社会企業への支出で６割を

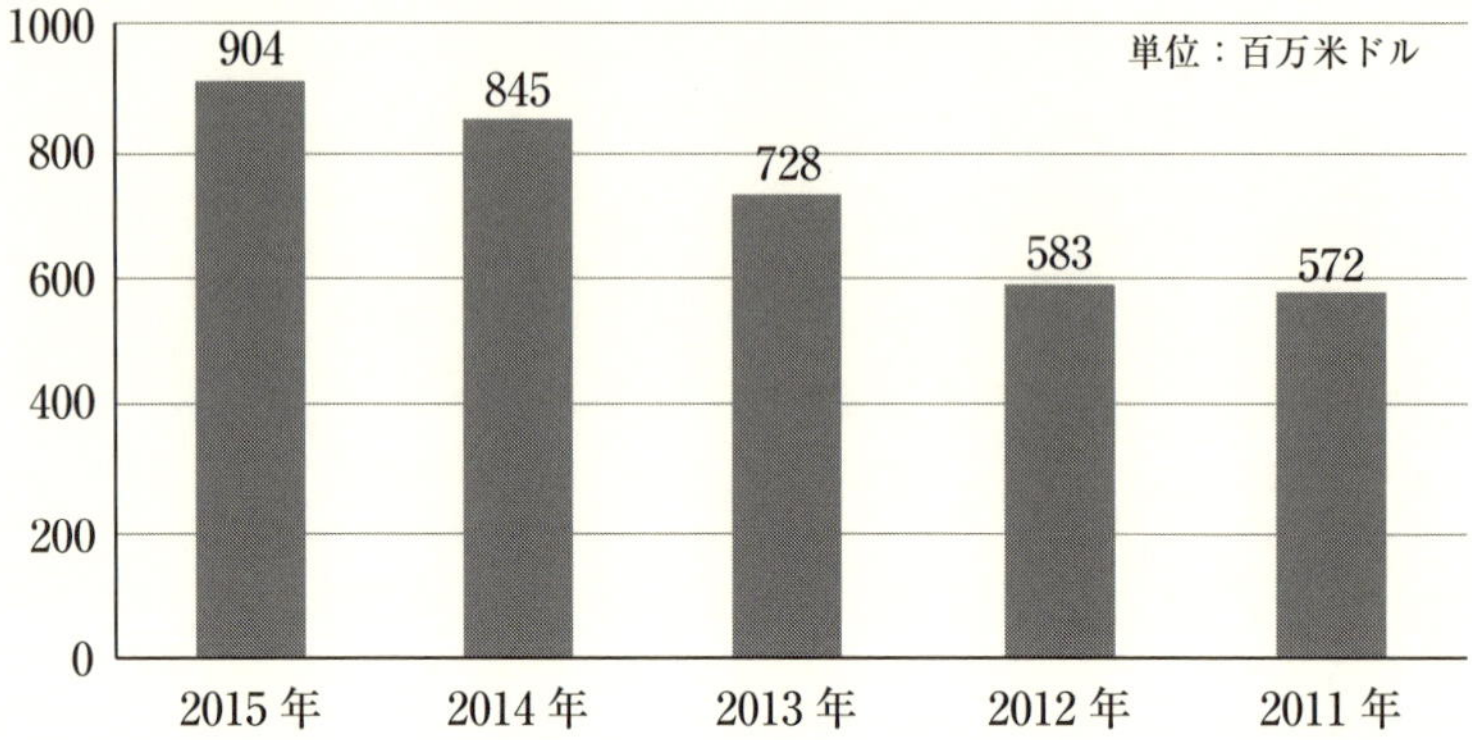

出所：出所：BRAC Annual Report (2015) p.81.

図5—3　BRACの年間支出（資本支出含む）

超えている。２０１２年の年間支出額は５億８３００万ドルであったが、84％がマイクロ・クレジットや社会企業収益による自己資金で、残り16％が外国からの援助である。約８割強が自己資金であり、全国の64県５万村（約60％）以上で活動し（国内全県全郡で活動）、人口の76％、１億１３００万人が受益者となっている。[19]

(2) ＢＲＡＣの活動

ＢＲＡＣは、多角的な活動を全国規模で行っている。具体的な事業としてＢＲＡＣ開発プログラム（農業プログラム、人権・法律教育・サービス）、ＢＲＡＣ教育プログラム（幼稚園、ノンフォーマル小学校、ＢＲＡＣスクール、コミュニティ小学校）を行っている。ＢＲＡＣは、独自のカリキュラムや教科書を開発し、小学校から３年で公教育に編入できるような独自のカリキュラムや教科書を開発し、独自の教員養成も行っている。ＢＲＡＣの初等教育（小学校）は２００４年までに３万４０００校までに増加し、３００万人以上の生徒を卒業させ、年間60万近い卒業生を出し、全国の小学校卒業生の約11％をカバーしている。[20]

ＢＲＡＣの方針は、地域の女子学生を育てることであるが、毎年公立小学校で５００万人がドロップアウトしているが、ドロップアウトした児童（特に女子）を対象にしたプログラムも行い、女子の就学率目標を70％に設定した。[21]また、2001年BRAC大学を創設し、後に大学院を創設し、開発コースなど高等教育の充実と収益向上を目指し、2007年初め学生は2500人、大学院プログラム在籍者は560人、世界の250以上の大学とパートナーシップを結んでいる。[22]

次に、社会企業事業として、マイクロ・ファイナンス（農村部での小規模金融）、BRAC銀行（都市部での貸付、信用、都市部プログラム）、保健（特に下痢と結核治療）・栄養・人口プログラム、BRACコミュニティ図書館および調査評価部事業を実施し、特に、マイクロ・ファイナンスによる貸付は、2007年に10億ドルを上回っているが、BRACは世界で最も厳しいといっていい風土の下で達成し、アジアやアフリカまで事業を広げようとしている。[23]最近では、初等教育では2万2718校で約67万人が学び、マイクロ・クレジットの2012年末の融資残高は601億タカ（601億円）で419万人に貸し出しを行い、[24]1990年以降は、事業の多角化・収益化を目指す収益プロジェクトとして、印刷工場、女性の収入向上のための服飾・手工芸品販売・ショップ運営（アーロン）＝フェアトレード、冷蔵倉庫の運営、インターネット・プロバイダー、養鶏プログラムを統合化し、飼料工場を建設し、全国規模で展開した。

BRAC自身は、南のNGOであるが、アフガニスタン、タンザニア、ウガンダ、南スーダン、スリランカなどで支援を開始し、[25]NGOの南南協力を行い、南のNGOの新しい展開を行いながら、BRAC・USAを立ち上げアジアやアフリカでの新しいBRACの事業への支援も行っている。[26]

また、BRACのマイクロ・ファイナンスは、利子返済能力を持っている農民にしか貸さないものであり、ソーシャル・ビジネスである。最貧困層向けには別のプログラムがある。

例えば、「貧困削減のフロンティアへの挑戦（Challenging the Frontiers of Poverty Reduction＝CFPR）」は、最貧困層のためのセーフティネットの構築（給料の支払、所得創出のための資産供与、集中研究）を目指している。[27]

(3) BRACの活動の意義

以上、BRACの軌跡について振り返ったが、その活動の意義は、第1に、政府から常に中立的な立場に立ち政府ができない事業を間接的に改善してきたことである。政権交代や激しい権力闘争があるバングラデシュで、BRACが長い間成長を続けられたのは、常に政治的に中立で活動をしてきたからである。日常から最貧困バングラデシュのことを考え、政治関係者からは中立を保ち、都市生活者や中産階級層だけでなく、農村の貧困層の立場に立ち、彼らの生活向上のために、BRACは発展を進めてきた。

第2に、マイクロ・ファイナンスを農村部と都市部の別々のプログラムで拡大させたことである。例えば、小規模金融は、初期には農村部でのマイクロ・ファイナンスとして進められてきたが、BRAC銀行設立後は都市生活者や都市企業者に直接融資もしてきた。BRACは、貧しい農村部におけるプログラムと将来事業者として可能性のある都市部におけるプログラムをそれぞれ実施し成長させてきた。

第3に、NGO・企業・行政の統合を目指し巨大な社会企業化を目指したことである。BRACのソーシャル・ビジネスは、総合的な仕組みと事業を拡大し多角化を行っている。ソーシャル・ビジネスとして、印刷工場、冷蔵倉庫の運営、インターネット・プロバイダーを行い、女性の収入向上のための服飾・手工芸品販売・ショップ事業では、アーロンと組んだりして、フェアトレードや繊維・衣料分野で独自のブランド開発を行った。BRACのアベッド総裁は、E・F・シューマッハーの「スモール・イズ・ビューティフル」[28]の言葉を借りて「小さいことは美しいことです」、「けれど、大きいことは必要なのです」とNGOの巨大化も必要であると述べている。[29]これについて、BRACとアベッド総裁の軌跡を描く『貧困からの自由』の著者である、イアン・スマイリーが「アベッドの才能は小さいものを数多く組み合わせることで、部分の合計よりもずっと大きい全体をつくり上げるところにある」[30]と語っている通り、アベッドの功績は経営の難しいNGOの事業拡大を最貧困国バングラデシュで成功させたことにあり、彼はシューマッハーの理念に共感し決して否定しているわけではない。

⑷　ＢＲＡＣの巨大化・社会企業化の有効性

さて、ＢＲＡＣのようにＮＧＯの巨大化・社会企業化は有効か、国の発展のためにＮＧＯが果たす役割は何か。この問いに対して、ＢＲＡＣの場合はどうだったのであろうか。

ＢＲＡＣへ支援した最初のドナーは、ドイツのＮＧＯ「世界のためにパン」（96頁参照）やイギリスのＮＧＯ「オックスファム」（87頁参照）であり、[31] オランダのＮＧＯノビブ（97頁参照）がＢＲＡＣの活動に影響を与えたといわれている通り、長年これらの団体はＢＲＡＣへの主要ドナーとして財政的な支援を行ってきたが、ＢＲＡＣは年々自己資金比率を伸ばし、２０１２年に自己資本84％まで上昇している。[32] このＢＲＡＣの数字は、スリランカのサルボダヤ運動がなかなかドナー依存体質から抜けられず自己資金比率が上がらないことに比較しても、南のＮＧＯとしてはビナ・スワダヤ（126頁参照）と並んでドナーからの自立が進んでいることがわかる。[33]

ＢＲＡＣは、ＮＧＯのような組織が大きくなることに批判もある中、それを肯定的に、必然的に捉えている。設立当初とても小さかったＢＲＡＣは歴史とともに事業や活動を組み合わせて巨大な社会企業になったである。そのために、ＢＲＡＣは、組織、農民・女性グループでの「人づくり」や「教育」の重要性を訴えてきた。

ＢＲＡＣの成功は、元石油会社の役員だった「貧困からの自由（〝Freedom from Want〟）」を力説したＦ・Ｈ・アベッドらの優秀なスタッフの功績が大きいが、同時にその40年を超える活動の歴史から、多くの失敗や挫折も経験し、乗り越えてきた。スマイリーは、その著書で「ＢＲＡＣ実績で何よりも驚くのは、これが、世界で最も厳しいと言っていい風土の下で達成されているという点だ[34]」と述べている通り、ＢＲＡＣはアジアでも厳しい環境といえるバングラデシュでこれらの実績を残したことは特筆すべき点であろう。デビッド・コーテンとキャサリン・ラヴェルが指摘した通り「学習する組織」BRACは、過ちを受け入れて過ちを改善していく組織だったことが、今日の成果を生み出したといえる。[35]

(5) おわりに

以上のことから、BRACのようにNGOの巨大化・社会企業化は有効か、貧困削減のためにNGOが果たす役割は何か、という問いに対して、BRACの場合は有効であり、国から常に中立的な立場をとり、貧困からの自由のために国ができない課題や問題を改善し、新しいチャレンジに取り組んできたといえる。バングラデシュはかつての最貧国時代に比べると毎年経済成長を遂げ現在も発展しているが、BRACが果たした役割も大きい。その一方、BRACやグラミン銀行のようにマイクロ・ファイナンスを行う組織への批判もある。大橋正明は、マイクロクレジットの課題として、最貧層を排除する傾向が強いこと、女性が直面している過酷な労働や搾取を一層強化することがあること、情報や訓練などの提供が伴わないとうまくいかない場合が多いこと、コミュニティの人間関係が変質する場合があることの問題点を指摘している。[36] BRACやグラミン銀行だけでなく世界のマイクロ・ファイナンスの現状がどのようになっているのか、フォローしていく必要があるだろう。

さらに、2016年7月1日にバングラデシュのダッカで、7人の日本人援助関係者を含む22人の犠牲者が出たイスラム武装集団襲撃という衝撃的な事件が発生した。笠原清志が伝統的なイスラム社会を変化させてきた、BRACやグラミン銀行のような組織にとって政府やイスラム原理主義グループとの関係は微妙であると述べている通り、[37] BRACが目指すイスラム伝統社会の意識改革と収入向上や教育による貧困からの自由はイスラム原理主義と相反する思想や行動であるので、バングラデシュでのBRACの立つ位置が今後問われていくに違いない。

3　まとめ

本章では、南の市民社会が巨大化し社会企業化していく中で、南のNGOは人間開発（草の根ボランティアの精神や理念）を進めていくべきか、それとも社会企業化して社会ビジネスも行っていくべきか、を検討するために、スリランカのサルボダヤ運動、バングラデシュのBRACの事例を取り上げて検証した。サルボダヤ運動は、本章で見てきた通り、SEEDSやDDFCのような経済システムを導入し経済的側面の活動を強化しながらも、基本的にその人間開発の理念を変えずに維持している。一方、BRACの巨大化・社会企業化は有効であり、最貧国といわれてきたバングラデシュの発展のためにBRACが果たした役割は大きい。BRACは創設者アベッドが「大きいことが必要なのです」と述べている通り、BRACの巨大化・社会企業化は有効であり、最貧国といわれてきたバングラデシュの発展のためにBRACが果たした役割は大きい。

しかし、時代の趨勢として、NGOは貧困層への草の根の支援から、確かに実務中心型支援に変化してきている。サルボダヤ、グラミン銀行、BRACなど多くのNGOがマイクロ・ファイナンスを行っており、金融活動に自立の基盤を求めている。

しかし、今日のNGOは、マイクロ・フィナンスのような社会的企業化により、NGOが本来果たすべき人間開発を疎かにしていないか。現にサルボダヤは、ドナーからの支援が減り、人間開発のみでは自立を達成できず、90年代からマイクロ・ファイナンスによる収入を組織の財政の大きな柱にしている。ポストA・T・アリヤラトネ以後も、サルボダヤ運動が人間開発を重視していくかどうかはわからない。

このようなマイクロ・ファイナンスなどの社会企業を行うNGOは課題を抱え、批判もある。例えば、大橋正明は、マイクロ・クレジットを行うNGOの問題として、「マイクロクレジットを実施するNGOは自己保身を目的とした民間金融機関化し、NGOが本来果たすべき社会開発やアドボカシーの活動が疎かになっている」と批判している。[38]また、斎藤千宏はマイクロ・ファイナンスを利用することで財政的自立を達成するNGOを例に出し、「地域住民の持続的な生計向上を本当に誘発しているのかという評価作業は真剣になされているとはいえない現状がある」と述べている。[39]

以上見てきた通り、NGOは本来目指すべき人間開発を行うべきか、財政的自立のために社会企業化していくべきか、ジレンマに陥っているといえる。サルボダヤ運動が活動するスリランカは、現在アジア中進国として発展し、ドナーが以前のように支援をしなくなり、ドナーからの資金を得るためNGO間の競争が激化し、当然NGOは、マイクロ・ファイナンスの他、フェアトレード、印刷、倉庫、リサイクルショップ、出版、家具など社会企業活動を行い、経済的な自立の道を探らなくてはならない。「学習する組織」BRACは、貧困者への草の根支援と同時に社会企業化へシフトしてきた成功例である。だからといって、NGOがビジネスを始めてうまくいくとは限らず、失敗して借金や倒産をする場合もある。今後NGOは、経済性、思想性、倫理性とのバランスを考えながら活動していくことが求められている。[40]

【注】

1　重田康博・陣内雄次（2012）177頁。
2　重田康博・栗原俊輔（2015）10頁。
3　注2に同じ。
4　アリヤラトネ、A・T（2001）159頁。
5　アリヤラトネ、ビニヤ（2011）。
6　磯野昌子（2002）144頁。

7　SARVODAYA (2013) pp.13-14.

8　アリヤラトネ、ビニヤ（２０１１）、SARBOYA (2012).

9　Ariyaratne, A.T. (2013).

10　重田康博、陣内雄次（２０１２）175－181頁、本調査は宇都宮大学の重田、陣内によって行われた。

11　重田康博、陣内雄次（２０１３）253－259頁、本調査は宇都宮大学の重田、陣内によって行われた。

12　重田康博、福村一成（２０１２）196－197頁、本調査は宇都宮大学の重田、福村によって行われた。

13　重田康博、福村一成（２０１４）196－197頁、本調査は宇都宮大学の重田、福村によって行われた。

14　重田康博、栗原俊輔（２０１５）９－10頁、本調査は宇都宮大学の重田、栗原によって行われた。

15　重田康博、栗原俊輔（２０１５）10－11頁、本調査は宇都宮大学の重田、栗原によって行われた。

16　本事例１は、２０１６年６月11日に開催された、国際開発学会第17回春季大会（立命館大学びわこ・くさつキャンパス）の企画セッション「近代的発展・開発観の考察――『倫理的な開発学』の実現を目指して」において行われた、重田康博「開発の倫理の再検討――サルボダヤ運動の人間開発の事例から」の報告を基に作成したものである。他に、サルボダヤのＨＰ　http://www.sarvodaya.org/（２０１７年１月15日閲覧）を参考にした。

17　ラヴェル、キャサリン・Ｈ（２００１）、63頁および下澤嶽（１９９７）。

18　下澤嶽（１９９８）。

19　BRAC (2015) pp.80-81、大橋正明（２０１４）93－94頁およびラヴェル（２００１）290－295頁、ＢＲＡＣのＨＰ　http://www.brac.net/（２０１７年１月15日閲覧）を参考に作成。

20　スマイリー（２０１０）285－286頁。

21　スマイリー（２０１０）284頁。

22　スマイリー（２０１０）235－239頁。

23　スマイリー（２０１０）10頁。

24　注18に同じ。

25　スマイリー（２０１０）393－459頁。

26 スマイリー（２０１０）448頁。
27 スマイリー（２０１０）311－312頁。
28 シューマッハー（１９８６）。
29 スマイリー（２０１０）455頁。
30 スマイリー（２０１０）456頁。
31 スマイリー（２０１０）52－67頁。
32 大橋正明（２０１４）94頁。
33 ＢＲＡＣとサルボダヤの外国からの支援、自己財源の伸びの比較については、下澤嶽「バングラデシュの巨大ＮＧＯ〝ＢＲＡＣ〟の歴史と役割」が詳しい。
34 スマイリー（２０１０）10頁。
35 デビッド（１９９５）およびキャサリン（２００１）10－11、26頁を参考。キャサリン（２００１）の訳者である久保田由貴子・久保田純によると、「学習する組織」ＢＲＡＣを紹介したのはＤ・コーテンであり、コーテンは１９７０年代からＢＲＡＣの発展を観察し、学習プロセス・アプローチに基づくＢＲＡＣのマネージメントの見直しに深く関わっていると述べている。ＢＲＡＣは１９７２年設立数年後に「学習する組織」としてのマネージメント・スタイルを確立したのである。
36 大橋正明（２０１４）103頁。
37 笠原清志「監修者あとがき」スマイリー（２０１０）263頁。
38 大橋正明（２０１４）103－104頁。
39 斎藤千宏（２０１４）253頁。
40 本まとめは、注16の筆者報告のコメンテーターの西川潤先生（早稲田大学名誉教授）は、「サルボダヤは近年ますますＭＦ、金融活動に自立の基盤を求めるようになり、日本のＪＡを連想させるが、ＮＧＯ一般がある段階になると実務中心型になるのだろうか」に対する筆者の回答。また、サルボダヤとＢＲＡＣの双方を取り上げた先行研究として、下澤嶽（１９９７）の「バングラデシュの巨大ＮＧＯ〝ＢＲＡＣ〟の歴史と役割』がある。

第6章　日本の市民社会の誕生と発展
――奈良時代から1980年代まで

これまで、欧米諸国の市民社会、南の諸国の市民社会を見てきたが、本章では、日本の市民社会の誕生と発展の要因を歴史的に探るために、奈良時代や鎌倉時代以降から1980年代までの日本のボランティア活動やNGO活動の動向を年代別に取り上げて、紹介していくことにする。

日本は、奈良時代から江戸時代の徳川幕府まで時の政権の監視や規制が厳しく、仏教やキリスト教を通じた市民活動やボランティア活動が大きく育つことは難しかった。

明治維新以後のNGOとして、日本赤十字社は佐野常民によって設立され今日まで活動を続けているが、現在日本赤十字社法という法律で定められた政府の特殊法人であり、純粋には市民主導で設立され運営されているNGOとは言いがたい。しかし、各国の赤十字社は、政府から独立したNGOとして運営されていたり、日本と同様に政府関係団体として運営されていたりと、その形態は多様である。ここでは、18世紀中盤にスイス人のアンリ・デュナンの呼びかけによって広まった国際赤十字運動の一環として日本赤十字社を取り上げ、明治維新から戦前にかけて設立された救護団体がどのような形で日本において活動を維持してきたかについて検討し、併せて第2次世界大戦後の日本の市民社会について述べていく。歴史的に日本の市民社会を見ていくと、明治、大正、昭和の時代になっても、政府、企業の力が強く、市民社会が形成される空間スペースが少なかった。中国、韓国など東アジアは、儒教文化や相互扶助の伝統が残る地縁社会（ムラ社会）の影響が強く、市民社会が育ちにくいといわれているが、日本も同様に強い市民社会が育ってこなかった。

そうした環境の中で、日本において市民主導のＮＧＯの活動が本格的に登場するのは、１９７０年代後半から１９８０年代前半にかけてのインドシナ難民への救援活動以降であるが、本章ではそのような１９７０年代から１９８０年代までの日本の市民社会の動きを紹介する。

本章および次章で取り上げる日本のＮＧＯは、もちろんすべてではなく一部の団体であることをご了解いただきたい。

1 奈良時代や鎌倉時代の仏教ボランティア活動の先駆者たち――行基、空海、重源、叡尊

国際協力ＮＧＯの設立の話をする前に、日本社会にどのくらい前から今日でいうボランティア活動を行う人たちが存在したのかについて触れてみたい。市民社会やボランティア活動が存在しにくかったといわれる日本の歴史の中でも、仏教は古代から中世にかけて福祉、教育、職業訓練を行っており、実は奈良時代以降からボランティア活動を行う人たちが存在したのである。シャンティ国際ボランティア会の有馬実成[1]、秦辰也[2]、林雄二郎によれば、奈良時代や鎌倉時代にも仏教を基盤とした今日のボランティア活動の先駆者が存在したという。

例えば、秦によれば、奈良の時代、行基《ぎょうき》菩薩（６６８年－７４９年）という仏教僧がおり、留学僧で法相宗を学んだ道昭に師事した。行基は、40代後半から貧困、飢饉、疫病などに苦しむ人々への救済を行い、これらの人々のために布施屋という施設を建設し、その他農村の用水路、漁村の船着場をつくり全国をまわる。今日も、行基菩薩の伝承が残る寺院の数は全国に１２００寺といわれている。晩年に彼は、日本初の大僧正に任命

され、聖武天皇のもとで東大寺の建設という最後の大仕事に関わることになる。[3]

また、林によれば、同じく奈良時代に真言宗をひらいた空海（７７４年－８３５年）は、彼が唐で体得したインド伝来の密教の思想を基本理念として、貧富の区別なくすべての人に門戸を開いた綜芸種智院《しゅげいしゅちいん》という、それまでの国の教育機関とは異なる独特の教育機関を設立した。また、四国に現在も残っている満濃池など広大な農業用水を確保し農業生産の基礎を築くなど様々な公共事業を行い、それは今日でいう第三セクターの活動の原型ともいえる。[4]

さらに、有馬は、鎌倉時代にボランティア活動やネットワーク活動に生涯を捧げた重源《ちょうげん》（１１２１年－１２０６年）と叡尊《えいそん》（１２０１年－１２９０年）という２人の僧侶のことを生前よく話していた。重源は、鎌倉時代に入る前後の60歳以降、大勧進職という、東大寺の大仏再建事業の総監督に任命されたほかに、別所という一種の福祉施設（今でいう総合福祉センター）を全国７カ所に建設し、各地の別所に技術者を集め、家のない貧しい人々への医療サービスの提供や無料宿泊施設の建設など、今日の福祉、教育、職業訓練、職業安定所のようなことを行った。彼は、人々の潜在能力を導き出す実践を行うカリスマ性をもった仏僧だったという。[5]一方、叡尊は、鎌倉時代、奈良の西大寺（真言律宗の総本山）を建設するほか、ハンセン病患者の救済のために「北《きた》山十八間戸《やまじゅうはちけんこ》」という長屋風の療養施設を建設し、橋や港の整備、寺社の修造、尼寺の創設など様々な社会救済事業を行い、貧窮孤独の人々に献身的な介護を行った。[6]

有馬の生前の講演、記録、原稿などをまとめた『地球寂静』の中で、本書の編集を担当した大菅俊幸は「叡尊と重源に着目した有馬の視点は、有馬の日本仏教史に流れるもう一つの系譜、社会活動的な仏教者の系譜を浮き彫りにする契機にもなっている」とし、「有馬が二人に着目したのは、学問的な関心からではなく、時代の苦悩と向き合い、民衆の救済に身を挺した宗教者、そして、現代や未来に通用する宗教者を探求していたからにほかならない」と述べている。[7]重源や叡尊が時代を超えた仏教僧侶であり、その生き方が現在の日本人にも多くのことを教え導いてくれることを有馬は認識していたのであろう。

2 江戸時代の仏教の統制

江戸時代になると、奈良や鎌倉時代と違い、仏教は江戸幕府によって完全に統制されてしまう。日本NPOセンターの山岡義典は、「仏教はきちんと育てばアメリカ以上のフィランソロピーの社会をつくったであろうが、江戸時代に完全に統制装置になってしまい、仏教の慈善力というのは寺子屋くらいしかなくなり、社会的な活動をせずに戸籍管理係になってしまった」と述べている。[8]

そのような江戸時代の中でも、後期の秋田感恩講の活動は、江戸時代の日本の伝統的な慈善公益活動として注目できる。山岡によれば、秋田感恩講の設立は1827年、秋田藩御用達商人である那波三郎右衛門祐生などが、捨て子、農民の救貧、藩財政の悪化に対して献金を行うことによって貧民救済事業を開始したことによる。その後、明治時代に秋田感恩講は民法の施行に伴い財団法人となり、児童の保育と教育事業を行い、戦後は社会福祉法の施行に合わせて社会福祉法人となった。[9]

3 国際赤十字運動からの影響——日本赤十字社の誕生

明治維新以後、日本赤十字社が誕生し国際赤十字運動に参加したことは、日本の団体が国内および国際救援活動に取り組んでいく最初のきっかけになった。

1877年、肥前鍋島藩出身で元老院議官であった佐野常民と竜岡藩の大給恒は、官軍と薩摩軍による西南戦争で多くの死傷者が出た悲惨な状況を見て、ヨーロッパの赤十字と同様の団体の必要性を痛感し、救護団体

「博愛社」の設立の嘆願書を明治政府に提出した。

しかし、この嘆願は、「敵人の傷者と雖も救ひ得へきは之を収むへし」（敵味方問わず救護する）という規定が含まれていたために許可されず、佐野が熊本滞在中の征討総督有栖川宮熾仁親王に直接嘆願することにより、初めて「博愛社」の設立が許可された。吹浦忠正は、「当初は三条実美の一言で赤十字の標章が容れられず、赤十字の名称も使用がはばかられてのスタートであった」と述べている。[10] しかし、１８８６年日本政府がジュネーブ条約に加盟したことを受けて、「博愛社」は１８８７年（明治20年）に「日本赤十字社」と改名し、佐野は初代社長に就任した。[11]

それでは、いつから日本赤十字社（以下、日赤）は実際に海外に出て救援活動を行うようになったのであろうか。日赤のホームページの沿革によれば、一番古くは「１８９４年（明治27年）日清戦争が起こり救護活動を開始」、次に「１９０４年（明治37年）日露戦争が起こり、臨時救護部を設置し、救護活動開始」と記載されている。しかし、これは日赤が日本の戦争に日本軍に従軍して救護活動を行ったということで、正式には海外救援・援助活動を行ったということではない。その後第１次世界大戦勃発後病院船の派遣、「１９１４年（大正３年）11月ロシア、イギリス、フランス３カ国の救護活動を支援するため、それぞれの国へ救護班を派遣」[12]という事実があり、この１９１４年は最初に海外救援・援助活動を行った年ではないだろうか。

その後、昭和前半に入り、「１９２８年（昭和３年）支那事変で臨時救護班派遣」「１９３１年（昭和６年）満州事変で救護班を派遣」「１９３７年（昭和12年）日華事変が起こり救護活動開始」「１９４１年（昭和16年）第２次世界大戦勃発で救護活動開始」「１９４４年（昭和19年）第２次世界大戦救護活動に社力を傾注、平時事業のほとんどを中止または廃止」という記述の通り、日本軍の中国侵略や第２次世界大戦に深く関わるようになり、直接・間接的影響を受けることになる。

そして、日赤は「１９４５年広島に原爆投下、広島赤十字病院で救護活動展開」など戦後の混乱の中で国内救護を中心にしばらく活動し、「1960年（昭和35年）戦後初の海外派遣医療班が動乱のコンゴへ」、翌年の「1961年（昭和36年）東南アジア巡回診療班第一陣がインドネシアへ」派遣され、その後タイ、ビルマ、バリ島などアジアへの派遣医療活動が行われるようになった。[13]

以上の通り、日赤の活動を紹介してきたわけであるが、日赤は1952年（昭和27年）に国会で制定された「日本赤十字社法」という法律で規定されている半官半民の特殊法人であり、名誉総裁は皇后陛下、名誉副総裁は皇室関係者、役員構成は社長、副社長、理事、監事となっており、同時に2016年度の一般会計の歳出予算は309億円（東日本大震災海外救援金を除く）、同年国際活動費（負担金、救援、開発）は約43億円（歳出予算の9・4％）となっている。なお、東日本大震災の際世界各国の赤十字社等から海外救援金1002億円が集められ、復興支援事業として950億円が執行される見通しであり、2016年予算として、29億円が復興支援として予算化され、個人社員約960万人、法人社員が約12万社（2016年現在）におよぶ巨大な組織である。[14]

日本赤十字社は、NGOではなく、政府関連組織だという人もいるかもしれない。現に政府の国策と合致して、戦前日本の軍隊に従軍してきたし、北朝鮮への在日朝鮮人「帰国」事業でも日本政府の事業に深く関わり国策に関与してきた、という指摘がある。[15] さらに、日赤は2004年政府の有事法制に伴う国民保護法（「武力攻撃事態等における国民保護のための措置に関する法律」）で「指定公共機関」に指定され、戦闘で被害が出たとき医療や避難民への生活支援、外国人の安否調査にあたることが義務づけられることが決定された。[16]

しかし、ここであえて日赤の設立の経緯や海外派遣医療活動の事例を取り上げたのは、明治以後日本の救護団体が生き残っていくためには、時の政府の方針に協力したり、名誉総裁に皇后陛下をご任命したり、昭憲皇太后基金を設立したりするなど皇室の庇護がなければ難しかったということを紹介したかったからである。日赤の歴史を見ないことには、日本の国際協力に関わる非政府組織の歴史も正確に把握することはできない。明治以後、日本政府の管理の下、非政府組織がどのような形でなければ活動を継続できなかったかを知ることにより、日本の非政府組織の実態も見えてくるのである。確かに日赤は、本書の主題となっている国際協力市民組織ではないが、この点では、明治以後に設立された他の恩寵財団も同様に皇室の庇護の下に慈善活動に関わってきた。日赤が日本政府の国策に関与してきたことは、諸外国の赤十字社（Red Cross）がチャリティとして政府から形の上では独立して活動している点と対照的である（ただし、社会主義国などの赤十字社が日本と同様に政府関係団体として運営されていたり、イギリスのように王室の構成員がチャリティ団体の総裁などの役員になる例はある）。

4　戦前のＮＧＯの動き——日中戦争中の被災者・避難民への救済活動

戦前のＮＧＯの動きとして見逃せないのは、日本軍の中国侵略による日中戦争の被災者や避難民の救済を行った医療班がいたことだ。１９３８年、日中戦争の激化により生じた被災者や難民に対する医療活動を目的に、志村卯三郎牧師の熱心な呼びかけにより、関西のキリスト教系医療従事者を中心に、京都大学医学部の医師、医学生、看護師の９人で「中国難民救済施療班」（団長・志村牧師）が中国へ派遣され、戦争の被災者や避難民への医療活動を２カ月間行った。

これらの活動の経験は、民間人が人道的な立場から自発的に国境を越えて救援を行うＮＧＯ活動の先駆けとなり、戦後日本キリスト者青年会医科連盟の結成、アジアでの医療協力を目的としたＮＧＯ「日本キリスト教海外医療協力会（ＪＯＣＳ）」の発足へと発展していく[17]。

5　戦前の日本のボランティア活動の限界

それでは、戦前までにボランティア活動がどうして日本で育つことができなかったのかについて考えてみたい。

有馬実成は、国際協力NGOセンター（JANIC）の講演会の際「日本にもボランティア活動に身を捧げた多くの仏教僧がいたが、これらの活動が広がらなかったのは、活動が広がってくるとすぐ時の権力者によって潰されてきたという歴史があり、これが日本の仏教ボランティア活動が点から面になっていかなかったという大きな理由である」と述べていた。つまり、日本において仏教ボランティア活動が大きく広がらなかったのは、これらの仏教ボランティアたちが権力者と独立した共存関係を構築することが不可能だったからである。日本NPOセンターの山岡義典は、「仏教が住民の側でなく権力者の側に寄り添って慈善精神を失ってしまった」と仏教の宗教的伝統との不連続性を厳しく述べている[18]。この点は、欧米のキリスト教が、時の権力者に寄り添った時期と同時に独立した共存関係を維持した時期もあり、宗教的伝統として慈善活動を行ってきたことと対象的である。

日本という国は、一部を除いて古代から現在まで政府の力が強い社会で、特に江戸幕府、明治維新から昭和20年までの政府は大きな権力で住民の統制を行ってきた。戦後になってアメリカによる対日占領政策の一環として、日本国憲法が制定され、議会制民主主義が導入されたが、国民選挙が実施されているとはいっても依然として一部の党が一党支配に近い政治を行い、大きな権力を握っている。日本国憲法も日本の保守化や自衛隊の海外派遣の波の中で、今、改憲の瀬戸際にある。また、日本においては、時の権力者や政府がボランティア活動に代わる福祉、教育、医療、職業訓練などのサービスを住民に提供してきたために、市民によるボランティア活動が広がらず、逆に政府や地方行政に対する住民の依存体質ができてしまった。日本のボランティア活動が行政から独立して共存することができなかったということは、欧米のボランティア活動が時の権力者に協力したり独立したりして共存関係を維持しつつ長い歴史を生き延びてきたのとは対照的である。この事実は、日本におけるボランティア活動を推進する上でしっかりと受け止めたい。

筆者が一時所属していたイギリスのＮＧＯ「クリスチャン・エイド」のロバート・アーチャーは、「イギリスは、チャリティ活動の伝統が長い国です。……商業資本家のエリート層が政府と並行して社会福祉関連のチャリティ活動を育ててきました。……重要なことは、これが『反政府』ではなく、『政府とともにやってきた』ということです。しかし『独自な活動』でした。そのことが、イギリス市民（社会）の間に根深くあります」と述べていた。[19] この言葉は、日英の政府とボランティア団体の関係性の違い、つまり、政府とＮＧＯの信頼関係、ＮＧＯの独自性・独立性、政府のボランティア団体に対する考え方や寛容性を如実に表している。また、ロバート・アーチャーは、「日本の政府とボランティア団体の関係性には、発展のプロセスに社会的な余裕がなかったのではないでしょうか。イギリスの場合は、（産業革命によって育った）商業資本家の中流階級・教会のような組織の支えがあったから、それが社会の余裕になりました。日本には、その余裕がないから、それが問われるのではないでしょうか」とも述べている。[20] 19世紀後半以降の歴史を見ても、アジア、アフリカなどの植民地支配で富を築いたイギリスと、列強支配に対抗するために急激な脱亜入欧政策や富国強兵を急いだ日本とは、当然近代化や社会発展のプロセスの違いはあったように思える。しかし、社会全体がチャリティの発展をあたたかく見守り擁護してきたイギリスと、政府が福祉や教育を行い、市民による自立的なボランティア活動の芽を潰してきた日本では、当然ボランティア活動に対する歴史、文化、市民の支持が大きくかけ離れていることは認識しなければならない。

6 戦後のNGO団体の設立

(1) 1950年代

日本の戦後の混乱期、アメリカ政府のガリオア基金（占領地域救済政府基金）、エロア基金（占領地域救済復興基金）、国連ユニセフによる日本の復興活動が進められたが、日本も朝鮮戦争による内需拡大など徐々に復興から経済成長の時期を迎える。同時に、1951年9月に調印されたサンフランシスコ講和条約により、日本は第2次世界大戦で多くの被害と損害を与えたアジア諸国への賠償を開始する。54年日本はコロンボ・プランに加盟し、同年ビルマに戦後賠償としての援助を開始する。一方、戦後国連機関が日本で活動するための拠点として、日本ユニセフ協会や日本ユネスコ協会連盟などが設立され、今日まで活動を継続している。

(2) 1960年代から1970年代

日本の国際協力市民団体の多くは、1960年代以降から設立されるようになる。以下に1960年代から1970年代に設立されたNGOの誕生と発展について、①宗教者の意志、②カリスマ性のある個人、③国際組織からの要請、④市民の自発的な意志、⑤調査研究、政策提言、⑥募金型公益信託、の6つに整理して説明していくことにする。

① 宗教者の意志により設立された団体――「日本キリスト教海外医療協力会」「アジア学院」「チャイルド・ファンド・ジャパン」

「（公益社団法人）日本キリスト教海外医療協力会（ＪＯＣＳ）」は、関西のキリスト教系医療従事者による戦前の中国難民救済施療班、戦後の日本キリスト教医科連盟が基盤となって、１９６０年に設立された。ＪＯＣＳの設立の根底には、日本のアジア侵略や日中戦争による中国被災民や避難民への贖罪の意識から行動を起こしたキリスト教の精神があった。ＪＯＣＳは、１９６１年１月に初めてインドネシアに梅山猛医師一家を長期間派遣し、続いて同年９月にネパールへ上田喜子、川島淳子２名の看護師を派遣、翌62年１月に岩村昇医師夫妻をネパールへ派遣した。その後岩村医師は巡回医療を行うようになり、「ネパールの赤ひげ」として有名になった。その後も活動を続け、教育７カ国、保健医療５カ国を対象に活動を行い、２０１１年公益社団法人となった。[21]

同じく「（学校法人）アジア学院（前、東南アジア農村指導者養成所）」も、宗教者の意志により設立された。同養成所は、１９６０年東京・町田市の鶴川学院農村伝道神学校東南アジア科内に作られ、73年に栃木県西那須町に移転し、新しく「（準学校法人）アジア学院」として創設された。アメリカ留学から帰国し、62年から農村伝道神学校東南アジア科長となった高見敏弘が、アジア学院の理事長、アジア農村指導者養成専門学校校長として赴任する。アジア学院では、農村開発の指導者となるために、途上国の青年男女を研修生として受け入れ、有機農法の学習や農業研修を行っている。[22]

また、「（認定ＮＰＯ法人）チャイルド・ファンド・ジャパン」（「旧名（社会福祉法人）基督教児童福祉会・国際精神里親運動部（ＣＣＷＡ）」）は、アメリカの基督教児童基金（ＣＣＦ）からの援助の日本の受け入れ窓口になっていた社会福祉法人基督教児童福祉会による援助終結にともない、アジアへの支援を考え１９７５年４月新たに「国際精神里親運動部」を設立し、フィリピンの里子67名への支援を開始した。２００５年国際協力を行う組織として適切な法人形態に変更するため、「（ＮＰＯ法人）チャイルド・ファンド・ジャパン」として法人形態、名称を変更し、現在フィリピン、ネパール、スリランカの３カ国で活動している。[23]

② 個人の強いリーダーシップにより設立された団体――「オイスカ」「風の学校」「日本シルバーボランティアズ」「アジア協会アジア友の会」「アジア眼科医療協力会」

カリスマ性のある個人の意志によって設立された団体のひとつが、「(公益財団法人) オイスカ」である。1961年、国学者の中野與之助のイニシアティブにより、18カ国の有識者の参加による精神文化国際会議(国際文化交友会主催)が開催され、「物質と精神が調和した繁栄を築く」を基本理念に掲げた精神文化国際機構(後にオイスカ・インターナショナル)が設立され、69年に財団法人オイスカ産業開発協力団(後にオイスカ)となった。オイスカは、アジア各地に農業技術者を派遣しての農業協力、海外技術研修員の受け入れ、日本人技術員養成、「子どもの森」計画、「ふるさとづくり」などの事業を行い、本部を日本に置き現在34の国・地域に組織を持ち、2011年認定財団法人になった。[24]

「風の学校」は、農業技術指導官であり「パワフルじいさん」と呼ばれた中田正一によって、1967年に「国際協力会」が創設され、84年に改名して再発足した。若者を対象に農業や井戸掘りなどの技術研修を行い、メキシコ、アフガニスタン、セネガルなど海外に若者たちを派遣したが、中田は1991年85歳で他界した。[25]

また、「(公益財団法人) 日本シルバーボランティアズ (JSV)」は、渡邉武元アジア開発銀行総裁の「シルバー協力隊」構想の提唱により、同構想に賛同した人々が呼びかけ人となり、1977年9月に任意団体として発足し、翌78年1月に財団法人になった。JSVは、中高年の人々が持っている技術や経験を生かして、発展途上国に技術協力を行うために設立された団体で、2012年認定NPO法人となり、海外約10カ国で活動し、2015年84人を発展途上国など海外へ派遣し、2015年までの派遣総数は4973人となっている。[26]

そして、村上公彦によって設立されたのが、「(公益社団法人) アジア協会アジア友の会 (JAFS)」である。村上は1965年インド留学中に南部バンガロール地方の農村で一杯の水を飲んで腸チフスにかかったこと、

ＪＡＦＳの前身となるアジアの社会問題を扱う勉強会「エポス・クラブ」を発足したこと、その後の78年の西ベンガル大洪水の調査などを契機に、79年アジアに井戸を贈る運動を展開し、ＪＡＦＳを発足させた。ＪＡＦＳは、80年にインドのググリー村に第1号井戸を完成させ、81年からインドでワークキャンプを行った。その後18カ国68カ所で事業を行い、２０１６年3月までの協力実績は井戸・パイプライン１８４７基、植林約２４９万４３８１本、トイレ２３９７基、学校・コミュニティセンター１２０棟、里子延べ１０１６人となり、２０１２年公益社団法人となっている[27]。

さらに、「(特定非営利活動法人) アジア眼科医療協力会（ＡＯＣＡ)」は、世界盲人福祉協議会ニューデリー総会での失明防止宣言を受け、同協議会アジア担当副会長であった岩崎英行（元日本ライトハウス理事長、元アジア眼科医療協力会理事長）の呼びかけによって、１９７１年に設立されたＮＧＯである。日本政府が行っていなかったネパールの眼科医療のために、同年準備会を発足させ、72年に黒住格医師がネパールを訪問し、第1次ネパールアイキャンプで７４５名の開眼手術を行う。その後黒住医師は約30年間ネパールで粘り強く活動を続けたが、２００２年3月に他界した。その後も活動は継続され、２００６年にはＪＩＣＡとの3年間の委託事業「ネパール眼科医療システム強化プロジェクト」を行い、ネパール、インドでアイキャンプを行うなど、海外での眼科治療を継続している[28]。

③　国際ＮＧＯ組織からの要請により設立された団体——「ジョイセフ」「アムネスティ・インターナショナル日本」「世界自然保護基金ジャパン」「ＦｏＥジャパン」

１９６０年代から１９７０年代の間に、欧米諸国にある国際ＮＧＯ組織からの要請で設立された団体がある。「(財団法人) ジョイセフ（家族計画国際協力財団)」は、開発途上国において人口・家族計画・母子保健の国際協力を行うＮＧＯである。ジョイセフは１９６０年代半ば、戦後の日本の家族計画・母子保健の知識・経験・

技術を開発途上国で活用してほしいという国際社会からの要請に応えるために設立された。67年国連人口基金（UNFPA）の前身、国連人口活動信託基金設立の後、世界で家族計画運動を展開していたウィリアム・ドレーパー国際家族計画連盟（IPPF）顧問の来日を機に、68年にジョイセフが設立され、2011年公益財団法人となった[29]（102頁参照）。

1970年代になると、61年にイギリスで誕生したアムネスティ・インターナショナルの運動を日本でも行うように求められ、70年3月に社会党猪俣浩三らの呼びかけで「（公益社団法人）アムネスティ・インターナショナル日本」が設立され　現在まで難民、国内避難民、在日外国人、少数民族、拘禁者、女性など人権分野での政策提言やネットワーク活動を継続し、2011年公益社団法人となった[30]（102頁参照）。

また「（公益財団法人）世界自然保護基金（WWF）ジャパン」は、同じく1970年代に、環境分野に関して国際NGOの要請を受けて設立されたNGOである。1961年、絶滅の危険性のある野生動物を保護するために、スイスでWWF本部が設立される。WWFジャパンは、64年にオランダのベルンハルト殿下の来日を機に設立を要請され、71年「世界野生生物基金日本委員会」が立ち上がり、88年活動の拡大に伴って法人化され「（財団法人）世界自然保護基金（WWF）ジャパン」となり、その活動は継続し、2011年公益財団法人となった[31]。

「FoEジャパン」は、1980年代地球環境の破壊に伴う問題に対処していこうというNGOの一つとして、旧名「地球の友ジャパン」として設立され、「（特定非営利活動法人）国際環境NGO　FoEジャパン、以下FoE）として名称変更された。FoEジャパンはアメリカの環境活動家、ディビッド・ブラウワーの紹介によって、世界68カ国の国際環境NGOとしてのネットワークを持つ「フレンズ・オブ・ジ・アース（Friends of the Earth）」（本部：オランダ）の一員として、80年1月に設立された。FoEは、2010年認定NPO法人となり、現在植林・森林の保全（中国・内モンゴル、日本）、生物多様性（インドネシア、マレーシア、日本）、温暖化対策（インドネシア、日本）、リサイクル・廃棄物（韓国、日本）、代替エネルギー（日本）、環境教育（日本）などを対象とする環境分野の調査研究・政策提言型ＮＧＯとして活動している。[32]

④　市民の自発的参加により設立された団体——「シャプラニール＝市民による海外協力の会」

市民による自発的参加により設立されたのが、「(特定非営利活動法人) シャプラニール＝市民による海外協力の会」（以下シャプラニール）である。１９７２年春、福澤郁文（現、同会シニアアドバイザー）ら日本の青年ボランティア50人が自発的意志でバングラデシュ復興農業奉仕団として独立直後のバングラデシュに派遣され、農村復興活動を開始する。彼らの帰国後活動を継続していくために73年「ヘルプ・バングラデシュ・コミティ（HBC、現在のシャプラニールの前身）」を結成し、吉田ユリノを通信員としてバングラデシュに送った。ＨＢＣは、その後首都ダッカに現地事務所を置いて、大洪水に襲われたマニクゴンジ県ポイラ村で救援活動を行うと同時に、同村で継続した活動を行う。途中、ポイラ村事務所が強盗に襲撃され、２名の日本人駐在員が重傷を負う事件が発生し、一時はバングラデシュから撤退することも検討したが、その後は村の住民の相互扶助グループ「ショミティ」の活動を外側から支援する新しい開発協力活動を行うようになり、このショミティへの支援は現在まで継続することになる。ＨＢＣは83年にシャプラニール（ベンガル語で白蓮の家）＝市民による海外協力の会）と改名し、２００９年認定ＮＰＯ法人を取得、現在までベングラデシュの他、ネパール、インドで活動を続ける。[33]

⑤　国際社会への発信と国際ネットワーク形成のために設立された調査研究・政策提言型ＮＧＯ——「アジア太平洋資料センター」

日本で最初の調査研究・政策提言型ＮＧＯとして設立されたのが、「(特定非営利活動法人) アジア太平洋資料センター（ＰＡＲＣ）」である。１９６９年、日本の市民運動や政治および経済を分析し、国際社会に発信していくために英文雑誌『ＡＭＰＯ』が発行され、ＡＭＰＯによる国際ネットワークを形成するため、73年にＰＡＲＣが設立された。82年に日本で最初のＮＧＯ市民大学ともいえる「ＰＡＲＣ自由学校」を開講し、89年には第1回ピープルズ・プラン21世紀（ＰＰ21）を日本各地で開催し、「水俣宣言――希望の連合」を採択した。98年には「債務帳消し日本委員会」事務局となり、２０００年にはジュビリー２０００沖縄会議を開催した。その後、調査研究、政策提言、ＰＡＲＣ自由学校など活動を継続し、２００４年スリランカ漁民支援プロジェクトを開始、２００８年組織再編で「アジア太平洋資料センター（ＰＡＲＣ）」と「パルシック」の２つのＮＰＯになった。最近では、「アジア連帯経済フォーラム」を開催し、２０１３年に40周年を迎えた。[34]

⑥　アジアの人々の発展のための募金型公益信託――「アジア・コミュニティ・トラスト」

「（公益信託）アジア・コミュニティ・トラスト（ＡＣＴ）」は、アジアにおけるトラスト（信託基金）の構想の実現を目指していた財団法人日本国際交流センターの努力により、今井保太郎（寝装品卸売業社長）と財団法人ＭＲＡハウスが当初基金１５００万円を出し合い、８社の信託銀行が共同受託者となって日本初の「募金型公益信託」として１９７９年11月に設立され、１９８０年から助成を開始した。その後助成事業を継続し、２０１０年ＡＣＴ設立30周年記念シンポジウムが開催され、２０１０年度は7カ国計21事業に計３３６２万４０００円の助成額となり、過去3番目の助成規模となった。現在２００５年に設立された「アジア・コミュニティ・センター21（ＡＣＣ21）」内にＡＣＴ事務局があり、ＡＣＴの事業をＡＣＣ21に委託されて行われている。[35]

(3)　1980年代

①　インドシナ難民救援活動を契機に活動を開始した団体――「難民を助ける会」「日本国際民間協力会」「日本国際ボランティアセンター」「幼い難民を考える会」「シャンティ国際ボランティア会」「れんげ国際ボランティア会」

1970年代後半から1980年代前半における、カンボジア、ベトナム、ラオスからの大量のインドシナ難民の流出は、世界的に報道され、日本の市民にも大きな影響をもたらした。特に、78年のベトナムによるカンボジアへの侵攻、79年のポル・ポト政権の崩壊で、タイ・カンボジア国境沿いに多くの難民が逃れた。これらの難民に対する救援活動が、世界のNGOに加え、日本の市民の自発的な参加によって開始され、80年代前半これらの市民によってNGOが次々と設立され「NGO元年」とまでいわれた。

「（特定非営利活動法人）難民を助ける会（AAR）」は、「難民に冷たい日本人」という世界からの声に対して「古来から受け継いできた日本人の善意を示そう」と現会長の相馬雪香が教育・福祉関係者に呼びかけたことによって、1979年11月に設立された。AARは、すぐに日本人ボランティアを派遣しタイ・カンボジア国境地帯の難民キャンプでの支援を行い、初代事務局長の柳瀬真は会の立ち上げに尽くしたが、組織立ち上げ7カ月後の80年7月に逝去された。AARは、難民、避難民、困窮者などへの緊急援助、障がい者への支援、対人地雷問題の解決などの活動に重点をおき、市民の善意を結集し、すべての人々の福利の向上を目指している。現在AARは、国内事務所（仙台1）、海外事務所（16カ国）を持ち、被災者支援、難民・避難民支援、感染症対策、障がい者支援、地雷・不発弾対策などの事業を行い、2015年度決算では総収入が19億円を上回るようになった。2003年から認定NPO法人となっている。[36]

「（社団法人）日本国際民間協力会（NICCO）」は、当時大学講師であった小野了代がカンボジア留学生バラ君を助けるために募金活動を行ったことにより、1979年12月カンボジア難民救援会(KRPP)として発足した。当初KRPPは、カンボジア難民を支援するために、タイ・カンボジア国境付近に青年を派遣し、農機具、作物の種、医薬品、医療器具、衣類など物資の送付を行い、これらの救援物資を直接難民に手渡していた。88年NICCOと改称、93年外務省の認可を受け社団法人となった。その後、世界21カ国で活動を行い、(1)緊急災害支援、(2)環境に配慮した自立支援、(3)人材育成などの事業を行っている。現在は、ケニア、ヨルダン、パレスチナ、イラン、アフガニスタン、ミャンマー、フィリピンに加え、国内では東日本大震災被災地と滋賀県にて活動を展開し、2010年公益社団法人となった[37]。

「(特定非営利活動法人)日本国際ボランティアセンター(JVC)」は、インドシナ難民の救援のために日本からかけつけた若者(元JVC代表理事熊岡路矢など)と、在タイの日本人(JVC特別顧問・初代事務局長星野昌子)が、1980年2月タイのバンコクで設立した日本奉仕センターに始まる。JVCの長期目標は「地球上のすべての人々が自然と共存し、共に生きられる社会を築くために、①世界の様々な場所で社会的に強いられている困難な状況を自ら改善しようとする人々を支援し、②地球環境を守る新しい生き方と人間関係を創りだすことに取り組むこと」である。これまでJVCは、海外活動として、タイ、カンボジア、ラオス、ベトナム、パレスチナ、イラク、アフガニスタン、南アフリカ、北朝鮮、南スーダンで活動し、持続可能な農村開発、環境保全、緊急救援、平和活動に関する調査・提言などの活動を行っている。国内活動として、政策提言、調査研究、開発教育、NGO間のネットワーキング、などの事業を行う。2005年に認定NPO法人となる[38]。

また「(特定非営利活動法人)幼い難民を考える会(CYR)」は、元代表のいいぎりゆきの呼びかけにより1980年2月に東京で設立され、タイ・カンボジア国境のカイオダン難民キャンプで子どもたちの保育支援を開始し、「希望の家」という保育所を作った。CYRは、92年まで難民キャンプで活動した後、認定NPO法人となり、現在までカンボジアにおいて農村開発、教育、職業訓練、保健医療、小規模融資などの事業を継続している。[39]

さらに「（社団法人）シャンティ国際ボランティア会（ＳＶＡ）」は、インドシナ難民の大量発生をきっかけに、前身の「曹洞宗東南アジア難民救援会議（ＪＳＲＣ）」を経て、１９８１年12月に設立された。山口県徳山市にある曹洞宗原江寺の住職、有馬実成は、ＪＳＲＣの企画実行委員長となり、その後ＳＶＡの初代事務局長になった。ＳＶＡは、「国際開発協力活動を通して第三世界の民衆と連帯し、すべての人々が自らの尊厳性を保持し、自由と平等の中で『共に生き、学ぶ』地球市民社会の実現」を目的とする。ＳＶＡは、２０１０年に認定ＮＰＯ法人となり、現在タイ（シーカアジア財団は２０１５年現地化）、カンボジア、ラオス、アフガニスタン、ミャンマーの５カ国で海外活動を行い、教育、難民・国内避難民への支援、都市（スラム）開発・住居、平和構築などの分野で活動を行う他、２０１５年にネパール地震被災者支援活動を行っている。[40]

東京、京都以外の地域でインドシナ難民救援活動を行ったＮＧＯは、熊本県玉名市にある「（特定非営利活動法人）れんげ国際ボランティア会（ＡＲＴＩＣ）」である。川原英照（蓮華院誕生寺副住職・現ＡＲＴＩＣ代表）は、ＳＶＡの有馬実成事務局長（当時）との出会いがきっかけとなり、１９７９年インドシナ難民発生を機会に同胞援助募金を開始し、80年3月蓮華院誕生寺難民救済会議（後に蓮華院誕生寺国際協力協会）を設立した。同年11月一食布施運動を提唱し、82年カンボジア難民キャンプに図書館と礼拝堂を建設し、「カンボジア援助プロジェクト基金」を発足させた。その後、ＡＲＴＩＣは、２０１５年に認定ＮＰＯ法人となり、現在まで教育（スリランカ）、職業訓練（タイ）、難民、国内避難民支援（タイ、インド、ミャンマー、チベット）で支援活動を行っている。[41]

②　教育・適正技術の分野でアジアへの地道な援助を探る団体――「ラオスのこども」「手織物をとおしてタイ農村の人びととつながる会」「ＡＰＥＸ」

１９８０年代には、インドシナ難民への救援援助を行うＮＧＯの他に、アジアへの地道な援助を探る団体が活動を開始する。

最初に、ラオスの子どもへの教育支援を行っている「（特定非営利活動法人）ラオスのこども」がある。設立のきっかけは、日本に留学生としてやって来て日本人と結婚した現共同代表のチャンタソン・インタヴォンが、ラオスの子どもたちに文字を知ってもらうために日本の絵本をラオス語に翻訳して送る運動を行ったことである。これが契機となって、１９８２年２月に「ＡＳＰＢラオスの子どもに絵本を送る会」が設立された。２００３年の法人化に伴い、名称を「ラオスのこども」と改名した。ラオスのこどもは、２０１４年に認定ＮＰＯ法人となり、ラオスにおいて教育、職業訓練の分野で、子ども、女性、障がい者、少数民族を対象に活動している[42]。

「手織物をとおしてタイ農村の人びととつながる会（ＪＳＴＶ）」は、東北タイの伝統的な手織物マットミーの技術を生かすために、「アジアの子どもたちに日本映画をとどける会」の有光健と、元京都の友禅職人で日本国際ボランティアセンター（ＪＶＣ）バンコク事務所で働いていた森本喜久男の出会いと協力により発足した。当初ＪＳＴＶは、プロジェクトの対象地をロイエット県ソンホン村として、タイのＮＧＯであるタイ適正技術協会（ＡＴＡ）が実施する「タイ東北地方農民の自立協力のための農村手織物プロジェクト」への支援を始めた。ＪＳＴＶとＡＴＡの協力関係は、ＪＳＴＶが資金とコンサルタントを提供し、一方ＡＴＡはスタッフ２名が村の人々と一緒にプロジェクトを展開していく。このような関係は、現地のＮＧＯを通して支援するパートナー型の開発協力や適正技術協力の先駆け的な活動であり、クラフト・エイド（次項参照）やフェアトレードの先を行く活動として、当時としては画期的な試みであった。その後、ＪＳＴＶはいくつかの困難を乗り越え、縫製技術向上のための専門家派遣、デザイン技術向上のための研修を行っていたが、現在は法人として活動は行わず、同会メンバーのタイとの個人的な交流活動が継続されている[43]。

また、「(特定非営利活動法人）ＡＰＥＸ」は、１９８３年秋に現代技術史研究会有志らが開催した「第三世界の問題を考える連続ゼミナール」の参加者であった田中直（現代表理事）らが中心になって設立された。スタディツアーやセミナーが続けられ、86年夏インドネシアへの旅行でジャワ島中部において低所得者層を対象に居住環境の改善などの活動をしていたＹＡＢＡＫＡ（仕事財団）に出会ったことをきっかけに、87年4月に「アジア民間交流グループ」（現在のＡＰＥＸ）が設立された。ＡＰＥＸは、ＹＡＢＡＫＡの低価格住宅プロジェクト、旋盤技術交流プロジェクト、排水処理適正技術センターの創設と運営計画などの適正技術の分野の活動を行っている。現在は、「適正技術でアジアをつなぐ」をモットーに、インドネシアにおいて農村開発、農業、小規模・地域産業、適正技術、職業訓練、森林・植林の保全、代替エネルギー、温暖化対策などの分野で活動を行っている[44]。

③　クラフト・エイド、フェアトレードの先駆けとなる団体――「第3世界ショップ」

１９８０年代には、現在でいうクラフト・エイド、フェアトレード（公正な貿易）、オルタ・トレード（民衆交易）の先駆けとなるＮＧＯの活動が開始される。

第3世界ショップは、フェアトレードの活動を日本で行っているＮＧＯである。三菱信託銀行の組合委員長であった片岡勝を中心にしたメンバーは、退職後新しい価値軸や社会システムに関するニュースを発信するために、１９８５年プレス・オールタナティブ（ＰＡ）を設立した。その後、ＰＡは、欧米で行われているフェアトレードの活動を日本でも取り入れることを考え、86年6月「第3世界ショップ」を設立した。同ショップは、途上国の生産者の仕事づくりを通した自立支援を目指し、途上国から民芸品や食品を輸入する活動を行った。

第3世界ショップ基金は、NPO法人として現在まで活動は継続され、山口県にあるNPO法人「学生耕作隊」とともに途上国の支援を行っている。PAのもとで、第3世界ショップも現在まで活動が行われているが、月刊プレス・オールターナティブは、その後25年間発行を続けてきたが2011年1月号をもって終了した。[45]

④ 海外の指導者受け入れ研修のために個人のリーダーシップにより設立された団体――「アジア保健研修所」「PHD協会」

「(公益財団法人)アジア保健研修所(AHI)」は、創設者である川原啓美外科医(現理事長)の海外医療協力の経験から、アジアの人々の自立的な保健・医療活動に協力する地域の保健・開発の人材を育成するために、1980年12月に設立された。AHIは、アジアの農山村部の人たちを招聘し、保健・開発分野のワーカーを養成するための研修事業を行うと同時に、「自立のための分かち合い」をテーマにアジアの人たちとの国内交流を行っている。その後公益財団法人となり現在まで活動は継続され、アジア全般を対象に、研修員を日本に受け入れて行う国際研修、フィリピンのミンダナオ島ニューコレリア町でのNGOと行政と住民組織が連携した町づくり、元研修生を対象とする3STEP事業などを行っている。[46]

また、「(公益財団法人)PHD協会」は、1962年から日本キリスト教海外医療協力会(JOCS)の派遣によりネパールに約20年間滞在し、海外医療活動を行ってきた岩村昇医師によって81年6月に設立された(82年8月財団法人化)。岩村医師は、自らの経験と反省の上に、草の根レベルの人材交流・育成を訴え、長年の夢であったPHD運動を提唱したのである。

PHD協会の目的は、「アジア、南太平洋地域からの研修生を招聘し、研修後のフォローアップを通して、草の根の人々による自立した村づくりと生活向上に協力することであり、日本の人々も現在の生活を問い直し、平和(Peace)、健康(Health)を担う人材を育成(Human Development)し、『共に生きる』社会をめざすこと」である。その後、草地賢一総主事らによって進められたPHD協会の活動の中心は、アジア・南太平洋諸国を中心とする草の根研修事業であり、事前調査、国内での農・漁民レベルでの家庭滞在型の生活体験研修、専門家を現地に派遣して帰国研修生のフォローアップ、村人と協力して自立型村づくりを進めることである。PHD協会は、現在まで、農村開発、農業、漁業、教育、保健医療などの分野で、海外事業として、人材派遣、研修生フォローアップ、現地調査など、国内事業として、研修生受け入れ事業などを行い、2011年に設立30周年、2012年公益財団法人となった[47]。

⑤　保健医療分野で医療関係者や市民の意志によって設立された団体——「シェア」「AMDA」

1980年日本国際ボランティアセンター（JVC）の設立後、医療活動の必要性に迫られ、83年9月JVC内に本田徹医師（現代表理事）ら医療協力者と学生により海外援助活動医療部会が発足したことが、「（特定非営利活動法人）シェア＝国際保健協力市民の会（SHARE）」の設立のきっかけになる。その後84年東京・山谷地区で医療活動に従事、85年エチオピアで飢餓被災民への緊急医療救援活動、88年カンボジアで母子保健活動を開始する。その後、保健医療、在日外国人支援などの分野で活動を行い、海外事業として人材派遣、緊急救援、国内事業として在日外国人支援（医療（電話）相談）、日本語支援）、東日本大震災保健医療支援を行い、2012年に認定NPO法人となり、同年タイの事務所が現地法人として独立する[48]。

「（認定特定非営利活動法人）AMDA」は、緊急医療救援、保健医療分野で活動しているNGOである。1979年カンボジア難民救援活動に駆けつけた医師菅波茂（現AMDAグループ代表）と2人の医学生が中心となって帰国後に開催した「アジア医学生国際会議」を母体に、84年8月に岡山県岡山市に「AMDA（アジア医師連絡協議会）」として設立された。AMDAの設立は、アジア、アフリカ、中南米において難民や貧困層への医療救援と生活状態改善支援を行う国の医師が集まり多国籍医師団を組織して活動することを目指している。現在ＡＭＤＡは、世界32の国と地域にある支部のネットワークを活かし、多国籍医師団を結成して、自然災害、人災、医療、難民キャンプ支援などを行い、緊急救援、復興支援、資金支援、物資支援などを行い、２０１１年の東日本大震災の救援活動も行い、２０１３年に認定ＮＰＯ法人となった。現在ＡＭＤＡグループを結成し、ＡＭＤＡの他、「(特定非営利活動法人) ＡＭＤＡ社会開発機構」「(特定非営利活動法人) ＡＭＤＡ国際医療情報センター」「アムダ国際福祉事業団」「ＡＭＤＡ兵庫」を含めた６団体およびＡＭＤＡ国内支部、クラブから構成し、各団体、支部、クラブは独立した会計で運営されている[49]。

⑥　環境分野で個人や市民の意志によって設立された団体――「ヒマラヤ保全協会」「熱帯森林保護団体」

80年代は、日本が経済発展だけでなく環境保全に目を向けていく時代になり、同時に途上国への環境保全支援に関わるＮＧＯが続々と誕生した。その一つが、「(特定非営利活動法人) ヒマラヤ保全協会 (ＩＨＣ)」である。ＩＨＣ前会長である川喜田二郎は、１９６３年ネパールでの文化人類学的調査の際、ネパールでの環境問題の悪化や人々の生活の困難の問題を考え、技術協力を行うことを決心した。川喜田は、74年ヒマラヤ技術協力会を結成し、ロープライン (薪や家畜飼料などの荷下ろしのための軽架線) やパイプライン (衛生的な水を供給する簡易水道) の設置のプロジェクトをスタートする。86年自然保護を行うネパール・キング・マヘンドラ基金 (ＫＭＴＮＣ) の日本支部となって、「ヒマラヤ保全協会」を設立する。その後、ＨＩＣはネパールにおいて森林を中心とする環境保全、災害軽減、収入向上など住民の生活改善などの分野で、ネパールの人材派遣、２０１５年ネパール地震救援活動などを行い、２０１３年に認定ＮＧＯ法人を取得した。１９９６年から行われたヒマラヤ山麓植樹は、18年間をかけて１００万本の植樹を達成する (合計１０６万５６７９本[50])。

また、「熱帯森林保護団体 (ＲＦＪ)」は、アマゾン・カヤポ族のリーダーのラオーニとイギリスの歌手スティングが１９８９年にアマゾンの熱帯林の喪失の危機をアピールするため来日したことが発端となり、南研子現代表によって同年5月設立された。その後、ブラジルにおいて、植林・森林の保全、教育、小規模・地域産業、生物多様性、環境教育などの分野で、熱帯林保護事業（養蜂事業、自然発火防止対策）、医療支援事業（医薬品など提供）、先住民を対象とする識字教育事業、先住民文化記録事業（先住民の文化を紹介する展覧会など）、経済自立支援事業を現在まで行っている。[51]

⑦　アフリカ飢餓救済と砂漠化防止のための団体――「サヘルの森」「日本救援衣料センター」「マザーランド・アカデミー・インターナショナル」「アフリカ友の会」

１９８０年初頭からのエチオピア、ソマリアのアフリカ地域での大旱魃・飢餓の影響で、大量の死者、難民、国内避難民が発生した。これにともない、日本国際ボランティアセンター（ＪＶＣ）、シェア＝国際保健協力市民の会は、エチオピアにおいて85年から86年の1年間緊急医療救援を行う。ＪＶＣは、ソマリアでも難民支援、飢餓難民緊急支援を行い、その後、エチオピアにおいて農業や植林・水源確保など「飢えない村づくり」を目指すようになる。また、外務省、立正佼成会、ＮＧＯなどの呼びかけにより、84年12月官民一体の「アフリカへ毛布をおくる運動」が行われ、初年度に、エチオピアなどアフリカ８カ国に合計１７１万枚を送り、２０１４年には現地配付30年を迎えこれまで４００万枚以上の毛布を現地に届けた。[52]

続いて、ＪＶＣのソマリアの難民自立プロジェクトでサヘル地域を訪問した高橋一馬が食糧自給のための農業技術協力を依頼され、帰国後協力者によって、87年1月に「サヘルの会」が設立された。その後、同会は99年2月に法人化し、名称を「サヘルの森」と変更する。その後、サヘルの森は、アフリカのマリ共和国において、植林・森林保全、適正技術の分野で、林業・農業技術者など人材派遣などの活動を政情不安の中で30年間にわたって継続している。[53]また、高橋は91年に「緑のサヘル」を設立し、初代代表となり、サヘル地域に住む人々の食糧自給のために、砂漠化を防止し、緑の再生を目指している。[54]

同様に、アフリカの大旱魃を契機に、87年2月「アフリカ教育基金」が福岡県北九州市で結成され、アフリカの子どもの自立を目指して、ケニア、タンザニア、ソマリア、ウガンダ、ルワンダ、ブルンジなどに対する教育支援、難民支援を行い、90年代半ばまでに急激に発展したが、財政難などいくつかの事情により97年に解散した。[55]

また、家庭で使用されていない衣料をアフリカなど海外への支援にあてようと、イトキン株式会社をはじめ、商社、アパレルなど発起人7社により「(認定特定非営利活動法人)日本救援衣料センター(JRCC)」(設立当初は休暇衣料活用運動実行委員会)が1982年10月に設立され、ウガンダ共和国に衣料寄贈を始め、後に改称して現在まで活動を続け、2012年に認定NPO法人となっている。[56]

また、子どもの受験戦争やいじめに直面した村上章子(現理事長)ら5人の母親が発起人となり、「マザーランド・アカデミー・インターナショナル　命の尊さ等しさを行動で子供たちに伝える母の会」(設立当初は「子育ての反省の会」)が1982年6月に設立され、マリやニジェールの旱魃難民を対象に、全国から寄せられた米や衣料を救援物資として送付し、その後もアフリカを中心に対象地域を拡大して、2016年現在も34年間任意団体として活動を継続している。[57]

「(特定非営利活動法人)アフリカ友の会」(前身はアフリカ基金)は、現代表の徳永瑞子により、1992年に設立され、中央アフリカでのエイズの感染拡大防止(啓発教育と指導)、栄養失調時支援、エイズ孤児支援、患者の医療支援、患者の自立支援など現在まで活動を継続している。[58]

⑧　パレスチナ難民や子どもへの支援を行う団体──「パレスチナの子どもの里親運動」「パレスチナ子どものキャンペーン」

1980年代、イスラエルのレバノン侵攻、イスラエルとパレスチナの紛争により、被害を受けたパレスチナ難民やパレスチナの子どもへの支援を行うＮＧＯが誕生した。

例えば、「（特定非営利活動法人）パレスチナの子どもの里親運動（ＪＣＣＰ）」もそのひとつである。１９８２年イスラエルによるレバノン侵攻の際、ベイルートのパレスチナ難民キャンプにおいて大量虐殺事件が発生し、そのときレバノンを訪問していたフォト・ジャーナリストの広河隆一（現顧問、『DAYS JAPAN』編集長）が、現地のＮＧＯで働くパレスチナ人女性から里親探しを求められた。これがきっかけとなり、日本での里親募集を目的に、84年9月にＪＣＣＰが設立された。その後、現在までレバノンのパレスチナ難民の１０００名以上の子どもたちへの経済自立支援を続け、２０１５年1月認定ＮＰＯ法人になった[59]。

また「（特定非営利活動法人）パレスチナ子どものキャンペーン（ＣＣＰ）」は、「パレスチナ・ユダヤ人問題研究会」と「パレスチナの子どもの里親運動」のメンバーが、85年レバノンの難民キャンプが厳しい状況になった際、難民キャンプの子どもたちへの緊急支援を開始したことがきっかけとなり、広河隆一や田中好子現事務局長らの呼びかけで86年9月に設立された。最初はレバノンの難民キャンプの子どもたちへの支援を、92年からガザ地区のろう学校の子どもたちへの支援を行い、現在、教育、職業訓練、保健医療、農業、環境、平和構築、人権などの分野で、ガザでの聴覚障害の早期発見とろう学校支援、ガザでの農業環境支援（農業研修・育苗）、シリア難民支援（レバノン、ヨルダン）、女性のエンパワーメント（パレスチナ、レバノン）、子ども歯科と児童精神科（レバノン）、戦争で障がいを負った子どもたちのリハビリ（パレスチナ、レバノン）、緊急支援（物資配布等）、子どもの居場所と補習クラス（パレスチナ、レバノン）などの活動、国内では東日本大震災救援活動などを行い、２０１０年認定ＮＰＯ法人となり、２０１６年活動開始30周年となった[60]。

⑨ フィリピン・ネグロス島の飢餓救済活動――「日本ネグロス・キャンペーン委員会」「ネグロス教育里親運動・宝塚会」

１９８６年、砂糖の国際価格の大暴落により、「砂糖の島」と呼ばれるフィリピンのネグロス島において発生した飢餓は日本の市民に大きな衝撃を与え、フィリピン国内外のＮＧＯによるネグロス島飢餓救済キャンペーンが行われた。

例えば、「日本ネグロス・キャンペーン委員会（ＪＣＮＣ）」は、85年12月、飢えに苦しむ子どもたちや砂糖労働者を救援するために、「日本フィリピン問題連絡協議会」が母体となって、86年2月に設立された。ＪＣＮＣのネグロス島飢餓救済の呼びかけは瞬く間に全国に広がり拠点ができた。翌年からは救援活動の次の段階として、ネグロスの人々の経済的自立を支援するため、マスコバド糖（黒砂糖）の輸入を始めた。このことがきっかけになり、ネグロス島と日本の民衆が直接行う民衆交易が始まった。そして、ＪＣＮＣの堀田正彦など民衆交易を行うグループは、マスコバド糖だけでなく「バラゴン・バナナ」の輸入を計画し、生協連合グリーン・コープと共同でネグロス島よりバラゴン・バナナのテスト輸入、さらに定期輸入を開始し、89年10月「株式会社オルター・トレード・ジャパン」を設立し、日本の産直運動とフィリピンの人々との連帯を目指すことになった。

ＪＣＮＣは、１９９５年から継続してきた、砂糖労働者、零細農民、都市貧困層、零細漁民の州レベルの民衆組織と開発ＮＧＯによるパートナー組織「21世紀に向けた民衆農業創造計画（ＰＡＰ21）」との活動により、多くの生産者組織が設立され、今後は農民同士のネットワークが必要であるという理由から、一定の役割は果たしたという判断からＰＡＰ21を解散し、２００８年3月に終了した。ＪＣＮＣに代わり、今後「ネグロスの失敗や成功の経験を他の地域の人びとと分かち合い、地域や国境を越えた交流を通じて学びあう」という新しい活動のために、同じ２００８年ＡＰＬＡという新しいＮＰＯ法人が発足した。[61]

また、「ネグロス教育里親運動・宝塚会（ＮＥＨＡ・宝塚会）」は、ネグロス島出身の現会長辻野ナオミがネグロス島の子どもたちへの教育支援のための運動を開始したことにより、87年10月に設立され、現在でもネグロス島の里子への教育援助、幼稚園、小学校、図書室建設、障がい者自立援助、里子訪問などを行っている。[62]

⑩　アフガン難民救済活動を行う団体――「ペシャワール会」「燈台」

１９７８年にアフガニスタンに軍事政権が成立した後、79年ソ連がアフガニスタンに軍事介入し、パキスタンやイランへ５５０万人の難民・国内避難民が流出したことを受け、これらの難民に対する支援活動を日本のＮＧＯも行うようになった。

アフガニスタンやパキスタンにおいて医療活動、アフガニスタンの旱ばつ対策や帰還難民の定住支援を行う「ペシャワール会」は、中村哲医師の現地での医療活動を支援するために、83年９月学校同窓会、山岳・医療関係の友人などを中心に福岡県福岡市で結成された。中村医師は、登山隊の同行医師として初めてパキスタン北西辺境州を訪問した際、現地の貧しい医療状況に医師としての生き方を考えさせられ、国内およびイギリスで熱帯医学などを研修、84年日本キリスト教海外医療協力会（ＪＯＣＳ）から派遣され、パキスタン北西辺境州ペシャワール市のミッション病院に赴任し、ハンセン病治療に取り組んだ。86年アフガン難民への国内診療を開始し、90年にＪＯＣＳを退いて独立し、91年にアフガニスタンのダラエ・ヌールに最初の診療所を開設する。その後、ペシャワール会は、医療だけでなく、緊急救援、灌漑用水など水利事業、農村開発などの事業を行うようになり、パキスタンのペシャワール、アフガニスタンで支援活動を継続し、２００１年９月11日米国同時多発テロ、米国同盟軍のアフガニスタン侵攻の中、同年10月「アフガンいのちの基金」を開始し、戦争の最中、アフガニスタン国内の避難民への緊急食糧配給を行い、翌年２月までに15万人に配布した。２０１０年２月アフガニスタン東部における、全長25㎞の灌漑用水路を完成させ、総合的農村復興事業「緑の大地計画」

を開始している。[63]

また、ソ連軍のアフガニスタン侵攻後、アフガニスタンで医療活動を行った団体「(特定非営利活動法人)燈台(アフガン難民救援協力会)」は、キリスト教精神による愛の実践を活動理念として、アフガニスタン国民が自国民および難民のために奉仕する場を提供している。同国のカブール市に住んでいた中川謙三夫妻の強い要望により、87年4月南福音診療所が保証団体となってアフガン難民のための小児診療所「ヌール・クリニック」をパキスタンのクエッタ市に開設し、アフガン難民に対する医療活動を行った。中川謙三が現地代表として派遣されるのに伴い、「燈台」が88年1月に設立される。その後、クエッタの1995年クエッタ市「ヌール・クリニック」では約13万人の子どもたちの無料診療を行い閉鎖された。クエッタの「ヌール難民学校」では毎年1300人以上の小中高校生を教育した。同年アフガニスタンのカブール市で「マラリア・リーシュマニア クリニック」を開院し、診療を開始する。2001年10月米国がアフガニスタン攻撃を開始し、「燈台」は「アフガン難民緊急援助実施計画~総額5万ドル」の援助を開始、同時にパキスタン国ペシャワール市に、臨時に「燈台」現地事務局を設立し、支援を開始する、2003年にNPO法人となり、その後様々な困難を克服しながら、現在まで風土病の治療など医療、中高一貫校の運営教育などの活動を継続している。[64]

⑪ 全国各地で個人の意志によりNGOが設立──「民際センター」「カラモジア」「地球市民の会」「バングラデシュと手をつなぐ会」

1980年代は、全国の各地域に続々とNGOが設立されていく。最初に、北海道でのNGOの誕生について述べると、1979年、北海道南部の七飯町で秋尾晃正が東京の大学からの留学生16名をホームステイさせる「国際交流のつどい」を開始したことを契機に、80年5月「南北海道国際交流センター(MIC)」を設立し、84年に法人化し、86年に「(財団法人)北海道国際交流センター(HIF)」と名称が変更される。秋尾は、留学生との「労働交流、地域交流、学校交流」を目指し、学校訪問では途上国の飢餓に目を向けるなど、開発教育、国際理解教育として成果をあげた。しかし、秋尾は国際交流から国際協力の方向を目指し、ＨＩＦに在籍しながら（89年にＨＩＦを離れる）、87年４月に東京で「日本民際交流センター」を設立した。同センターは、タイ東北地方の41人の中学生へのダルニー奨学金による支援を開始し、タイ事務局となる地域開発教育基金（ＥＤＦ）を設立した。ＨＩＦは、当時としては革新的な草の根レベルからの国際交流活動として全国で注目され、設立当初南方圏センター（後述）の加藤憲一も活動の見学に来ている。その後、「（財団法人）民際センター」と名称を変更し、現在までダルニー奨学金、学校建設、図書、保健衛生など現在タイ、ラオス、カンボジア、ミャンマー、ベトナムの延べ38万人を超える子どもの教育・医療支援活動を行い、２０１４年公益財団法人となった。[65]

中国地方では、岡山で菅波茂による「（認定特定非営利活動法人）ＡＭＤＡ（ＡＭＤＡ医師連絡会）」、山口で藤原輝男による「チボリ国際里親の会」が設立されている。

九州では、鹿児島県大隈半島の農村で共同体崩壊の危機感から、加藤憲一が１９８１年「南方圏センター」を設立し、82年から村おこし交流を目的とする「第１回からいも交流」を行い、毎年春と夏にアジアを中心とする在日留学生と地域住民が２週間生活を共にする交流が始まる。85年農村青年がタイの農村を訪問しカラモジア（からいも＋アジア）交流を行い、87年「（財団法人）からいも交流財団」（１９８８年に「（財団法人）カラモジア」）となる。以後、カラモジア運動は、農村交流から国際協力へとシフトしていく。２００１年からいも交流は20周年を迎えたが、２００２年カラモジアは財政難に陥り、２００３年９月ミャンマー事業を佐賀県のＮＰＯ法人「地球市民の会」に移管し、創立者の加藤は辞任した。その後カラモジアは基本財産の立て直しを図ったが２００６年８月に解散承認を受けたと報告された。[66]

佐賀県で設立された「（特定非営利活動法人）地球市民の会」は、国際文化交流や地球共感教育を通じて、地域づくりと国際協力の活動を行っている。同会の発足の経緯は、フランス留学から帰国した古賀武夫が、佐賀の文化的環境の向上のため、1976年佐賀フランス研究会を発足し、さらにフランスとそれ以外の国々との交流を深めるために80年佐賀日仏研究会となり、これがさらに発展し、83年7月に現在の「地球市民の会」（2002年2月法人化）となる。地球市民という名称はその後に日本のNGOの間でも活用されるようになるが、地球市民の会はその先駆けとなった。その後、地球市民の会は、タイやスリランカで地球市民奨学金支援などの活動を行っている。古賀は2008年57歳で逝去されたが、その活動は佐賀県内だけではなく、全国に地球市民の会のネットワーク（「地球市民の会かながわ」など現在13地区）ができた。地球市民の会は、農村開発、教育、地域産業の分野で、タイ、スリランカ、ミャンマー（循環型農業、電化事業、学校建設、奨学金事業）を行い、国際交流では韓国、中国の大学生との交流事業、地域づくりは中山間地の元気再生事業やイベント、地球共感教育は学校や企業、組織への講師派遣などの活動を実施し、2010年に認定NPO法人となっている[67]。

さらに、福岡の「（特定非営利活動法人）バングラデシュと手をつなぐ会」は、名誉代表の大木松子（小さな星伝導所牧師）が、1986年バングラデシュのカラムディ村からの留学生ラフマン・モクレスールと出会い村の小学校建設を要請されたことから、「バングラデシュに小学校をつくる会」を設立し、89年10月「ジャパニ小学校」の完成を機に現在の「バングラデシュと手をつなぐ会」へと発展した。92年からは医師の二ノ坂保喜（現代表）の参加により、教育だけでなく保健医療分野にも活動を広げ、定期的に現地訪問時の診療活動、健康および環境調査を行い、95年には「母子保健センター」が完成し、現地の医師と看護師が働くようになった。その後、教育、保健医療、生活の向上を柱に、現地NGOションダニ・ションスタを対等なパートナーとして、人びとの自立のための協力活動を行い、2004年にNPO法人になった。現在カラムディ村の母子保健センターの運営協力、産婦人科病棟建設、カラムディ村の教育の普及と促進、奨学金制度などの活動を行っている。[68]

⑫　教育里親支援を行うために個人の意志によって設立された団体――「C. P. I. 教育文化交流推進委員会」「エスナック教育里親グループ」「チボリ国際里親の会」

１９７０年代後半から80年代にかけて、教育里親支援のＮＧＯが続々と設立される。

例えば、「（特定非営利活動法人）C. P. I. 教育文化交流推進委員会」は、小西菊文（現会長）とスリランカの留学生ウダガマ・スマンガラとの出会いがきっかけとなり79年6月に発足し、最初は日本国内の留学生との国際交流の会として活動していた。しかし、86年以降スリランカへの教育支援を開始し、同年スリランカ日本教育文化センター（ＳＬＮＥＣＣ）を設立し、88年から共同で教育里親運動を始める。さらに、留学生との交流から、89年以降インドネシアにおいても教育里親活動を展開する。２００７年に認定ＮＰＯ法人となり、現在までスリランカ、インドネシアの子どもを対象に教育里親制度による教育支援、インドネシア高地において世界銀行ＪＳＤＦによる貧困救済プロジェクトに対する農村開発協力、インドネシア中部ジャワ地震による家屋復興による緊急被災支援などを行っている。[69]

「エスナック教育里親グループ」（旧名「インド困窮児教育里親グループ」）は、現代表の藤田文子がインドやバングラデシュを訪問した際に、これらの国々への教育支援を考え、１９７９年12月に30人の小中学生の協力を得てインドの子どもたちに2万４０００円を送金したことが設立のきっかけとなった。原則、5～18歳の基礎養育の子どもおよび大学生の里子支援を行い、里親とスタッフが現地訪問を希望する里親とともに年２回訪問している。これまでの活動でインド、バングラデシュ、アフリカの里子を受け入れ、里親総数は里子１６９８人、神学生１２９人、大学生３５９人で里子の合計は２１８６人となっている。[70]

「チボリ国際里親の会」は、フィリピンのミンダナオ島南部に住む少数先住民族チボリ族に教育支援を行うために、初代会長藤原輝夫（元山口大学教授）によって1980年1月設立され、途中活動上のいくつかの課題も発生したが、現在でもチボリ族の子どもたちへの教育里親、給食、医療、農林業などの海外活動を行っている。チボリ国際里親の会はその後、チボリ族の子どもたちの教育支援を33年間継続してきたが、その目的をほぼ成就したことにより、2013年5月末日で活動を停止し、会は解散した。なお、事業の一部は、「NPO法人ビラーンの医療と自立を支える会」（略称HANDS）によって引き継がれており、会員の一部も、HANDSに参加して支援している。[71]

⑬ 国際NGO組織からの要請により設立——「日本国際飢餓対策機構」「ICA文化事業協会」「プラン・ジャパン」「アドラ・ジャパン」「セーブ・ザ・チルドレン・ジャパン」「ケア　ジャパン」「ワールド・ビジョン・ジャパン」「ハンガー・フリー・ワールド」「日本リザルツ」「コンサベーション・インターナショナル・ジャパン」「国境なき医師団日本」「オックスファム・ジャパン」「世界の医療団（メドゥサン・デゥ・モンド・ジャポン）」「グッドネーバーズ・ジャパン」「ヒューマン・ライツ・ウォッチ」「ウォーターエイドジャパン」

1980年代には、欧米諸国の国際NGO組織からの要請により、81年5月「（一般財団法人）日本国際飢餓対策機構」（フード・フォー・ハングリー・インターナショナル・サービスセンター：アメリカ、タイ）、82年10月「（特定非営利活動法人）ICA文化事業協会」（2001年法人化、ICAインターナショナル：ベルギー）、83年5月「（財団法人）プラン・ジャパン（旧名：日本フォスター・プラン協会）」（86年法人化、プラン・インターナショナル：イギリス）、1984年「（特定非営利活動法人）ハンガー・フリー・ワールド」（2000年法人化、アクション・インターナショナル：アメリカ、2000年国際協力NGOとして独立）、85年3月「（特定非営利活動法人）アドラ・ジャパン」（2004年法人化、アドラ・インターナショナル：アメリカ）、86年5月「（社団法人）セーブ・ザ・チルドレン・ジャパン」（95年法人化、セーブ・ザ・チルドレン世界連盟：スイス）、87年５月「（財団法人）ケア　ジャパン」（93年法人化、ケア　インターナショナル：ベルギー）、87年10月「（特定非営利活動法人）ワールド・ビジョン・ジャパン」（99年法人化、ワールド・ビジョン・パートナーシップオフィス：アメリカ）、89年「（特定非営利活動法人）日本リザルツ」（２００９年法人化、アメリカ）が設立された。

さらに、１９９０年代以降では、90年「（一般社団法人）コンサベーション・インターナショナル・ジャパン」（２０１１年法人化、アメリカ）、92年11月「（特定非営利活動法人）国境なき医師団日本」（99年法人化、ＭＳＦ本部：ベルギー）、99年９月には「オックスファム・インターナショナル日本連絡事務所」（オックスファム・インターナショナル：イギリス）が設立され、２００３年法人化に伴い「（特定非営利活動法人）オックスファム・ジャパン」、95年「（特定非営利活動法人）世界の医療団（メドゥサン・デゥ・モンド・ジャポン、２０００年法人化、フランス）」となった。

２０００年以後では、２００４年「グッドネーバーズ・ジャパン」（２００４年法人化、グッドネーバーズ・インターナショナル：韓国、国際協力事務所：ジュネーブ）、２００６年「ヒューマン・ライツ・ウォッチ」（フィンランド、全世界）、２０１３年「（特定非営利活動法人）ウォーターエイドジャパン」（２０１３年法人化、イギリス）がある。

外務省・国際協力ＮＧＯセンター（ＪＡＮＩＣ）の『ＮＧＯデータブック２０１６』によると、「寄付収入が１億円以上の団体」（ＪＡＮＩＣ『国際ＮＧＯダイレクトリー』に記載のある３１８団体から、１億円以上の団体が対象、10万円台は四捨五入）によると、１位が「国境なき医師団日本」（70億３千万円）、２位が「ワールド・ビジョン・ジャパン」（37億５千２百万円）、３位が「プラン・ジャパン」（28億９千９百万円）、４位が「セーブ・ザ・チルドレン・ジャパン」（21億９千６百万円）となっており、上位４位は国際ＮＧＯが占めている。「国境なき医師団日本」は緊急人道支援団体、後の２団体は子どもへの教育支援を行っており、前者は

表6―1　寄付収入が1億円以上の団体

	団体名	金額（円）
1	国境なき医師団日本	7,030,000,000
2	ワールド・ビジョン・ジャパン	3,752,000,000
3	プラン・ジャパン	2,899,000,000
4	セーブ・ザ・チルドレン・ジャパン	2,196,000,000
5	国連 UNHCR 協会	2,144,000,000
6	公益社団法人　日本ユネスコ協会連盟	801,000,000
7	ジャパン・プラットフォーム	594,000,000
8	世界自然保護基金ジャパン	556,000,000
9	シャンティ国際ボランティア会	505,000,000
10	オイスカ	412,000,000
11	チャイルド・ファンド・ジャパン	311,000,000
12	世界の子どもにワクチンを日本委員会	278,000,000
13	難民を助ける会	241,000,000
14	ハンガー・フリー・ワールド	233,000,000
15	AMDA	228,000,000
16	ジョイセフ	191,000,000
17	民際センター	154,000,000
18	JHP・学校をつくる会	147,000,000
19	国際労働財団	137,000,000
20	日本国際ボランティアセンター（JVC）	131,000,000
21	ハビタット・フォー・ヒューマニティ・ジャパン	130,000,000
22	ジャパンハート	125,000,000
23	ジェン	122,000,000
24	世界の医療団	101,000,000

出所：外務省・国際協力 NGO センター『NGO データブック2016』63頁。
注（1）金額は10万円台を四捨五入。
（2）『NGO ダイレクトリー』に寄付金収入額（年間）の記載のある318団体から、1億円以上の団体を表にした。

チャイルド・スポンサーシップ制度、後者はフォスター・ペアレント制度によって支えられている。これらを含め、上位10団体の中に国際NGO・国際機関からの要請によって設立されたNGO・日本法人は7団体存在する[72]（表6―1参照）。

⑭　外国人労働者、アジアの女性および子どもの人権問題に対する活動――「カラバオの会」「あるすの会」「アジア女性労働者交流センター」「女性の家HELP」「カスパル」「アジアの女たちの会（現在「アジア女性資料センター」）」「反差別国際運動」

1980年代は、アジアから多くの外国人労働者が日本に合法・非合法的に入国し、労働災害、賃金未払い、解雇などの問題が発生した。彼らの人権を擁護するために、87年に「カラバオの会」「あるすの会」が設立される。アジアの女性労働者の人権擁護と連帯のために83年に「アジア女子労働者交流センター」が発足し、劣悪な環境で働くアジアから来た女性労働者と家庭内暴力を受けた外国人女性や外国人花嫁の人権侵害に対する緊急避難センターとして、86年に「（財団法人）日本キリスト教婦人矯風会　女性の家HELP」が設立された。89年には子どもに対する性虐待、人身売買の阻止の啓発と子どもの救済のために、「（特定非営利活動法人）カスパル（アジアの児童買春阻止を訴える会）」が設立された（2006年法人を解散し任意団体となる）。「アジアの女たちの会（AWA）」は、1977年にアジアへの軍事的・経済的侵略に加担しない女性解放の運動をめざして設立され、AWAの活動を引き継ぎ、その設立メンバーのジャーナリストの松井やよりさんが朝日新聞社を定年退職するのを機に、1995年国連協議資格NGO「アジア女性資料センター（AJWRC）」となって、AWAの設立以来の理念を引き継ぎ、姉妹グループや国内外の女性団体・市民団体と密接に協力しながら現在も活動を継続し、2013年NPO法人となった[73]。1988年には部落解放同盟の呼びかけにより、世界の人種差別撤廃のために国際人権NGO「反差別国際運動（IMADR）」が設立、1990年には日本の活動拠点として日本委員会（ＩＭＡＤＲ－ＪＣ）が発足し、今日まで活動している。[74]

⑮ 日本での開発教育・国際理解教育の開始――「開発教育協会」「国際理解教育センター」

１９７９年11月に国連広報センター、国連大学、ユニセフ駐日事務所の共催によって「開発教育シンポジウム」が東京で開催されたことが契機になり、82年12月に、国際理解や国際協力をテーマとする教育活動「開発教育」の推進を目的とする連絡協議会「開発教育協議会（ＤＥＣＪ）」が設立された。２００３年に法人化の際名称を改称し、「（特定非営利活動法人）開発教育協会（ＤＥＡＲ）」となる。ＤＥＡＲは、近年ネットワーク、調査・研究、情報・出版、研修・講座の事業に力を入れ、毎年開発教育全国研究集会、開発教育全国ネットワーク会議、開発教育教材作成・出版、開発教育教材体験セミナーなどの開催、開発教育活動や参加型学習の普及推進を行い、２０１２年12月設立30周年を迎えた。ＤＥＡＲが作成した、開発教育教材『ワークショップ版・世界がもし１００人の村だったら』は、２００４年に国際人権教育アワードを受賞している。[75]

また、「（特定非営利活動法人）国際理解教育センター（ＥＲＩＣ）」は、１９８０年代に吉田新一郎によって設立されたアイデアハウスから発展し、教員、社会教育者、ＮＧＯ関係者などが協力して、国際理解教育の普及を目的に、１９８９年10月に「国際理解教育・資料情報センター」として設立された。ＥＲＩＣは、１９７４年のユネスコ総会勧告から、環境、開発、異文化理解、人権、平和、未来の６つの柱を置き、研修、テキスト開発・提供、資料室、研究の４つのサービスからなる学校教育や社会教育の指導者などを対象とする国際理解教育推進のための活動を展開している。これまで、『ワールド・スタディーズ』や欧米の国際理解教育、開発教育、人権教育、環境教育、平和教育など多くの教材の翻訳版の発行や欧米の講師の招聘を通じて、参加型のワークショップ形式の手法を紹介し、日本に参加型学習を広めるきっかけとなるなど、参加を重視した国際理解教育を推進し、研究、普及、情報提供、研修を実施し、２０００年にＮＰＯ法人となっている。近年では、

ＥＳＤファシリテーターズ・カレッジ、環境教育プログラム〝Project Learning Tree〟（「木と学ぼう」）、略称ＰＬＴ）のＰＬＴ日本事務局などを行っている。[76]

⑯ 環境、政府開発援助（ＯＤＡ）改革の分野での政策提言活動――「熱帯林行動ネットワーク」「問い直そう援助を！ 市民リーグ（ＲＥＡＬ）」「ＰＰ21『ＯＤＡ調査研究会』」

１９８０年代は、地球環境の破壊に伴う問題に対処していこうという日本生まれの政策提言型ＮＧＯが登場する。政府や企業によるアジアにおける熱帯林の破壊が進む中、１９８６年マレーシアでのＮＧＯの国際会議などで日本による東南アジアの熱帯林破壊に危機意識を持った団体や個人によって設立されたのが、「（任意団体）熱帯林行動ネットワーク（ＪＡＴＡＮ）」である。ＪＡＴＡＮは、世界の熱帯林・森林の保全、特に日本と熱帯林破壊の関係を調査し、日本の木材貿易と木材消費社会を改善するための役割を求める調査研究・政策提言型ＮＧＯである。これまで、サラワク・キャンペーン委員会を発足、自治体キャンペーン、インドネシアとカナダの森林・先住民問題シンポジウム開催、森林に関する政府間パネル（ＩＰＦ４）、地球温暖化防止会議（ＣＯＰ３）に参加、インドネシアの違法伐採に関する活動、持続可能な森林経営による木材の利用推進のための調査・提言活動、熱帯材ユーザーへのサプライチェーン管理取組み促進活動などを行ってきた。[77]

一方、１９８０年代中盤には、日本において初めて政府開発援助（ＯＤＡ）の問題点の指摘やその改革を求める政策提言・キャンペーン活動が開始された。86年フィリピンのマルコス大統領によるＯＤＡ疑惑を受けて、大学教員・ＮＧＯ関係者・市民の呼びかけにより同年３月「日本の援助これでいいのか！ 市民集会」が開催され、この集会をきっかけに、同年９月「問い直そう援助を！ 市民リーグ（ＲＥＡＬ）」が設立された。

ＲＥＡＬの活動は、ＯＤＡに関する海外との情報交流、ＯＤＡ調査研究、南北問題に関する情報提供、ＯＤＡ改革のための政府、マスコミへの働きかけである。89年には、インドのナルマダ・ダム建設計画への世界銀行・日本の援助停止を求めてＦｏＥやＲＥＡＬのメンバーが関わって、「ナルマダ・ダム国際キャンペーン」が日本においても展開され、90年日本政府は日本の円借款による援助を凍結した。しかし、ＲＥＡＬは90年代前半で活動を休止する。

ＲＥＡＬの残した足跡は、その後「ＰＰ21『ＯＤＡ調査研究会』」（後の地域自立発展研究所＝ＩＡＣＯＤ）、1996年「ＯＤＡを改革するための市民・ＮＧＯ連絡協議会（ＯＤＡ連絡会）」の発足につながる。その後、ＯＤＡ連絡会は、「ＯＤＡ改革ネットワーク（ＯＤＡ－ＮＥＴ）」と名称変更され、ＯＤＡ改革を目指す市民・ＮＧＯのネットワークとして存続し、市民参加とＯＤＡ情報公開によるＯＤＡ政策の立案・決定・実施を目指して、東京、中部、関西、九州の各地域にネットワークを広げ、全国のＯＤＡ－ＮＥＴが連携して活動している。[78]

⑰ 地域のネットワークＮＧＯの誕生──「神戸ＮＧＯ協議会」「関西ＮＧＯ協議会」「南北ネットワーク岡山」「京都ＮＧＯ協議会」「国際協力ＮＧＯセンター」「名古屋ＮＧＯセンター」「ＮＧＯ福岡ネットワーク」「埼玉国際協力協議会」「沖縄ＮＧＯセンター」「北海道ＮＧＯネットワーク協議会」「横浜ＮＧＯ連絡会」

1980年代、全国各地でＮＧＯが続々と設立されるようになると、各地域でネットワークＮＧＯが設立され始める。86年「神戸ＮＧＯ協議会」を筆頭に、87年6月「（特定非営利活動法人）関西ＮＧＯ協議会（旧「関西国際協力協議会」）」、87年6月「南北ネットワーク岡山」、87年9月「京都ＮＧＯ協議会」、87年10月「（特定非営利活動法人）国際協力ＮＧＯセンター（ＪＡＮＩＣ、旧「ＮＧＯ活動推進センター」）」、88年1月「名古屋ＮＧＯセンター（旧「名古屋第三世界ＮＧＯセンター」）」などが続々と誕生する。さらに、90年代以降は、93年に「ＮＧＯ福岡ネットワーク（ＦＵＮＮ）」、96年には「埼玉国際協力協議会（埼玉ＮＧＯネット）」、99年「（特定非営利活動法人）沖縄ＮＧＯセンター（旧「沖縄ＮＧＯ活動推進協議会」）」、2000年「北海道ＮＧＯネットワーク協議会」、01年「（特定非営利活動法人）横浜ＮＧＯ連絡会」が生まれた。

このような地域のネットワークＮＧＯが設立された背景には、80年代に入りＮＧＯの数が急増し、ＮＧＯ間での情報交換が必要になってきたこと、外務省や当時の郵政省など国、県や市など地方自治体に対して、対ＮＧＯ支援や民官の共同事業を行う際に全国のＮＧＯや地域のＮＧＯ同士が協力・連携して提言や提案をすることが求められるようになったからである。[79]

7　まとめ

本章では日本の市民社会の発展について、奈良時代から１９８０年代までの動きについて紹介してきたが、この時代の日本の市民社会を取り巻く環境について整理すると、以下の特徴が考えられる。

第１に、公益セクターは「政府の責任」である。

長い日本の歴史において、特に明治維新以後社会サービスなど公益セクターは、政府の仕事として「政府の責任（御上の責任）」で行うという意識が役人や日本人の中に根付いてきた。逆に、日本社会では、欧米の社会のように市民社会の育成や浸透の余地がなかった。その根底には、日本の社会における問題解決を御上に持ち込む「日本人の意識の問題」がある。

第２に、外郭団体・業界団体が政府の仕事を補完・補塡していたことである。

第２次世界大戦後、政府の外郭団体・業界団体（政府系公益法人）は、行政サービスや社会サービスの事業を補完・補塡し安定的組織基盤を形成していた。多くの財団法人や社団法人は、政府からは独自して活動せず、実際には政府や自治体の下請け団体となって活動する。逆に、政府から独立している草の根の市民団体は、御上の下にいないため、任意団体から新たな法人資格の認証を政府から受けるのに苦労した。地域にある町内会や自治会も同様な体質であり、地域の自治体の支援団体や地縁団体として活動している。

第3に、1980年代まで企業は市民社会による公益セクターを育成・支援してこなかった。日本の経済セクターは、企業・経済界の仕事として「企業の責任」で行うという日本社会の構造や日本人の意識があり、政府と企業・経済界の存在、政府（政党）、行政、企業（経済界）の「鉄の三角形」の関係性が強すぎる体質がある。これまで経済セクターは欧米諸国のように積極的に市民社会による公益セクターを育成・支援したりしていない。公益セクターを本来担うべき市民社会は、官民連携が余りにも巨大で強力であるために、小規模で育ちにくい日本社会の構造がある。しかし、そのような日本の官民社会でも、最近は企業の中に社会的責任（CSR）、企業からのプロボノ参加などの意識が育ち活動が行われるようになっている。

第4に、日本政府が経済発展・経済成長政策を最優先したことである。戦後の日本政府は、経済発展・経済成長を実現するための政策を最優先し、企業も国民も一体となって日本の経済発展・経済成長を支え、市民社会による公益活動を積極的に支援するような政策が取り入れられることは少なかった。

第5に、市民社会（市民セクター）は信頼できない不安定な組織基盤であることである。当時の一般的な日本社会の中で、市民社会（市民セクター）は、かつて要求・反対のための陳情・運動ばかりを行い、信頼できない不安定な組織基盤というイメージが日本人の意識構造の中にあり、1990年代後半にNPO法が制定されるまで法人格を持たない任意団体が多かったという実情がある。

第6に、「政府の失敗」と「市場の失敗」により市民セクターへの視点が集まったことである。

1990年代以降、日本経済の低成長、財政赤字、経済的不況、ODAへの批判など「政府の失敗」、銀行の不良債権問題、大企業の倒産など「市場の失敗」により、国際協力や社会福祉系市民セクターの存在に注目が集まるようになる。長期の政府自民党政権に代わり、新しい日本新党の細川政権も誕生した。最近でも、日本社会の中に、子どもの貧困、女性の貧困、高齢者の貧困など相対的日本の貧困化がクローズアップされる中で、日本のＮＧＯ・ＮＰＯなど市民社会の役割が期待されている。

第７に、国際協力ＮＧＯ活動を契機として市民セクターが台頭したことである。

１９７０年代後半のインドシナ難民救援活動以降、日本人の海外渡航が増加し、インドシナ難民が流入し、日本人が国際的救援活動に参加するようになり、それを契機に多くの国際協力ＮＧＯが誕生し、その活動が活発化する。例えば、バングラデシュ避難民、インドシナ難民、アフリカ難民、アフガニスタン難民・避難民、ネグロス島飢餓による犠牲者など人道支援や開発支援へ日本人が関わり、国際ＮＧＯが設立され、日本の市民セクター、さらに日本の市民社会の設立に大きく貢献する。

【注】

1　有馬実成（２００３）。
2　秦辰也（１９９９）。
3　秦（１９９９）33－35頁。
4　林雄二郎、山岡義典（１９８４）35－39頁。
5　有馬実成（２００３）188－191、198－201頁。
6　有馬実成（２００３）34－36頁。
7　大菅俊幸（２００３）42頁。
8　山岡義典（１９９８）21頁。
9　林雄二郎、山岡義典（１９８４）44－46頁。
10　吹浦忠正（１９９１）11－17頁。

11　日本赤十字社の設立に関しては、吹浦忠正（1991）171－174頁および日本赤十字社HPを参考に作成。
12　日本赤十字社のHP　http://www.jrc.or.jp/（2016年11月20日閲覧）を参照。
13　注12に同じ。
14　注12に同じ。
15　テッサ・モーリス・スズキ「問われる日本政府の責任」『朝日新聞』2004年9月21日夕刊。
16　注12に同じ
17　日本キリスト教海外医療協力会（JOCS）のHP　http://www.jocs.or.jp/（2016年11月20日閲覧）、国際協力NGOセンター（JANIC）のHP　http://directory.janic.org/directory/（2016年11月20日閲覧）、国際協力NGOセンター（2004）、若井晋ほか編（2001）、隅谷三喜男（1990）、「NGO駆ける」『日本経済新聞』（2000年10月10日より連載）を参考に作成。
18　山岡義典（1998）21頁。
19　市民フォーラム21「クリスチャン・エイド」（1996）24頁。
20　市民フォーラム（1996）25頁。
21　注17参照。
22　アジア学院のHP　http://www.ari-edu.org/（2016年11月20日閲覧）、JANICのHP　http://directory.janic.org/directory/（2016年11月20日閲覧）、国際協力NGOセンター（2004）、高見敏弘（1996）、「NGO駆ける」『日本経済新聞』（2000年）、「農業を通じて共に学ぶ場　アジア学院」国際協力推進協会（1993）を参考に作成。
23　チャイルド・ファンド・ジャパンのHP　https://www.childfund.or.jp/（2016年11月20日閲覧）、JANICのHP　http://directory.janic.org/directory/（2016年11月20日閲覧）、国際協力NGOセンター（2004）を参考に作成。
24　オイスカのHP　http://oisca.org/（2016年11月20日閲覧）、JANICのHP　http://directory.janic.org/directory/（2016年11月20日閲覧）、国際協力NGOセンター（2004）、「NG

Ｏ駆ける」「ボランティアの系譜③」『日本経済新聞』（２０００年）を参考に作成。

25　国際協力ＮＧＯセンター（２００４）、中田正一（１９９０）を参考に作成。

26　日本シルバーボランティアズのＨＰ　http://www.jsv.or.jp/（２０１６年11月20日閲覧）、国際協力ＮＧＯセンター（２００４）、ＮＧＯ関係者懇親会（１９８６）を参考に作成。

27　アジア協会アジア友の会のＨＰ　http://jafs.or.jp/（２０１６年11月20日閲覧）、ＪＡＮＩＣのＨＰ　http://directory.janic.org/directory/（２０１６年11月20日閲覧）、国際協力ＮＧＯセンター（２００４）、ＮＧＯ関係者懇親会（１９８６）を参考に作成。

28　アジア眼科医療協力会のＨＰ　http://www.aoca.jp/（２０１６年11月20日閲覧）、ＪＡＮＩＣのＨＰ　http://directory.janic.org/directory/（２０１６年11月20日閲覧）、国際協力ＮＧＯセンター（２００４）、ＮＧＯ関係者懇親会（１９８６）を参考に作成。

29　ジョイセフのＨＰ　https://www.joicfp.or.jp/（２０１６年11月20日閲覧）、ＪＡＮＩＣのＨＰ　http://directory.janic.org/directory/（２０１６年11月20日閲覧）、国際協力ＮＧＯセンター（２００４）を参考に作成。

30　アムネスティ・インターナショナルのＨＰ　https://www.amnesty.or.jp/（２０１６年11月20日閲覧）、ＪＡＮＩＣのＨＰ　http://directory.janic.org/directory/（２０１６年11月20日閲覧）、国際協力ＮＧＯセンター（２００４）、杉下恒夫（２０００）を参考に作成。

31　ＷＷＦジャパンのＨＰ　https://www.wwf.or.jp/（２０１６年11月20日閲覧）、ＪＡＮＩＣのＨＰ　http://directory.janic.org/directory/（２０１６年11月20日閲覧）、国際協力ＮＧＯセンター（２００４）を参考に作成。

32　国際環境ＮＧＯ ＦｏｅジャパンのＨＰ　http://www.foejapan.org/（２０１６年11月27日閲覧）、ＪＡＮＩＣのＨＰ　http://directory.janic.org/directory/（２０１６年11月20日閲覧）、国際協力ＮＧＯセンター（２００４）を参考に作成。

33　シャプラニール＝市民による海外協力の会のＨＰ　https://www.shaplaneer.org/（２０１６年11月20日閲覧）、

JANICのHP　http://directory.janic.org/directory/（2016年11月20日閲覧）、国際協力NGOセンター（2004）、シャプラニール＝市民による海外協力の会（1993）を参考に作成。

34 アジア太平洋資料センターのHP　http://www.parc-jp.org/（2016年11月20日閲覧）、JANICのHP　http://directory.janic.org/directory/（2016年11月20日閲覧）、国際協力NGOセンター（2004）を参考に作成。

35 アジア・コミュニティ・トラストのHP　ttp://act-trust.org/（2016年11月21日閲覧）、JANICのHP　http://directory.janic.org/directory/（2016年11月21日閲覧）、国際協力NGOセンター（2004）を参考に作成。

36 難民を助ける会のHP　http://www.aarjapan.gr.jp/（2016年11月20日閲覧）、JANICのHP　http://directory.janic.org/directory/（2016年11月21日閲覧）、国際協力NGOセンター（2004）、「われら地球の難民家族　難民を助ける会」国際協力推進協会（1993）を参考に作成。

37 NICCOのHP　https://kyoto-nicco.org/（2016年11月21日閲覧）、JANICのHP　http://directory.janic.org/directory/（2016年11月21日閲覧）、国際協力NGOセンター（2004）、「心もあげないとアカン　日本国際民間協力機関」国際協力推進協会（1993）を参考に作成。

38 日本国際ボランティアセンターのHP　http://www.ngo-jvc.net/（2016年11月21日閲覧）、JANICのHP　http://directory.janic.org/directory/（2016年11月21日閲覧）、国際協力NGOセンター（2004）を参考に作成。

39 幼い難民を考える会のHP　http://www.cyr.or.jp/（2016年11月21日閲覧）、JANICのHP　http://directory.janic.org/directory/（2016年11月21日閲覧）、国際協力NGOセンター（2004）、NGO関係者懇親会（1986）33頁を参考に作成。

40 シャンティ国際ボランティア会のHP　http://sva.or.jp/（2016年11月21日閲覧）、JANICのHP　http://directory.janic.org/directory/（2016年11月21日閲覧）、国際協力NGOセンター（2004）、有馬（2003）、秦（1999）52－58頁を参考に作成。

41　れんげ国際ボランティア会のＨＰ　http://renge.lolipop.jp/artic/（２０１６年11月21日閲覧）、ＪＡＮＩＣのＨＰ　http://directory.janic.org/directory/（２０１６年11月21日閲覧）、国際協力ＮＧＯセンター（２００４）、「地球儀を募金箱に代えて　蓮華院誕生寺難民救済会議」国際協力推進協会（１９９３）を参考に作成。

42　ラオスのこどものＨＰ　http://deknoylao.net/（２０１６年11月21日閲覧）、ＪＡＮＩＣのＨＰ　http://directory.janic.org/directory/（２０１６年11月21日閲覧）、国際協力ＮＧＯセンター（２００４）を参考に作成。

43　手織り物を通してタイ農村の人びととつながる会のＨＰ　http://www.stjapan.jp/jstv/index.html（２０１６年11月21日閲覧）、国際協力ＮＧＯセンター（２００４）、「甦る東北タイの伝統手織物」国際協力推進協会（１９９３）を参考に作成。

44　ＡＰＥＸのＨＰ　http://www.apex-ngo.org/（２０１６年11月21日閲覧）、ＪＡＮＩＣのＨＰ　http://directory.janic.org/directory/（２０１６年11月21日閲覧）、国際協力ＮＧＯセンター（２００４）、「ジィ・オルターナティブ・ソング」国際協力推進協会（１９９３）を参考に作成。

45　第３世界ショップのＨＰ　http://www.p-alt.co.jp/asante/pg175.html（２０１６年11月21日閲覧）、第３世界ショップ総務河村さんへの電話インタビュー（２０１６年11月21日）、国際協力ＮＧＯセンター（２００４）を参考に作成。

46　アジア保健研修所のＨＰ　http://ahi-japan.sakura.ne.jp/xcl/（２０１６年11月22日閲覧）、名古屋ＮＧＯセンターのＨＰ　http://nangoc.org/ngo/hoken/201003.php（２０１６年11月22日閲覧）、ＪＡＮＩＣのＨＰ　http://directory.janic.org/directory/（２０１６年11月22日閲覧）、川原啓美（１９８６）、「聞き書きＡＨＩものがたり――川原啓美所長に聞く」１９９４年６月号～１９９７年10月号会報『アジアの健康』、国際協力ＮＧＯセンター（２００４）、ＮＧＯ関係者懇親会（１９８６）21頁を参考に作成。

47　ＰＨＤ協会のＨＰ　http://www.phd-kobe.org/（２０１６年11月22日閲覧）、ＪＡＮＩＣのＨＰ　http://directory.janic.org/directory/（２０１６年11月22日閲覧）、国際協力ＮＧＯセンター（２００４）、「生きるとは分かち合い　兵庫県神戸市ＰＨＤ協会」国際協力推進協会（１９９３）、ＮＧＯ関係者懇親会（１９８６）

63頁を参考に作成。
48 シェアのＨＰ http://share.or.jp/（２０１６年11月22日閲覧）、ＪＡＮＩＣのＨＰ http://directory.janic.org/directory/（２０１６年11月22日閲覧）、国際協力ＮＧＯセンター（２００４）を参考に作成。
49 ＡＭＤＡのＨＰ http://amda.or.jp/（２０１６年11月23日閲覧）、ＪＡＮＩＣのＨＰ http://directory.janic.org/directory/（２０１６年11月23日閲覧）、国際協力ＮＧＯセンター（２００４）、菅波茂（１９９３）を参考に作成。
50 ヒマラヤ保全協会のＨＰ http://ihc-japan.org/（２０１６年11月23日閲覧）、ＪＡＮＩＣのＨＰ http://directory.janic.org/directory/（２０１６年11月23日閲覧）、国際協力ＮＧＯセンター（２００４）を参考に作成。
51 熱帯森林保護団体のＨＰ http://www.rainforestjp.com/（２０１６年11月23日閲覧）、ＪＡＮＩＣのＨＰ http://directory.janic.org/directory/（２０１６年11月23日閲覧）、国際協力ＮＧＯセンター（２００４）を参考に作成。
52 アフリカに毛布を送る運動のＨＰ http://www.mofu.org/（２０１６年11月23日閲覧）を参考に作成。
53 サヘルの森のＨＰ http://www.jca.apc.org/sahel-no-mori/（２０１６年11月23日閲覧）、ＪＡＮＩＣのＨＰ http://directory.janic.org/directory/（２０１６年11月23日閲覧）、ＮＧＯ活動推進センター（１９９９）、国際協力ＮＧＯセンター（２００４）、「アカシアの花咲く日まで」国際協力推進協会（１９９３）『わが町の国際協力』を参考に作成。
54 緑のサヘルのＨＰ http://sahelgreen.org/（２０１６年11月23日閲覧）、ＪＡＮＩＣのＨＰ http://directory.janic.org/directory/（２０１６年11月23日閲覧）を参考に作成。
55 ＮＧＯ活動推進センター（１９９８）を参考に作成。
56 日本救援衣料センターのＨＰ http://www.jrcc.or.jp/（２０１６年11月23日閲覧）、ＪＡＮＩＣのＨＰ http://directory.janic.org/directory/（２０１６年11月23日閲覧）、ＮＧＯ活動推進センター（１９９９）、国際協

力ＮＧＯセンター（２００４）を参考に作成。

57　マザーランド・アカデミー・インターナショナルのＨＰ　http://www.mother-land.org/（２０１６年11月23日閲覧）、ＮＧＯ活動推進センター（１９９０）、国際協力ＮＧＯセンター（２００２）、国際協力ＮＧＯセンター（２００４）、「母親の本能で勝負」国際協力推進協会（１９９３）を参考に作成。

58　アジア友の会のＨＰ　http://africa93.sakura.ne.jp/（２０１６年11月23日閲覧）、ＪＡＮＩＣのＨＰ　http://directory.janic.org/directory/（２０１６年11月23日閲覧）、ＮＧＯ活動推進センター（１９９９）、国際協力ＮＧＯセンター（２００４）を参考に作成。

59　パレスチナの子どもの里親運動のＨＰ　http://jccp.jimdo.com/（２０１６年11月23日閲覧）、ＪＡＮＩＣのＨＰ　http://directory.janic.org/directory/（２０１６年11月23日閲覧）、国際協力ＮＧＯセンター（２００４）を参考に作成。

60　パレスチナ子どものキャンペーンのＨＰ　http://ccp-ngo.jp/（２０１６年11月23日閲覧）、ＪＡＮＩＣのＨＰ　http://directory.janic.org/directory/（２０１６年11月23日閲覧）、国際協力ＮＧＯセンター（２００４）を参考に作成。

61　ＡＰＬＡのＨＰの「日本ネグロスキャンペーン委員会とは」http://www.apla.jp/aboutus/outline/jcnc（２０１６年11月21日閲覧）、ＪＡＮＩＣのＨＰ　http://directory.janic.org/directory/（２０１６年11月21日閲覧）、国際協力ＮＧＯセンター（２００４）を参考に作成。

62　国際協力ＮＧＯセンター（２００４）を参考に作成。

63　ペシャワール会のＨＰ　http://www1a.biglobe.ne.jp/peshawar/（２０１６年11月25日閲覧）、ＪＡＮＩＣのＨＰ　http://directory.janic.org/directory/（２０１６年11月25日閲覧）、国際協力ＮＧＯセンター（２００４）、「チャリティ・ショーでなく　福岡県福岡市ペシャワール会」国際協力推進協会（１９９３）、中村哲「ペシャワール会－アフガン国境にて」若井晋ほか編（２００１）『学び・未来・ＮＧＯ——ＮＧＯに携わるとは何か』新評論、142頁を参考に作成。

64　燈台のＨＰ　http://www.jca.apc.org/~todai87/（２０１６年11月25日閲覧）、ＪＡＮＩＣのＨＰ

http://directory.janic.org/directory/（２０１６年11月25日閲覧）、国際協力ＮＧＯセンター（２００４）を参考に作成。

65　民際センターのＨＰ　http://www.minsai.org/（２０１６年11月25日閲覧）、ＪＡＮＩＣのＨＰ　http://directory.janic.org/directory/（２０１６年11月25日閲覧）、「ともに働き、ともに学ぶ無形の学園　㈶南北海道国際交流センター（ＭＩＣ）」国際協力推進協会（１９９３）、国際協力ＮＧＯセンター（２００４）、２００５年、２０１５年の秋尾晃正氏との話を参考に作成。

66　カラモジアのＨＰ（２００５年）、ミンガラーバー地涌の会事務局福永大悟「カラモジアの残した財産――ミャンマーで流した元理事長の涙の意味」http://www.minc.ne.jp/~mingaraba/syougakukin.pdf（２０１６年11月25日閲覧）、「日本とアジアの田舎もんが村おこしで連帯　南方圏センター」国際協力推進協会（１９９３）を参考に作成。その後、加藤憲一は、生家の赤木屋に帰郷して新たな「柞（いすのき）有機農園交流プログラム」を開始したという。http://isunoki.exblog.jp/17568363/（２０１６年11月25日閲覧）。

67　地球市民の会のＨＰ　http://terrapeople.or.jp/main/（２０１６年11月25日閲覧）、ＪＡＮＩＣのＨＰ　http://directory.janic.org/directory/（２０１６年11月25日閲覧）、国際協力ＮＧＯセンター（２００４）を参考に作成。

68　バングラデシュと手とつなぐ会のＨＰ　http://tewotunagukai.com/（２０１６年11月26日閲覧）、ＮＧＯ福岡ネットワークのＨＰ　http://ngofukuoka.net/member/bangladeshis/（２０１６年11月26日閲覧）、ＪＡＮＩＣのＨＰ　http://directory.janic.org/directory/（２０１６年11月26日閲覧）、国際協力ＮＧＯセンター（２００４）を参考に作成。

69　C.P.I.教育文化交流推進委員会のＨＰ　http://www.cpi-mate.gr.jp/（２０１６年11月26日閲覧）、ＪＡＮＩＣのＨＰ　http://directory.janic.org/directory/（２０１６年11月26日閲覧）、国際協力ＮＧＯセンター（２００４）、「クローズアップＮＧＯ・ＮＰＯ　特定非営利活動法人C.P.I.教育文化交流推進委員会」『自治体国際化フォーラム』２００３年12月号を参考に作成。

70　エスナック教育里親グループのＨＰ　http://www.esnac.jp/（２０１６年11月27日閲覧）、「愛をあげて愛を知るインド困窮児教育里親グループ」国際協力推進協会（１９９３）、国際協力ＮＧＯセンター（２００４）を参考に作成。

71　チボリ国際親の会のＨＰ　http://hands-ips.a.la9.jp/JOFPA/index.htm（２０１６年11月27日閲覧）、「里親の願いは〝民族自立〟　チボリ国際里親の会」国際協力推進協会（１９９３）、国際協力ＮＧＯセンター（２００４）を参考に作成。

72　外務省、国際協力ＮＧＯセンター（２０１６）63頁、国際協力ＮＧＯセンター（２００４）を参考に作成。

73　カラバオの会のＨＰ　http://kalabaw.world.coocan.jp/（２０１７年３月３日閲覧）。あるすの会は、「共の会」として活動を開始しています。このあるすの会は１９９０年度に人権賞を受賞している。http://www.aiben.jp/page/frombars/katudou/k-01jinken/2008sho.html（２０１６年11月27日閲覧）、アジア女性資料センターのＨＰ　http://www.ajwrc.org/jp/（２０１６年11月27日閲覧）、国際協力ＮＧＯセンター（２００４）を参考に作成。

74　反差別国際運動のＨＰ　http://imadr.net/about/（２０１６年12月18日閲覧）、ＪＡＮＩＣのＨＰ　http://directory.janic.org/directory/（２０１６年12月18日閲覧）を参考に作成。

75　開発教育協会のＨＰ　http://www.dear.or.jp/（２０１６年11月27日閲覧）、ＪＡＮＩＣのＨＰ　http://directory.janic.org/directory/（２０１６年11月27日閲覧）、国際協力ＮＧＯセンター（２００４）、ＤＥＡＲ『開発教育ってなあに？――開発教育Ｑ＆Ａ改訂版』を参考に作成。

76　国際理解教育センターのＨＰ　http://www.eric-net.org/（２０１６年11月27日閲覧）、国際協力ＮＧＯセンター（２００４）を参考に作成。

77　熱帯林行動ネットワークのＨＰ　http://www.jatan.org/（２０１６年11月27日閲覧）、CANPAN CentreのＨＰ　http://fields.canpan.info/organization/detail/1767117771（２０１６年11月27日）、国際協力ＮＧＯセンター（２００４）を参考に作成。

78　ＯＤＡ改革ネットワーク関西のＨＰ　http://d.hatena.ne.jp/odanetkansai/about（２０１６年11月29日閲覧）、ＪＡＮＩＣのＨＰ　http://directory.janic.org/directory/（２０１６年11月29日閲覧）、重田康博（２００２）、Ｆｏ

79　ＥのＨＰ、ＮＧＯ活動推進センター（１９９０）を参考に作成

212　京都ＮＧＯ協議会のＨＰ　http://www.geocities.jp/ngo_jecs/kyotongo.htm（２０１６年11月29日閲覧）、関西ＮＧＯ協議会のＨＰ　http://kansaingo.net/（２０１６年11月29日閲覧）、南北ネットワーク岡山のＨＰ　http://www.rikkyo.ne.jp/~htanaka/98/nabokuo10.html（２０１６年11月29日閲覧）、ＪＡＮＩＣのＨＰ　http://directory.janic.org/directory/（２０１６年11月29日閲覧）、名古屋ＮＧＯセンターのＨＰ　http://nangoc.org/（２０１６年11月29日閲覧）、埼玉国際協力協議会のＨＰ　http://www.saitama-ngonet.org/（２０１６年11月29日閲覧）、沖縄ＮＧＯセンターのＨＰ　http://www.oki-ngo.org/（２０１６年12月２日閲覧）、北海道ＮＧＯネットワーク協議会のＨＰ　http://www.hk-ngo.net/（２０１６年12月２日閲覧）、横浜ＮＧＯ連絡会のＨＰ　http://ynn-ngo.org/（２０１６年12月２日閲覧）、国際協力ＮＧＯセンター（２００４）を参考に作成）。

第7章　日本の市民社会の発展と変化
——1990年代から2016年までのNGOの活動

前章では、日本の市民社会の誕生と発展について、奈良時代から1980年代までの歴史を振り返った。日本では公益活動は政府の責任で行うものという意識が強く、政府セクターや企業セクターのつながりが強い日本では、市民セクターが育ちにくい構造があるが、1980年代以降の政府や企業の失敗により市民セクターが注目され、特にインドシナ難民支援活動など国際協力を行うNGOが台頭した。

本章では、前章の1980年代までの日本の市民社会の発展状況に続き、1990年代から2016年までの日本の市民社会の発展と課題、特にその時代のNGO活動について取り上げる。政府とNGOのパートナーシップ、国際会議への参加、キャンペーン活動、ネットワークNGO、人道復興支援・平和維持活動、国内の自然災害における救援活動、NPO法の制定、MDGsおよびSDGsへの貢献、など日本のNGOが抱える新しいトピックを取り上げ、日本の市民社会が地球規模で発展した空間スペースであるグローバル市民社会の在り方や課題を検討していく。また、日本のグローバル市民社会の新しい発展と開発（SDGs等）の推進の可能性と問題解決についても検討する。

(1) 政府によるNGO支援と、政府とNGO間のパートナーシップ

1990年代は、政府開発援助（ODA）がついに世界一の予算額になると同時に、政府によるNGO支援が拡大し、一方政府とNGO間のパートナーシップ（対話）の可能性が模索されていく時期である。外務省は、1980年代後半から先進国におけるNGO支援の調査などを行い、毎年のODA白書などによりNGOへの支援の可能性を検討していたが、89年NGO事業補助金（初年度は約1億1000万円）、小規模無償資金協力（現在の草の根・人間の安全保障無償資金協力、初年度は約5億円）を皮切りに、政府によるNGO支援を開始する。以後NGO事業補助金は、97年度予算で12億円（同年実績約9億2000万円）にまで拡大したが、2003年度予算で5・4億円、04年度予算では1・8億円と毎年減額されている。

一方、「日本NGO連携無償資金協力」は、草の根無償資金協力（現在の「草の根・人間の安全保障無償資金協力」）から独立し、日本のNGOが開発途上国に実施する経済・社会開発プロジェクトに対して資金協力する制度として実施され、2002年約6億円から開始後拡大し、2014年現在35カ国・1地域、57団体に総額40・9億円を提供した（ジャパン・プラットフォーム＝JPFを除く）。主な事業地は、ミャンマー（11件）、カンボジア（10件）、ベトナム（7件）、ケニア（7件）などがあり、事業は、学校建設、職業訓練、障がい者支援、農村開発、地雷・不発弾除去などがある。2015年度日本NGO連携無償資金協力は、全体で100・04億円で、内訳は連携無償資金協力約37・79億円（97件）とJPF政府資金約62・25億円となっている（外務省NGO連携無償協力及びジャパン・プラットフォーム事業実績件数と実績額の推移 http://www.mofa.go.jp/mofaj/gaiko/oda/files/000164755.pdf　2017年1月9日閲覧[1]）。

1999年からは、JICA（現、国際協力機構）が開発パートナー事業を通じて、NGOへの委託事業を開始し、2002年度から「草の根パートナー型」（事業総額5000万円以下）と「草の根技術協力型」（事業

総額1000万円以下）、「地域提案型」（地方自治体および自治体が推薦するNGOなどの団体でも可）に分かれて開発途上国約90カ国以上で実施されている。

また、「ジャパン・プラットフォーム（JPF）」は、国際緊急援助におけるNGO、経済界、政府（外務省）の新しい協力システムとして2000年に設立され、難民の大量発生や大規模な自然災害に備えて、NGO・民間企業の経験や資源を活用し、緊急支援のプランづくり、援助物資の備蓄といった準備段階の機能の整備を行っている。2014年度は、アジア、中東、アフリカ、オセアニアなど14カ国および国内139事業のうち、政府資金により75事業が実施され、2014年度JPF資金合計は約67・56億円（2015年度62・25億円）、主たる活動は、緊急人道支援物資の配布、教育、水・衛生分野であった。JPFの加盟NGO数は、2016年1月現在46団体であった[2]。

この他、91年には郵政省（現、郵政公社）「国際ボランティア貯金制度」（通常郵便貯金の利子20％以上を郵政省を通じて日本のNGOに配分し、96年に14億6000万円、99年度には6億5000万円を配分した）、環境事業団「地球環境基金事業」、農林省の「NGO農林業協力推進人材育成事業」がNGO支援を開始した。1990年代前半にはこれらの政府によるNGO支援の急速な増大によって、新たにNGOが設立されたケースもある。しかし、政府によるNGO支援は、2000年代に入ると各省庁の統廃合や特殊法人の独立行政法人化の影響もあり、外務省、JICAを除いて縮小していった。

一方、政府とNGO間のパートナーシップ（対話）は、1990年代以降模索されていく。日本のNGOと日本政府との定期的な協議の場が、外務省、大蔵省（現、財務省）、JICAなどの間で設けられたことは注目すべきことである。外務省の場合、94年「外務省人口・エイズに関する地球規模問題イニシアティブ（GII）」（現在「GII／IDIに関する外務省／NGO懇談会・NGO連絡会」）は、人口・エイズに関する地球規模問題と感染症対策を効果的に行うために、外務省とNGOが情報交換を行う場である。また、96年「NGO・

外務省定期協議会」が開始され、現在年1回の「全体会」、NGOと外務省のパートナーシップ（外務省によるNGO支援など）を協議する「連携推進委員会」、ODA全体の政策を協議する「ODA政策協議会」の2つに分かれて開催されている。大蔵省（現、財務省）は、大蔵省による国際金融機関へのODAによる支援や国際機関を通じた援助などについて協議する「NGO・大蔵省定期協議会」を97年にスタートしている。その他、98年には「NGO・JICA協議会」、01年「NGO・JBIC（国際協力銀行）協議会」が発足し、年数回の会議の場が設けられている。

また、政府の定期会議にNGOが正式参加したケースもある。例えば、97年「第1次ODA改革懇談会」にNGOが委員として1名参加、01年「第2次ODA改革懇談会」に2名参加、02年「ODA総合戦略会議」に2名参加している。

その他にも、98年から開始された「NGO・外務省共同評価」は、バングラデシュ、カンボジア、ラオス、ベトナムなどで行われた。03年「ODA大綱見直しに関する市民—外務省意見交換会」が、京都、福岡、札幌、東京で開催され、04年にはODA中期政策に関する外務省とNGO意見交換会が開催され、国別では03年「ベトナム国別援助計画見直しについてのNGOとの意見交換会」が開催されている。[3]

(2) 国際会議への参加を契機に設立されたNGO

『環境・持続社会』研究センター」「市民フォーラム2001」「社会発展NGOフォーラム」「気候ネットワーク」

1990年代は、国連会議、G7先進国首脳会議（サミット）、G7蔵相会議、国際通貨基金（IMF）・世界銀行、世界貿易機関（WTO）の国際会議などにNGOが参加して政策提言やキャンペーンを行い、NGOスタッフや市民などのこれらの会議への参加を契機に新しくNGOが設立されるなど、日本のNGOの活動が日本や国際社会において大きな注目を集めた時代であった。

例えば、１９９２年ブラジルのリオデジャネイロで開催された国連環境開発会議（以下「地球サミット」）に日本のＮＧＯが中心となって結成された「92年国連ブラジル会議市民連絡会」が参加し、同サミット終了後の93年、開発と環境問題に関する情報収集・調査研究を行う「（特定非営利活動法人）『環境・持続社会』研究センター」が設立され、２００３年ＮＰＯ法人化し、現在日本政府による途上国への開発援助資金の改善・提言を行う「持続可能な開発と援助プログラム」、日本国内の大量生産・消費・廃棄を見直すための政府資金の改善・提言を行うための「持続可能な社会と税制・財政プログラム」「財務省ＮＧＯ定期協議会」への参加などの活動を行っている。[4]

また、「アジェンダ21」の行動計画など同サミットをフォローアップしていくためのＮＧＯ連絡組織として「市民フォーラム２００１」（２００１年３月解散）が発足した。[5] 続いて、95年国連社会開発サミットが開催されるにあたり、ＮＧＯ代表３名が参加し、日本のＮＧＯが中心になって発足した「国連社会開発サミットＮＧＯフォーラム日本準備会」（会議終了後「社会発展ＮＧＯフォーラム」と改称）は提言を提出し、その中で「日本の中の社会開発問題を解決していくことが、地球規模の社会開発をすすめていくことにつながっていく」と述べている。[6]

また、１９９７年の「国連気候変動枠組条約第３回締約国会議（通称、京都会議　ＣＯＰ３）」に向けて活動した「気候フォーラム」の趣旨を受け継ぎ、市民やＮＧＯの視点で地球温暖化防止に取り組むための全国レベルのネットワーク組織として98年に設立されたのが「（特定非営利活動法人）気候ネットワーク」である。気候ネットワークは、１９９９年ＮＰＯ法人化し、地球温暖化防止のための国際ネットワーク組織である「気候行動ネットワーク（Climate Action Network Japan ＝ＣＡＮ）」と協力しながら、毎年の地球温暖化会議に向けて、日本国内で温暖化防止のためのキャンペーンや提言活動を進めてきた。最近では、２０１５年に開催された

「第21回締約国会議（通称、パリ会議　ＣＯＰ21）」のパリ協定合意に向けた活動を行い、国際交渉への参加・情報発信に加えて、国際交渉への対応のため「ＣＡＮ－Ｊａｐａｎ」を構成する14団体と連携した活動を行っている。[7] 世界貿易機関（ＷＴＯ）関連では、１９９９年ＷＴＯのシアトル閣僚会議に対する抗議行動に日本のＮＧＯも参加している。また、ＮＧＯが主導する国際会議に参加した事例として、02年ブラジル・ポルトアレグレで開催された「世界社会フォーラム（ＷＳＦ）」にアタック・ジャパンなど日本のＮＧＯも参加し、その後の「アジア社会フォーラム」（インド）にも日本のＮＧＯが参加している。それ以外では、03年京都、滋賀、大阪で開催された「第３回世界水フォーラム」において、国際機関、政府、産業界、ＮＧＯ、学会など２万４０００人が参加した。この他、政府が参加する国際会議に日本のＮＧＯが参加し、ＮＧＯが何らかの形で関与した事例として、94年「国際人口開発会議」（エジプト・カイロ）の日本政府代表団にＮＧＯが参加し、95年「世界女性会議」（中国・北京）の日本政府代表団にＮＧＯが参加した。２００２年「持続可能な開発のための世界サミット（ヨハネスブルグ・サミット）」では、日本政府代表団にＮＧＯが加わり、ＮＧＯ60団体３８０人が参加した。国際会議には直接参加していないが会議の外側で行動した事例がある。[8]

次に、先進国Ｇ７（Ｇ８）サミット関連では、99年のケルンサミット、日本で開催された２０００年の九州・沖縄サミットにおける債務帳消しを求める行動「人間の鎖」などに日本のＮＧＯが参加して提言活動を行い、２００８年Ｇ８北海道洞爺湖サミットの「２００８年Ｇ８サミットＮＧＯフォーラム」（１４１団体参加）をＪＡＮＩＣが中心となって結成し分野横断で環境、開発・貧困、平和・人権ユニットで提言活動を行い、２０１６年５月Ｇ７三重伊勢志摩サミットでは日本の中部地域と全国のＮＧＯ関係者が「２０１６年Ｇ７サミット市民社会プラットフォーム」を結成し、同時に「東海市民社会ネットワーク」を発足して５月「市民の伊勢志摩サミット」が開催された。[9]

(3) 国際NGOによるキャンペーン活動を契機に設立されたNGO

「地雷廃絶日本キャンペーン」「債務帳消し国際キャンペーン」「アタック・ジャパン」「グローバル連帯税フォーラム」「ほっとけない世界のまずしさキャンペーン（G－CAPキャンペーン）」「動く→動かす」「SDGs市民社会ネットワーク」

１９９０年代後半には、国際ＮＧＯのキャンペーン活動の要請に応えるために、「地雷廃絶日本キャンペーン（ＪＣＢＬ）」と「債務帳消し国際キャンペーン（ジュビリー２０００）」の委員会や事務局が日本のＮＧＯによって発足した。この２つは、日本国内で最も活発に行われ成果をあげたＮＧＯによるキャンペーンであった。ＪＣＢＬは、「地雷廃絶国際キャンペーン（ＩＣＢＬ）」の動きに合わせて、日本政府の対人地雷全面禁止条約（オタワ条約）の早期加入を促すために、97年7月ＩＣＢＬの日本の構成団体や市民によって設立された。ＪＣＢＬの積極的な政府への働きかけや世論へのキャンペーン活動の結果、98年8月日本政府はオタワ条約を批准した。「ジュビリー２０００」は、債務国の貧困問題の根本的な解決に向けて、アフリカ諸国など重債務貧困国の債務を一度に限り全面帳消しし、10億人の命を救おうという国際キャンペーンで、日本実行委員会も98年に設立され、九州・沖縄サミットなどでフラワー・マーチや「人間の鎖」などのアクションを行い、世界の約２０００万人の署名とともに日本国内でも約50万人の署名を集め、２０００年末に同実行委員会は解散した。引き継ぐネットワークとして、「途上国の債務と貧困ネットワーク（デットネット）」が01年1月に結成され、途上国の債務問題のフォローアップを行った。このような国内外のキャンペーン活動の成果もあり、02年12月日本政府はやっと重い腰をあげて、32カ国の重債務貧困国に対し９０００億円の円借款債務放棄を発表し、同時に「債務救済無償」制度の廃止も決定した[10]。

２０００年以降になると、市民レベルから新自由主義的グローバリゼーションに対抗するため、金融取引に課税するトービン税の導入を求める市民運動「アタック（ATTAC）」に賛同して、日本にも01年12月に「アタック・ジャパン」が設立された。02年ブラジルのポルトアレグレで開催された「世界社会フォーラム（WSF）」にアタック・ジャパンが代表団を派遣し、以後ブラジルやインドで開催されるWSFにも毎年代表団を送っている。[11] トービン税に続いて、日本においてグローバル・タックス（国際連帯税）に関するNGO活動は、「オルタモンド、アシスト（国際連帯税を推進する市民の会）」、さらに国際連帯税、グローバル・タックスの導入を推進するネットワーク団体として、2011年に「国際連帯税フォーラム」（2015年に「グローバル連帯税フォーラム」に改名）がある。[12]

続いて、世界の貧困問題解決や国連ミレニアム開発目標（MDGs）の実現を求めるために、2005年「G－CAP（Global Call to Action against Poverty）キャンペーン」というNGOによる世界的規模のキャンペーンが展開された。世界50カ国以上のNGO、宗教団体、労働組合で構成され、1億5000万人以上が参加し、U2のボノなど世界的著名人が協力している。G－CAPとは、各国独自で行われているキャンペーンの総称で、イギリスやカナダでは「貧困を過去の歴史に」（Make Poverty History）、日本では「ほっとけない世界のまずしさキャンペーン」などの名称が使われ、このキャンペーンの一環として展開された「ホワイトバンド」は世界や日本で記録的にヒットし、日本ではコンビニエンスストアなどで400万本を販売したといわれ、このキャンペーンのプロモーションビデオとともに話題になった。2009年「動く→動かす」の事務局が発足し、このキャンペーンを引き継ぎ、政府へのアドボカシー活動や「スタンド・アップ　テイク・アクション」キャンペーンを行った。その後2013年「動く→動かす」では、GCAP・Beyond2015の助成を受けて、国内のCSO関係団体におけるMDGs2015に関する意見を集約し、日本の市民社会として「ポスト2015開発枠組みに向けた5カ条の提言」（表7―1参照）を作成し、2013年3月の外務省地球規模課題審議官とNGOとの意見交換会で暫定版を提出し、同年9月の国連総会前の外務大臣政務官との

表７—１　「ポスト2015開発枠組みに向けた５カ条の提言」

第1条	「絶対的貧困・飢餓ゼロ」を実現しよう！ ＝人権と「人間の安全保障」を基盤にした普遍的な目標の設定を
第2条	世界全体で「格差と不平等のない社会」を実現しよう！ ＝誰もが排除されずに活躍できる包摂的な社会・経済を目標に
第3条	将来世代に「より良い地球」を残そう！ ＝早急に持続可能な開発・経済モデルへ転換する目標の設定を
第4条	目標の達成に向け、すべての政府・企業・市民社会が責任と役割を果たそう！ ＝透明で民主的なプロセスを重視した目標の設定を
第5条	目標の達成のための資金を「世界全体で分かち合う」しくみを作ろう！ ＝ ODA0.7% 目標の達成と、国際連帯税・租税協力・軍事費削減で開発資金を

出所：動く→動かすの HP　http://www.ugokuugokasu.jp/pdf/pmdgs5recom.pdf（2017年２月20日閲覧）

意見交換会で正式に手渡すなどのアドボカシー活動を行った。日本の市民社会は、世界における不平等と格差の要因や格差を引き起こしている構造的要因やガバナンスの課題を解決するために、ポストＭＤＧｓ２０１５の目標や指標を設定し、世界のグローバル市民社会と行動を共にしたのである。[13]

さらに、「ミレニアム開発目標（ＭＤＧｓ）」に続き、２０１５年９月国連で採択された「持続可能な開発目標（Sustainable Development Goals ＝ＳＤＧｓ）」の策定プロセスでも多くの日本のＮＧＯ関係者が関与し、２０３０年までにＳＤＧｓを達成するためのキャンペーンと提言活動を行うために「ＳＤＧｓ市民社会ネットワーク」（事務局：「動く→動かす」）が２０１６年３月に結成され、幅広い市民社会のネットワークづくりと政府・国会などとの対話を推進する。[14]

また、セーブ・ザ・チルドレンなどのいくつかの日本のＮＧＯが中心となって『わたしたちが目指す世界——子どものための「持続可能な開発目標」〜２０３０年までの17のグローバル目標〜』が２０１５年に発行された。

⑷　対象国・地域、対象分野別ネットワークＮＧＯの設立

「カンボジア市民フォーラム」「日本インドネシアＮＧＯネットワーク（ＪＡＮＮＩ）」「インドネシア民主化支援ネットワーク（ＮＩＮＤＪ

A）」「東ティモール全国協議会」「ネパールNGOネットワーク」「ビルマ市民フォーラム」「コトパンジャン・ダム被害住民を支援する会」「アフリカ日本協議会」「ODA改革ネットワーク（ODA－NET）」「食糧増産援助を問うネットワーク（2KRネット）」「障害分野NGO連絡会（JANNET）」「GII／IDIに関する外務省／NGO懇談会・NGO連絡会」「農業・農村開発NGO協議会（JANARD）」「教育協力ネットワーク（JNNE）」「NGOと企業の連携推進ネットワーク」

１９９０年代以降、活動対象国・地域、対象分野別にネットワークNGOが続々と設立される。

アジアの国々や地域に関するネットワークNGOとして、93年9月には、カンボジアのNGOの要請を受けて「カンボジア市民フォーラム」が設立され、同年同フォーラムのメンバーが中心となって日本のODAによる農薬援助反対キャンペーンが行われ、農薬援助は停止された。カンボジアに関わるNGOや個人（法律家や研究者など）が運営するネットワーク団体として、カンボジアの持続的な発展と平和の実現のために普及啓発活動、調査・政策提言活動などを行っている。[15]

93年にインドネシアの開発に関する国際NGOフォーラム（INFID）の日本連絡事務所として設立された「日本インドネシアNGOネットワーク（JANNI）」、98年スハルト独裁政権打倒に向けて活動しているインドネシア市民を支援する「インドネシア民主化支援ネットワーク（NINDJA）」が設立される。また、東ティモール問題に取り組む「東ティモール全国協議会」（旧名「東ティモールに自由を！　全国協議会」）は88年に結成され、91年に東ティモールの連帯グループの国際組織「国際東ティモール連盟（IFET）」に参加し、東ティモール独立後の状況を踏まえ、現在の名前に改名した。さらに、93年「ネパールNGOネットワーク」（旧名「ネパールNGO連絡会」）、96年「ビルマ市民フォーラム（PFB）」が設立された。[16]　２００２年インドネシアのインドネシア住民５２９１人とNGOのインドネシア環境フォーラムが日本のODAによる円借款３１２億円で建設されたインドネシアのコトパンジャン・ダムによって生じた環境破壊や人権侵害に対して、日本政府、ＪＩＣＡ、東電設計を相手にダム撤去・住民の権利回復・補償を求めて第1次ＯＤＡ提訴、２００3年に第2次ＯＤＡ提訴を行い、この活動を支援するため日本国内で「コトパンジャン・ダム被害住民を支援する会」が結成された。裁判は13年間に及び、２０１5年3月4日最高裁第二小法廷（千葉勝美裁判長）は、被害者住民（５９２１人）とインドネシア環境フォーラム（ワルヒ）に対して申し立て不受理と上告棄却の決定を行った[17]。

アフリカを対象国・地域として活動するＮＧＯのネットワークとしては、１９９3年10月日本政府による「アフリカ開発会議」が開催され、ＮＧＯ・市民レベルで「アフリカシンポジウム」が同時に開催され、そのとき集まった個人がアフリカの開発を考え、行動するために「（認定法人）アフリカ日本協議会」が設立され、アフリカの人々とのネットワーク構築、アフリカ理解の促進、アフリカに関わる政策への提言、アフリカ支援の国際的な活動などの活動を行い２００４年法人化し、現在は「動く→動かす」「ＳＤＧｓ市民社会ネットワーク」の事務局も行っている[18]。

ＯＤＡ（政府開発援助）に関しては、96年に「ＯＤＡ改革ネットワーク」（ＯＤＡ－ＮＥＴ）が発足した。その後ＯＤＡ－ＮＥＴは、東京、中部、関西、九州の各地域で活動し、全国のＯＤＡ－ＮＥＴで連携しＯＤＡの課題と提言に取り組んでいる[19]。２００3年には、ＯＤＡの無償資金協力の一環として日本政府が行う「食糧増産援助」（通称2ＫＲ）の廃止を求める「食糧増産援助を問うネットワーク（2ＫＲネット）」が設立された。

障がい分野では、２００3年「障害分野ＮＧＯ連絡会（ＪＡＮＮＥＴ）」が設立され、障がい分野の民間の国際協力・交流を推進するための国内外の関係団体の情報交換および協力・連携の強化を目指して今日まで活動している[20]。

さらに、地域のネットワークＮＧＯは、90年代に福岡、広島、秋田などにも広がり、91年3月には「全国ＮＧＯの集い」が初めて開催された。98年には17のＮＧＯネットワークが集まり、メーリングリストの立ち上げ、

ＮＧＯ相談員の配置、「地球市民ウィーク」の創設、国会議員との対話が提案され実現につながった。99年からは名古屋で「ＮＧＯどまんなか会議」が開催され、意見・情報交換が行われた。02年２月大阪で「ネットワークＮＧＯ全国会議」が開催され、全国20のネットワークＮＧＯ、50名以上が参加し、情報共有と共通課題が討議された。また、05年２月には横浜で「第３回ネットワークＮＧＯ全国会議」が開催された。

この他、外務省の分野別研究会や外務省とＮＧＯの情報交換を通じてできた対象分野別ネットワークＮＧＯがある。「ＧＩＩ／ＩＤＩに関する外務省／ＮＧＯ懇談会・ＮＧＯ連絡会」は、外務省とＮＧＯの情報交換を行っており、現在事務局はジョイセフ（家族計画国際協力財団内）にある。[21]「農業・農村開発ＮＧＯ協議会（ＪＡＮＡＲＤ）」は、外務省の農業分野研究会が契機となって、２０００年12月に発足し、能力開発研究会、ワークショップの開催、調査などの活動を行ったが、現在は活動を終了している。さらに、「教育協力ネットワーク（ＪＮＮＥ）」は、外務省の教育分野研究会が発端となり、01年１月にスタートし、①ＮＧＯの教育協力の専門技術能力の強化、②教育分野のＯＤＡについての政策提言・キャンペーン、③情報交換、ネットワーキングなどの活動を行い、現在事務局はシャンティ国際ボランティア会内にある。[22]

２０００年に入り、企業がＣＳＲ（Corporate Social Responsibility、企業の社会的責任）に取り組むようになり、ＮＧＯとの連携も行われるようになっているが、２００８年「ＣＳＲ推進ＮＧＯネットワーク」が設立され、２０１２年「ＮＧＯと企業の連携推進ネットワーク」と名称が変更されている。本ネットワークは、ＮＧＯと企業の相互理解を推進し、連携・協力関係を形成し、より効果的なＣＳＲ活動を目指し、情報交換、調査研究、啓発、提言活動などを実施するために発足した。[23]

(5) 紛争地における緊急援助・平和構築・紛争予防活動を行う団体

「ジェン」「インターバンド」「ピースウィンズ・ジャパン」「日本紛争予防センター」「テラ・ルネッサンス」

「Civic Force」

１９９０年代のひとつの特徴として、紛争地における緊急援助・平和構築活動を行う団体が設立されていく。「(特定非営利活動法人) ジェン (ＪＥＮ)」は、旧ユーゴスラビア地域における緊急援助のために、94年1月に立正佼成会や複数のＮＧＯの集合体「日本緊急救援ＮＧＯグループ」として設立され、２０００年に法人化をきっかけに改名し、難民、国内避難民、帰還民に対して、「心のケアと自立の支援」に基づいた紛争や自然災害による緊急救援／復興支援を行う団体として２００５年に認定ＮＰＯ法人となり、現在アフガニスタン、イラク、スリランカ、パキスタン、ハイチ、ヨルダン、ネパールなどで事業を実施し、国内でも２０１１年3月11日の東日本大震災で宮城県を中心に緊急救援活動を行い、現在も活動を継続している[24]。「(特定非営利活動法人) インターバンド」は１９９２年に設立され、これまでカンボジア、モザンビーク、東ティモールなどの除隊兵士支援、小規模武器問題、国際選挙監視、民主化支援などの紛争予防、平和構築分野の活動、インドネシアのアチェを中心とするスマトラ沖津波復興支援活動を実施し、最近まではカンボジア、スリランカで総選挙監視活動などを行った[25]。

次に、「(特定非営利活動法人) ピースウィンズ・ジャパン (ＰＷＪ)」は、イラク北部クルド人自治区のプロジェクト立ち上げを機に、１９９６年2月現統括責任者の大西健丞ら若い仲間によって設立された。ＰＷＪは、人道緊急援助・平和構築の観点から、「紛争地帯を含む世界各国で、国家機能が停止しまたは麻痺していることにより苦しむ人々を対象に支援すること」を目的としている。90年代半ばに設立されたＮＧＯとしては急成長している。２００１年12月東京で開催された「アフガニスタン復興会議」において、当時外務省において実権を握っていた元衆議院議員鈴木宗男によって、大西のオブザーバー資格による参加が認められず、後から彼の参加を認めた元外務大臣田中真紀子が鈴木宗男らとともに辞任するという騒動があった。また、ＰＷＪは、日本の政府、経済界、ＮＧＯによる新しい緊急援助システムである「ジャパン・プラットフォーム (ＪＰＦ)」

のＮＧＯユニットの当初からの参加団体として、同プラットフォームの設立に大きく貢献した。その後認定ＮＰＯ法人となり、海外活動として65カ国・地域で支援を実施し、現在も難民・避難民への食料・生活物資支援、難民・避難民キャンプにおける医療・保健支援、小学校建設や修復支援、井戸・給水設備・トイレの建設、水衛生支援、農業・農村開発支援、市民社会能力強化（アフガニスタン）、地震、台風など自然災害への緊急支援を行い、国内は東日本大震災後の地域復興支援（宮城県南三陸町）、フェアトレード、捨てられた犬・猫の保護、レスキューチームと災害救助犬育成、過疎地等の地域再生支援を進め、広島県神石郡神石高原町に団体本部を移転している。[26]

また、紛争予防・平和構築の分野として「（特定非営利活動法人）日本紛争予防センター（ＪＣＣＰ）」は、世界の地域紛争、民族紛争の発生予防、拡大防止および再発防止のために、世界平和と国際協力の推進に寄与するために１９９９年に設立され、２００２年ＮＰＯ法人化、２０１０年認定ＮＰＯ法人化され、その後ケニア、南スーダン、ソマリア、マケドニア、トルコ、スリランカなどで紛争予防、平和構築のために活動している。[27]

２００１年に設立された「（特定非営利活動法人）テラ・ルネッサンス」は、「地雷」「小型武器」「子ども兵」「平和教育」の4つの課題に対して、国際協力、国内での啓発・提言活動を行い課題の解決を目指し、２００5年ＮＰＯ法人化、２０１4年認定ＮＰＯ法人化し、現在地雷、村落開発（カンボジア）、クラスター爆弾、村落開発（ラオス）、子ども兵、小型武器（ウガンダ、コンゴ（民））などの活動、国内では平和教育を実施している。[28]

「（特定非営利活動法人）Ｃｉｖｉｃ Ｆｏｒｃｅ」は、国内の大規模災害時に迅速で効果的な支援を行うためのＮＰＯ／ＮＧＯ・企業・政府・行政の連携組織として、災害時支援に必要な「情報」「人」「資金」「モノ」が組織内で共有・活用されることで円滑で効果的な支援を可能にするために、２００9年に設立された。Ｃｉｖｉｃ Ｆｏｒｃｅは、認定ＮＰＯ法人となり、２０１2年に設立された「アジアパシフィック アライアンス（Asia Pacific Alliance for Disaster Management）」が推進する国境を越えた取り組みの中で、日本のナショナルプラットフォームの推進母体として、他のアジアの加盟国メンバーと協力し、アジア太平洋地域の災害対応を行うことを目指すとしている。２０１１年３月11日の東日本大震災の際、発生直後から支援活動を開始し、連携する静岡県袋井市の倉庫から支援物資を都内に移送し、企業へのよびかけを開始し、翌３月12日チャーターヘリで被災地に入りした。[29]

(6) 阪神・淡路大震災への救援活動を契機に設立されたＮＧＯ

「阪神大震災地元ＮＧＯ救援連絡会」「ＣＯＤＥ海外災害援助市民センター」

１９９５年１月17日阪神・淡路大震災が発生し、阪神・淡路地区は大規模な被害に見舞われ、死者は約６０００人になり、震災後避難所に入った被災者は２万３０００人、収容施設以外の避難者、在宅避難者は１５０万人ともいわれ、彼らは難民同様の暮らしを続けた。この大震災の救援活動には、国内外の多くのＮＧＯやボランティアが参加し、全国各地からのボランティアの延べ人数は１０３万５０００人といわれている。[30]震災直後、緊急医療ＮＧＯとして、日本キリスト教海外医療協力会（ＪＯＣＳ）、アジア保健研修所（ＡＨＩ）、ＡＭＤＡ（アジア医師連絡会）、国境なき医師団（ＭＳＦ）が震災発生当日または翌日に被災地に入って緊急医療活動を開始した。その他にも、シャンティ国際ボランティア会は補助給食プロジェクト（炊き出し）、移動入浴・給湯サービス、心のケアなどの活動、幼い難民を考える会は避難所をベースに移動保育を行った。[31]

地元のＮＧＯの救援活動は、１月19日に草地賢一ら神戸のＮＧＯが中心となって「阪神大震災地元ＮＧＯ救援連絡会」を組織し、ＮＧＯと政府、自治体との連絡調整を行い、同連絡会は２００２年「（特定非営利活動法人）ＣＯＤＥ海外災害援助市民センター」と名称を変えて活動を継続することになり、震災から立ち上がってきたＫＯＢＥの知見と教訓を活かし、現地の文化や生活様式を尊重して被災地の復興を支援し、これまで34カ国・地域において緊急救援活動を実施し、２０１１年の東日本大震災においても国内外のこれまでの経験を生かして支援を行った。[32]

１９９５年は日本のボランティア元年ともいわれ、この阪神・淡路大震災の救援活動を契機に、日本でもボランティア活動やＮＧＯによる緊急援助活動が注目され、この後の特定非営利活動促進法（ＮＰＯ法）の制定の運動に結びついていくことになる。今後の日本のＮＧＯによる救援活動に関わる人々は、震災による悲劇を忘れず、この震災によって犠牲になられた多くの方々の遺志を引き継いでいかなければならない。このときのＮＧＯの経験が土台となり、16年後に発生した東日本大震災の救援・復興に生かされた活動もあった。

(7) 特定非営利活動促進法（ＮＰＯ法）の制定、公益法人改革をめぐるＮＧＯの動き

１９９０年代半ばまでは、政府や地方自治体などの関連団体であるか、資金力、政治力がない限り、法人格のないＮＧＯ（任意団体）が法人格を取得することは困難であった。１９９４年日本における市民活動の基盤強化のためのネットワークＮＧＯ組織として「シーズ＝市民活動を支える制度をつくる会」が設立され、ＮＰＯ法制定のために国会議員に対する働きかけを行うようになった。阪神・淡路大震災における全国からのボランティアの参加のうねりに加え、シーズを初めとする多くのＮＧＯ、国会議員、市民の働きかけもあり、98年12月「特定非営利活動促進法（ＮＰＯ法）」が国会で正式に成立した。さらに、２００１年10月ＮＰＯへの寄付が税金の免除の対象となる「認定特定非営利活動法人」（認定ＮＰＯ法人＝ＮＰＯ支援優遇税制）が施行された。その後、ＮＰＯ法人化した団体は年々増加し、特定非営利活動法人の認証数は平成28年10月31日現在5万１３４３法人となり、[33] 一時の急激な増加ではないがそれでも毎年増加し、一方認定ＮＰＯ法人の数は８０１団体、仮認定法人数は１５０団体（いずれも平成28年10月31日現在）と毎年少しずつ着実に増加している傾向にある。[34]

また、公益法人制度改革が約110年ぶりに行われ、2008年12月1日から「新公益法人制度」が施行された。主な内容は、主務官庁の許可制となっている民法の公益法人制度は廃止すると同時に、公益法人（財団法人、社団法人）と中間法人を一本化し、5年間の移行期間をもって、「一般財団」「一般社団」は誰でも登記で簡単に設立され、その上で国や都道府県の第三者機関が公益性を認めれば「公益財団」か「公益社団」とし、「公益」は税制優遇措置、寄付した人の税金が軽くなる寄付金控除の対象とされた。この結果、多くの旧公益法人が新公益法人へと移行し、国際協力NGOの中にはNPO法人ではなく公益法人になる団体もあった。

(8) 最近のアカウンタビリティに対する取り組み

日本のNGOによるアカウンタビリティに対する最近の取り組みとしては、欧米のNGOの1995年国際協力NGOセンター（JANIC）の会員NGOによる6項目の「NGOの行動指針」の作成、2002年5月JANICの「アカウンタビリティ委員会」による「NGOのアカウンタビリティ行動基準」がある。この基準は、NGOの社会的責任に応え、責任ある活動を展開していくことを目指して、2004年12月報告書が作成され、内容は「組織運営」「事業実施」「会計」「情報公開」の4分野の基準を設け、「一般達成基準」と「高度達成基準」の2つに分かれたものになっている。次に、2007年「NGOのアカウンタビリティ向上のための行動基準」を改良し、4分野、合計41項目にまとめる。2008年「アカウンタビリティ・セルフチェック（ASC）2008」を発表し、2012年まで60以上のNGOが実施した。2006年から「NGOのアカウンタビリティ能力強化セミナー」を行い（外務省国際協力局民間援助連携室主催）、2010年にNGOがアカウンタビリティに取り組む際に参考にできる「アカウンタビリティガイド」を発行した。2011年「国際協力NGOのアカウンタビリティの取組み――JANICのアカウンタビリティ・セルフチェック2008」を発表（日本評価学会『日本評価研究』第11巻）、2011年「ASC2008改訂委員会」を設置し、パブリックコメントを募集し、それらを反映して改訂し、２０１２年「アカウンタビリティ・セルフチェック（ＡＳＣ）２０１２」を発表した。このように、ＪＡＮＩＣやその会員を中心とした、日本のＮＧＯとしてのアカウンタビリティの取り組みが継続されている。今後は、事業者が、環境・社会・経済的な発展に向けた方針策定、計画立案、具体的取り組み等を促進するための国際的なガイドライン「ＧＲＩガイドライン Global Reporting Initiative Guideline」やＮＧＯを含めたあらゆる組織を対象とする社会的責任（Social Responsibility）に関する国際的ガイドライン「ＩＳＯ２６０００」など国際ガイダンス規格との整合性が求められている。[35]

(9) 東日本大震災における国際ＮＧＯの支援活動

「ピースボート災害ボランティアセンター」

２０１１年3月11日の東日本大震災は、東北や関東地方を中心に多くの被害をもたらした。その地震の被害もさることながら、津波被害、福島第一原子力発電所放射能汚染と重なり、前代未聞の自然災害・人災による複合的原発震災となった。救援活動には、日本政府だけでなく、外務省によると１６１の国・地域及び43機関から支援意志が表明され、１１９の国・地域・機関から物資・寄付金物資：61、寄付金：87（総額約１６６億円以上・一部重複）を受けた。[36] ＪＡＮＩＣの大橋正明は、「この規模とスピードで国内の救援・復旧活動は初めての経験」と述べている。[37] 東日本大震災における国際協力ＮＧＯは、阪神・淡路大震災、新潟中越地震に対する国内経験や過去の海外経験が土台になり、ＪＰＦやＮＧＯ同士等が協力しながらその専門性を生かして活動することができた。日本のＮＧＯは、ＪＡＮＩＣを通して「ジャパン・プラットフォーム」から初動活動資金を得ることができた。[38]

東日本大震災の救援活動でボランティア活動への参加者は、総数48万３０００人（岩手、宮城、福島３県、

11年3月11日～6月26日まで、全国社会福祉協議会、朝日新聞２０１１年7月2日夕刊参照)、この数字は阪神・淡路大震災のボランティアの数１１７万人の約40％となっている。[39] ２０１１年の東日本大震災の救援活動を契機にＮＧＯ「ピースボート」から独立して設立されたＮＧＯとして、「ピースボート災害ボランティアセンター」がある。

⑽　第３回国連防災世界会議「２０１５　防災世界会議日本ＣＳＯネットワーク（ＪＣＣ２０１５）」「防災・減災日本ＣＳＯネットワーク（ＪＣＣ－ＤＲＲ）」

２０１５年3月14日から18日、仙台において第3回国連防災世界会議が開催された。同会議は、２００５年の神戸市の開催以来となり、国際的な防災戦略について議論、政府、国際機関、企業、ＮＧＯが延べ15万人参加した。東日本大震災を経験した日本のＮＧＯ・ＣＳＯは、同会議に対して市民社会から提案を行うために「２０１５　防災世界会議日本ＣＳＯネットワーク（ＪＣＣ２０１５）」を発足させ、同会議において提言を行った。[40] また、ＪＣＣ２０１５は２０１５年6月解散し、「防災・減災日本ＣＳＯネットワーク（ＪＣＣ－ＤＲＲ）」に引き継がれ、ＪＣＣ－ＤＲＲは、「仙台防災枠組の内容を多くの市民に伝えるため『市民のための仙台防災枠組２０１５－２０３０』を発行した。[41] また、同ネットワークの中から、市民社会のレベルから福島原発震災の教訓をまとめるために「福島ブックレット委員会」が結成され、『福島10の教訓　原発災害から人びとを守るために』が発行された。国際的防災行動指針である「兵庫行動枠組（ＨＦＡ）」では、自然災害に付随した場合にのみ原発災害など産業災害に対応できるとしていたが、同会議ではＮＧＯの努力もあり、「仙台防災枠組」の中で原発災害なども人為的要因による災害として扱うようになったことは大きな成果であった。[42]

(11) 1990年代以後設立されたNGO

1990年代以降も多くのNGOが設立された。主な団体について、おおよそ分野別に以下に紹介する。

① 子どもや女性への教育：1990年代以降も子どもや女性を支援するNGOが多く設立される。

「アジアキリスト教教育基金（ACEF）」（1990）

バングラデシュの首都ダッカのキリスト教系NGO「Basic Development Partners（BDP）」の呼びかけにより、子どもたちのための基礎教育や職業訓練の分野で支援するために日本の基督者たちが1990年に東京で設立した。ACEFは、その後NPO法人化し、現在も活動を続けている。[43]

「国際子ども権利センター（シーライツ）」（1992）

関西でユニセフのためにボランティア活動をしていた数人が、子どもの権利を日本社会に広め、子どもの権利の視点から国際協力をすることを目的として、1992年に大阪で設立され、現在は東京に事務所を移転している。NPO法人化し、「子どもの権利条約」の理念に基づき、現在カンボジアの子どもと大人が共に人身売買・児童労働を防止し、子どもの参加を支える社会づくり、日本国内では大学生を中心とする子どもの権利普及などの活動を行っている。[44]

「JHP・学校をつくる会」（1993）

JHPの前身団体JIRAC（日本国際救援行動委員会）でカンボジア担当だった現代表小山内美江子と二谷英明（俳優、JHP元副代表）がカンボジア帰還難民救援活動に参加し、子どもたちのための学校建設の必要性を強く実感し、帰国後1993年9月15日に「カンボジアのこどもに学校をつくる会」を東京で設立、その後現名称に変更、NPO法人化、認定NPO法人化し、現在海外ではカンボジア国内において学校建設、衛生施設支援（トイレ建設、井戸や給水タンク設置、衛生教本配布）、音楽・美術教育支援、児童養護施設支援、国内ではボランティア派遣、国際ボランティア・カレッジ運営などの事業を行っている。[45]

「地球市民ACTかながわ／TPAK」（1993）

１９９１年スタディツアーに参加した大学生３人が、タイ人のソーシャルワーカーであるジャナロン・メキンタランクラと、タイ国中部アユタヤにある僧院孤児院を訪れ、２０００人の山岳少数民族の子ども達への支援のために、１９９１年に東京で設立される。ＮＰＯ法人化、認定ＮＰＯ法人化を行い、現在はタイ、ミャンマー、インドの子どもたちや女性たちへの教育・健康・自立支援などを行っている。[46]

「アクション」（1994）

１９９１年、フィリピンのピナツボ山噴火の被災地を訪れ、代表である横田宗《はじめ》が孤児院支援を行ったことを契機に子どもたちが夢に向かってチャレンジできる社会づくりを目指して、１９９４年に東京で設立される。ＮＰＯ法人化し、現在はフィリピンの孤児院支援、貧困地域の女性たちの地位向上などの活動を行い、日本国内ではフィリピン雑貨チャリティ・ショップの運営などを行っている。[47]

「ＡＣＥ」（1997）

世界の子どもが権利を守られ、安心して希望を持って暮らせる社会を目指して、児童労働の問題に取り組んでいる。１９９７年世界１０３カ国で行われた「児童労働に反対するグローバル・マーチ」を日本で行うために、学生５人で東京で設立された。ＮＰＯ法人化し、インドのコットンやガーナのカカオの生産地で子どもを支援する活動、日本国内で児童労働のない商品開発やＣＳＲの推進、寄付付き商品の販売などを行っている。[48]

「国境なき子どもたち」（1997）

国際ＮＧＯの日本の青少年向け教育プロジェクトを前身として１９９７年９月に東京で設立され、恵まれない青少年や子どもを支援し、「共に成長していく」ことを目指す。ＮＰＯ法人化、認定ＮＰＯ法人化され、現在カンボジア、フィリピン、バングラデシュ、ミャンマー、パキスタン、ヨルダン（シリア難民支援）、パレスチナにおいて活動し、「若者の家」「法に抵触した青少年支援」「恵まれない青少年子ども支援」など教育や職業訓練支援を行っている[49]。

「かものはしプロジェクト」（2002）

「子どもが売られなくなる世界をつくる」をミッションに、強制的な子どもの人身売買問題を防止するために、学生が中心となって2002年に東京で設立された。カンボジアで子どもの人身売買防止と女性の自立支援のための雑貨工場やクラフト・ショップの運営を行っている。インドでは、パートナー団体と子どもの人身売買防止のための仕組みづくりのための活動を行っている。NPO法人化し、国内でも社会企業的活動を行い注目を浴びている[50]。

「アイキャン（ICAN、旧名「アジア日本相互交流センター」）」（1994）

一人の会社員がフィリピンを訪れ、子どもたちが置かれている状況に対し、友人から集めた5万円を元手に1994年に名古屋に設立し、『できること』を実践する人（＝アイキャンな人）」を増やし、路上や紛争地、災害被災地など「危機的状況」にある子どもたちの生活向上と平和な社会を目指して活動している。NPO法人化、認定NPO法人化の後、フィリピン（10カ所）、イエメン、ジブチで活動を行う[51]。

「フリー・ザ・チルドレン・ジャパン」（1999）

1995年カナダで当時12歳のクレイグ少年によって設立され、日本でも1999年に東京で設立される。子どもや若者は助けられる存在ではなく、子ども自身が行動することを大切にし、児童労働などの過酷な現状から子どもを解放する、子どもは無力だという考えから社会や子ども自身を解放する、ことを目指している。NPO法人化、認定NPO法人化の後、フィリピン、インド、モンゴル、ケニア、ハイチなどで活動している[52]。

「エイズ孤児支援NGO・PLAS」（2005）

アフリカのエイズ孤児の現状に対して7名の学生が中心となり2005年日本で初めてのエイズ孤児支援に

特化した団体として東京で設立される。「ＨＩＶ／エイズによって影響を受ける子どもたちが笑顔でいられる社会を実現する」ことを目指している。ＮＰＯ法人化され、現在ケニア、ウガンダにおいて活動し、エイズ孤児の就学支援活動、エイズ啓発活動（エイズ孤児収入向上プロジェクト、現地リーダーの育成のためのエイズ予防教育の普及活動）などの事業を行っている。[53]

②　人権：２０００年代以降本格的に人権分野を扱うＮＧＯが設立される。

「ヒューマン・ライツ・ナウ」（２００６）

世界の深刻な人権侵害をなくすため、法律家、研究者、ジャーナリスト、市民など、人権分野のプロフェッショナルたちを中心に２００６年に東京で発足し、国際的に確立された人権基準に基づき、紛争や人権侵害のない公正な世界をめざし、活動している。ＮＰＯ法人化、認定ＮＰＯ法人化の後、海外では、企業の社会的責任と人権に関するアドボカシー活動、ミャンマーにおける人権保護促進に関する活動、国内では東日本大震災避難者生活実情調査・政策提言活動／法律・税務相談活動、武力紛争と人権に関するプロジェクト、子ども・若年女性のポルノ・買春被害調査と予防・被害者保護活動などを行っている。[54]

③　環境・環境汚染：１９９０年代以降国連環境開発会議が開催され、環境・環境汚染分野を扱うＮＧＯが設立される。

「地球の木」（１９９１）

アフリカの飢餓への緊急救援をきっかけに、生活クラブ生協神奈川の有志が「一食カンパ運動」の募金活動をしたことをきっかけに、１９９１年に「(旧名) グローバル市民基金　地球の木」が神奈川県横浜市で設立された。「南」の人たちの自立支援を行い、現地で起こっている問題と日本の関わりを社会に伝えていくことを目指している。NPO法人化、認定NPO法人化を行い、現在海外事業として学校支援を通した参加型農村開発支援（ネパール）、教育支援・トレーニング（ネパール）、森林保全・自然農業の普及（ラオス）、職業訓練センター支援（カンボジア）を行い、国内事業として、地球市民教育ワークショップ開催、開発教育教材「マジカルバナナ」CDの販売などを行っている。[55]

「緑の地球ネットワーク（GEN）」（1992）

経済発展とともに環境破壊が進む中国山西省大同市の黄土高原で自然環境の基礎である森林の再生とアジア地域の森林保全・再生をも視野にいれたネットワークをめざして、1992年大阪で設立された。地球上の各地で水土流失や砂漠化が深刻化するなか、そこで暮らす人びとの森林を取り戻す努力に協力し、自分たちの生活の場でも、緑を守り、緑とともに生きるよう努めることを目的する。NPO法人化、認定NPO法人化し、現在中国山西省大同市で砂漠化と水土流失を防ぐため、山地、丘陵地にマツ、落葉広葉樹、灌木を混植して造林を実施し、村に小学校付属果樹園を建設し、乾燥に強いアンズ等を植えて環境改善、教育費と農民の収入増をめざす活動を行っている。[56]

「アジア砒素ネットワーク」（1994）

宮崎県高千穂町の旧土呂久鉱山、木城町の旧松尾鉱山（土呂久・松尾）周辺で慢性砒素中毒訴訟裁判の運動の経験から、砒素に関する経験や人脈をアジア各地の砒素汚染解決にいかそうと、1994年宮崎で設立した。NPO法人化し、海外事業では、アジアの地下水砒素汚染問題を解決するため、バングラデシュでは総合的な砒素汚染対策と砒素中毒患者の治療援助、中国では内蒙古自治区での改水事業、ネパールでは砒素汚染調査と安全な水の供給、ベトナムでは飲料水浄化装置の開発と普及事業などを進め、国内事業ではアジア各地の砒素をテーマにした活動を行っている。[57]

④　農村開発・地域開発：１９９０年代農村開発・地域開発分野で活動する団体が数多く設立される。

「国際開発救援財団」（１９９０）

開発途上国の自立的発展と福祉の増進に寄与することを目的とし、山崎製パン株式会社の創業者、飯島藤十郎による寄付を主な基本財産として１９９０年に東京で発足した。国際ＮＧＯワールド・ビジョンと手を携えつつ、住民の生活環境の向上および地域開発の推進に資するための援助事業を実施し、開発途上国の自立的発展および福祉の増進に寄与し、自然災害の被災者への緊急支援も行うことを目指している。財団法人化、公益財団法人化し、現在は農村開発（カンボジア、ベトナム、ネパール）、産業育成（ベトナム）、保健医療（カンボジア、ベトナム）、自然災害（日本：東日本大震災など、ネパール、カンボジア、ベトナム他）の支援を行っている。[58]

「ＩＶＹ」（１９９１）

タイ・カンボジア国境にあったカンボジア難民キャンプへスタディツアーに参加した山形県人10人が１９９１年に山形県山形市にＪＶＣ山形（日本国際ボランティアセンター山形）を設立し、１９９９年「国際ボランティアセンター山形（ＩＶＹ）」に名称変更しＮＰＯ法人化、その後認定ＮＰＯ法人となる。山形という地方を拠点として世界の問題と関わり、世界のすべての人々が人間らしく生きることができる社会を目指す。現在、カンボジアにおいて、農村開発、農業、教育などの分野（農産物組合の経営体制の確立を通じた農村の貧困削減事業）、シリア難民、イラク・クルド自治区で教育や難民支援の分野（越冬支援、難民児童への教育支援）で活動を行っている。日本国内活動として、母子のための保育環境整備事業（山形市）、在日外国人への日本語教室、生活相談、医療通訳の派遣、学校出前授業（国際理解教育ワークショップ）講師派遣、地球子どもキャンプ（環境教育）、環境教育、国際理解教育指導者養成事業などを行っている。[59]

「カラ＝西アフリカ農村自立協力会」（１９９２）

現代表の村上一枝が、１９９０年からマリのローカルＮＧＯとともに、マディナ村での活動を踏襲し、「マリ共和国保健医療を支援する会」を1992年に東京で設立し、1993年「カラ＝西アフリカ農村自立協力会」と改名した。西アフリカの農村地域で、住民とともに農村自立活動を行い、農村住民が、健康で未来への希望の持てる自立的生活を主体的に構築することに協力することを目指している。NPO法人化し、現在、教育および識字学習の普及、女性の自立支援、地域保健、エイズ・マラリア予防、植林・自然環境保護、野菜栽培・野菜園造成などの活動を行っている。[60]

「ブリッジ　エーシア　ジャパン」（1993）

ベトナムの戦後復興支援や障がい児支援、帰還民の職業訓練の支援をしたことを契機に1993年に東京で設立され、UNHCRよりミャンマーでの難民帰還・再定住促進事業への協力の要請があり本格的に海外での事業活動を開始した。社会的に弱い立場にある人々、特に女性、障がい者、帰還民、低所得層などの自立支援を目指し、技術習得や能力強化の機会の提供、収入向上の支援、地域発展のための環境基盤整備、環境教育などの活動を行う。NPO法人化、認定NPO法人化を行い、現在ベトナム、ミャンマーで活動している。[61]

「アフリカ地域開発市民の会（CanDo）」（1998）

東アフリカでのNGO活動に関わってきた人たちが、スラムの拡大や村落部の土地の疲弊などアフリカの問題に根本的に向き合って開発協力を行うために1998年に東京で設立された。アフリカ（主にケニア）で地域の資源を利用し、教育、保健、環境保全の分野を包括した活動を通して、地域に暮らす人々の社会的能力向上をはかり、問題を解決して彼らが考える「豊かさ」を達成することを目指す。NPO法人化し、現在ケニアで教育、保健医療、土壌大気の分野の支援などを行っている。[62]

「アーシャ＝アジアの農村と歩む会」（2004）

インド・アラハバード農業大学継続教育学部において農村開発を続けて2004年退任した牧野一穂の後、後任の三浦照男が事業を継続するために2004年にNPO法人を栃木県那須塩原市で設立した。アジア諸国の農村住民の地位の向上と自立を促進するために、農村開発支援事業及び災害、紛争などによる被災住民への緊急支援活動を行い、人間の尊厳を尊重する社会の形成に寄与することを目指している。インドにおいて、農村開発・農業開発支援事業、人材育成支援事業、農村保健衛生改善支援事業などを行い、日本国内においても手工芸品等物品販売事業などを行っている。[63]

⑤　フェアトレード・社会企業・社会的責任（SR）・企業のグローバル人材：1990年以降開発支援、人道支援だけでなく、フェアトレード、社会企業、社会的責任を扱うNGOが登場する。

「フェアトレード・ラベル・ジャパン（FLJ）」（1993）

ドイツでフェアトレード・ラベル運動（ネットワーク名称：トランスフェア）の当時の代表マルティン・クンツを訪問した松木傑牧師（日本福音ルーテル聖パウロ教会）によって、日本にフェアトレード・ラベル運動の考え方が導入され、3つの団体が設立メンバーとなり、1993年「トランスフェアジャパン」が東京で発足した。「国際フェアトレード・ラベル機構Fairtrade International」により、2002年「国際フェアトレード認証ラベル」が完成し、新ラベルの導入と組織のNPO法人化により、2004年「フェアトレード・ラベル・ジャパン（FLJ）」に名称変更した。現在国際フェアトレード・ラベル機構の構成メンバーとして、日本国内における国際フェアトレード認証ラベルのライセンス事業、製品認証事業、フェアトレードの普及啓発・広報事業を担っている。[64]

「セカンドハンド」（1994）

1994年香川県高松市南新町にチャリティショップ、セカンドハンド1号店を開店し、辞書などの本を購入し、カンボジアの教員養成大学の図書室に寄付を開始する。支援先は主にカンボジアで、支援の仕組みの特徴は、高松市に2店舗のチャリティショップを運営していることだ。NPO法人化後、一般社団法人化、公益社団法人となる。[65]

「WE21ジャパン」(1998)

「公正な地球社会」を創りたいと考えた神奈川県の女性たちが、1998年リユース・リサイクルショップ「WE(Women's Empowerment)ショップ」を神奈川県でオープンさせ、その収益をアジア地域などの女性たちの支援を行い、神奈川県内の36のWE21地域NPOと連携し、資源の循環する社会づくりを目指している。NPO法人化、認定NPO法人化し、現在WEショップ55店舗を展開し、民際協力事業として、フェアトレード事業(フィリピン・ベンゲット州ジンジャーティの購入・販売)、リユース・リサイクル環境事業、市民啓発活動(開発教育教材の開発など)、政策提言活動などの活動を行っている。[66]

「CSOネットワーク」(1999)

1999年「日米コモンアジェンダ(地球的展望に立った協力のための共通課題)」の枠組みのもと、地球規模課題の解決に取り組む企業、政府、市民社会組織(CSO)の連携を推進するため、CSO連絡会が東京で誕生し、2004年から「CSOネットワーク」として活動する。2011年一般財団法人化し、現在社会的責任(SR)・サステナビリティ関連事業(SRの推進・専門性向上・連携強化)・企業と人権に関する活動、企業とのエンゲージメント、ISO26000の推進、民間による開発支援(PDA)調査、CSRとCSVを考える会、地域主体の持続可能なプロジェクト・「地域の力」フォーラム委員会の開催、農山村と都市に関するセミナーや公開フォーラム開催、地域診断ツール作成・ワークショップ開催、SDGs関連情報発信など国内事業中心に活動している。[67]

「TABLE FOR TWO International(TFT)」

代表者の小暮直久が経済学者ジェフリー・サックスとの出会いに強い感銘を受け、その後、TABLE FOR TWOプロジェクトに参画し、創業者3名とともに2007年に東京に本部を設立した。TABLE FOR TWO

は「二人の食卓」という意味であり、先進国と開発途上国の子どもたちが食事を分かち合うというコンセプトで、開発途上国の飢餓と先進国の肥満や生活習慣病の解消に同時に取り組む、社会貢献運動として、２０１０年に認定ＮＰＯ法人化される。２０１６年現在、アメリカ、ヨーロッパの国々、ノルウェー、サウジアラビア、そして香港やベトナム、オーストラリアなど計14か国で活動を展開し、ウガンダ共和国、エチオピア連邦民主共和国、ケニア共和国、タンザニア連合共和国、ルワンダ共和国、ミャンマー連邦共和国、フィリピン共和国において支援を行っている[68]。

「クロスフィールズ」（２０１１）

２０１１年に「社会の未来と組織の未来を切り拓くリーダーを創る」というミッションをあげて東京で設立され、日本企業の人材育成・ビジネス開発と国際協力をつなぎ、セクターの枠を超えた活動と協働を目指す。ＮＰＯ法人化し、現在日本企業の社員をアジアの新興国で活動するＮＧＯや社会的企業へと派遣し、専門性を生かして現地の課題解決のための機会を提供する「留職」プログラムをアジア各国と日本（主に東北の被災地）で展開している[69]。

⑥　難民・避難民：１９９０年代以降日本に逃れてきた難民・避難民支援を行うＮＧＯが設立される。

「難民支援協会」（１９９９）

難民問題に専門的・総合的に関わるＮＰＯの存在が必要であるという認識を持った人間が集まり、日本国内の個別の難民を支援し、行政・企業・研究者など、より多様なアクターと連携して難民問題に取り組むため、１９９９年に東京で設立され、日本に逃れてきた難民が、日本で自立した生活を安心して送れるよう支援することを目的に活動している。その後ＮＰＯ法人化、認定ＮＰＯ法人化し、現在、難民申請をする際の手続き相談、迫害状況に関する聞き取りやカウンセリング、難民申請者の医療機関や役所、住居探しなどの支援、難民及び難民申請者が集住する地域への支援（収入向上や就労のためのトレーニング、研修）などを行っている。[70]

⑦ **医療：9・11米国同時多発テロ以降、イラク戦争におけるガン白血病の医療支援を行うNGOが設立される。**

「日本イラク医療支援ネットワーク（JIM-NET）」（2004）

イラク戦争に反対していた市民が中心となって、企業といくつかのNGOが協力し、イラクのガンの子どもたちを救済し治療が受けられるようにするために2004年に東京で設立される。NPO法人化の後、イラクでのガン白血病の医療支援、ガンの子どもたちの教育支援、患者の文化活動支援、貧困患者の経済支援、難民支援・イラク国内の難民キャンプへの医療支援、劣化ウラン禁止に向けて国連機関等へアドボカシー活動を行い、国内でもチョコ募金、イラクの子どもの絵画展等、アドボカシー活動などを行っている。[71]

⑧ **ネットワーク**

仏教ネットワーク「アーユス仏教国際協力ネットワーク」（1993）

仏教精神を基盤とした国際協力及び市民参加型社会の実現を目指し、国際協力や市民運動等の経験を積んできた超宗派の仏教僧侶を中心に、広く市民の参加を呼びかけ、NGO関係者や専門家の協力を得て1993年東京で設立し、仏教精神に基づき、市民・NGOとつながり、すべてのいのちが尊重され生かし生かされあう社会の実現を目指している。NPO法人化、認定NPO法人化し、現在海外事業として、平和人権支援、時局対応支援（一般、東日本大震災／福島、脱原発・反原発輸出活動支援）、国内事業として、NGO組織強化支援、NGO評価支援、アーユス賞、寺院を通じて情報発信、開発教育活動及び教材の製作などを行っている。[72]

⑿　１９９０年代以降のまとめ

以上の通り、１９９０年代以降の日本の市民社会、特に日本の国際協力の分野で活動するＮＧＯの動きを中心に説明してきた。以下に、１９９０年代の日本のＮＧＯの動きの特徴を述べていきたい。

第１に、１９９０年代以降ＮＧＯの活動は、量的拡大時代から質的転換時代を遂げる。１９９０年代は、政府の支援が開始され、阪神・淡路大震災救援活動へのボランティア参加、特定非営利活動促進法（ＮＰＯ法）が制定され、ＮＧＯやＮＰＯは量的拡大していく時代であった。２０００年に入ると、ＮＧＯ・ＮＰＯの活動は安定していくが、東日本大震災の救援活動の影響で拡大し、現在は安定状態に入り、ＮＧＯは経営能力の強化や説明責任（アカウンタビリティ）重視など質的転換を図る時代になり、この時代はＮＧＯにとって変化の時代だといえる。しかし、東日本大震災の記憶が少し薄れてくると、ＮＧＯの中には募金やドナーからの支援金・助成金が削減され、財政や経営が苦しくなるＮＧＯも出てきた。

第2に、政府の支援の拡大とＮＧＯと政府間のパートナーシップの成熟である。１９９０年代以降、外務省は「ＮＧＯ事業補助金」などＮＧＯの財政的支援を開始し、郵政省、各省庁、少数の財団がＮＧＯへの支援を行うようになる。ＮＰＯ法制定と併せて、１９９０年代は、政府などの財政支援など政府の対応の変化とともに、ＮＧＯ・外務省定期協議会、ＮＧＯ・ＪＩＣＡ協議会など国際協力分野で活動するＮＧＯや外務省やＪＩＣＡとの間で定期協議、政策協議、共同事業が行われるようになる。２０００年に入ると、外務省の「ＮＧＯ連携無償資金」や「ジャパン・プラットフォーム（ＪＰＦ）」の資金も拡大した。しかし、ＮＧＯの中には、その多くを政府からの支援に頼り、ＮＧＯの政府資金からの自立や自己資金の調達力が進んでいるとは言い切れないジレンマもある。

第3に、問われるNGOの経営能力・社会的責任・アカウンタビリティである。

1990年代から2000年代を通じてNGOが量的拡大から質的転換を求められる時代となり、強まる政府支援の中でNGOの主体性・自立性・独立性の確保のために、NGOは経営能力の強化（マネージメント）を求められ、企業との協力や人材育成の充実を行うようになる。NGOの経営基盤や財政基盤を一層強くしていくために、社会的責任（SR）や説明責任のための「アカウンタビリティ」が必要となり、田中弥生による「エクセレントNGO」（市民性、社会変革性、組織安定性の3つの基本条件と33の評価基準）という優れたNPOになるための基準も示され、NGOの質の高い活動と社会的責任（CSR）が問われる時代となった。今後は、国際ガイドラインである「GRIガイドライン Global Reporting Initiative Guideline」や「ISO26000」など国際ガイダンス規格への対応が求められる。

第4に、国際会議・国際キャンペーンに参加するNGOの増加である。

1990年代から、日本のNGOは、国連会議、G7先進国首脳会議（サミット）、G7財務省会議、国際通貨基金（IMF）・世界銀行、世界貿易機関（WTO）などの国際会議に参加し、政策提言やキャンペーンを積極的に行うようになった。さらに、日本のNGOが政府による国際会議に参加したり、日本政府代表団にNGOが参加したりするようになった。国際会議への参加を契機に新しくNGOが設立されるなど、日本のNGOの活動が日本や国際社会において大きな注目を集めた時代であった。2000年に入ってから、G-CAPキャンペーンなど日本のNGOが「ほっとけない世界のまずしさ」キャンペーンに参加し、国内で約400万個のホワイトバンドを販売し、日本のセレブが参加するクリッキング・フィルムも注目を集めた。

第5に、日本の国内活動の多様化である。

日本のNGOは、1990年代以降、政策提言、キャンペーン、開発教育、フェアトレードなど国内の活動が多様化した。従来のNGO活動は、海外は人道支援や開発協力が中心で、日本国内では広報・募金・情報提供などが中心であった。政策提言（アドボカシー）は、国際機関、政府（国会議員、官僚等）、企業などに対する働きかけを行い、キャンペーンは、世論喚起や一般市民に対する働きかけである。開発教育は、学校教育とＮＧＯの協力であり、教材作成、モデル授業、持続可能な開発のための教育（ＥＳＤ）などである。フェアトレードは公正な貿易ともいい、コーヒー、紅茶、バナナ、ハンディクラフトを販売したり、フェアトレードショップを開店したりしている。また、フェアトレードの公的な機関による認証マークの付与や認証マークのついた嗜好品を売っていることもある。ＮＧＯの自己資金収入を拡大させるための企業化の一つがフェアトレードである。ＮＧＯ、途上国の生産者などによって、近年多くのフェアトレードが実施されている。公正な貿易と発展途上国の生産者の自立を目指す「フェアトレード」は、１９９０年代以降欧米諸国に本格的に定着し、日本でも２０００年以降徐々にＮＧＯなどによって導入されている。フェアトレードの動きは、貿易の自由化やＷＴＯを巡る動きにも一定の影響を与えることもあり、フェアトレードを推進するＮＧＯによる貿易自由化の反対運動もある。

第６に、日本の国内緊急支援活動の本格化（阪神・淡路大震災、東日本大震災、熊本地震）である。１９９５年阪神・淡路大震災の発生により、多くの日本人が国内救援ボランティア活動に参加し、これが契機となり、日本政府や国会議員の対応が変化し、市民セクターへの理解も進み、１９９８年ＮＰＯ法が制定され、ＮＧＯ・ＮＰＯの数が拡大していく。さらに、東日本大震災の際には、全国規模でＮＧＯ・ＮＰＯやボランティアが被災地に駆けつけ救援活動を行い、それを契機に新しいＮＧＯ・ＮＰＯが地域に誕生した。

第７に、国連「ミレニアム開発目標（ＭＤＧｓ）」から国連「持続可能な開発目標」（ＳＤＧ）を巡る動きである。２００１年のＭＤＧｓの８つのゴールを目指して、「ほっとけない世界のまずしさ」キャンペーンなど多くのＮＧＯがキャンペーン活動や政策提言活動に参加した。ポストＭＤＧｓとしてのＳＤＧｓの策定プロセスや17のゴールや「誰ひとり残さない」のスローガンづくりに各国のＮＧＯとともに日本のＮＧＯが協力し、貢献したことは述べておかなければならない。中でも「SDGs市民社会ネットワーク」（事務局：「動く→動かす」）は、2016年3月に結成され、2030年までにSDGsを達成するためのキャンペーンと提言活動を行うために動き出している。

【注】

1 外務省国際協力局民間援助連携室（2016）『国際協力とNGO－平成27年度日本NGO連携無償資金協力及びジャパン・プラットフォーム事業実績』外務省NGO連携無償協力及びジャパン・プラットフォーム事業実績件数と実績額の推移 http://www.mofa.go.jp/mofaj/gaiko/oda/files/000164755.pdf（2017年1月9日閲覧）参照。

2 外務省のHP http://www.mofa.go.jp/mofaj/gaiko/oda/shimin/oda_ngo/partnership/（2016年12月15日閲覧）、外務省国際協力局民間援助支援室『国際協力とNGO 外務省と日本のNGOのパートナーシップ』、重田（2005）を参考に作成。http://www.mofa.go.jp/mofaj/files/000071852.pdf（2016年12月5日閲覧）。

3 外務省のHP http://www.mofa.go.jp/mofaj/gaiko/oda/shimin/oda_ngo/partnership/（2016年12月15日閲覧）、外務省国際協力局民間援助支援室『国際協力とNGO 外務省と日本のNGOのパートナーシップ』、重田康博（2005）、外務省民間援助支援室（2004）『ODAとNGO 政府とNGO間の連携・支援・対話』を参考に作成。

4 「環境・持続社会」研究センターのHP http://www.jacses.org/（2016年12月9日閲覧）、国際協力NGOセンター（JANIC）のHP http://directory.janic.org/directory/（2016年11月22日閲覧）を参考に作成。

5 市民フォーラム2001のHP http://www.jca.apc.org/pf2001jp/（2016年12月9日閲覧）参照。

6 西川潤編（1997）を参考に作成。

7 気候ネットワークのHP http://www.kikonet.org/（2016年12月9日閲覧）を参考に作成。

8　国際協力ＮＧＯセンター（２０００）、国際協力ＮＧＯセンター（２００２）、国際協力ＮＧＯセンター（２００４）、重田康博（２００２）、重田康博（２００５）を参考に作成。

9　２００８年Ｇ８サミットＮＧＯフォーラムはＪＡＮＩＣのＨＰ　http://www.janic.org/activ/activsuggestion/2008g8ngo/（２０１６年12月９日閲覧）、２０１６年Ｇ７サミット市民社会プラットフォームのＨＰ　http://cso-g7-ise-shima-summit2016.blogspot.jp/p/resources.html（２０１６年12月９日閲覧）を参考に作成。

10　重田康博（２００２）、重田康博（２００５）を参考に作成。

11　重田康博（２００２）、重田康博（２００５）を参考に作成。

12　上村雄彦編著（２０１６）207－210頁。

13　堀江由美子、山田太雲（２０１３）「私たちの住む世界を左右するポスト２０１５開発アジェンダと市民社会の関わり」開発教育協会『開発教育』№60、97－98頁。

14　ＳＤＧｓ市民社会ネットワークのＨＰ　http://www.sdgscampaign.net/（２０１６年12月９日閲覧）を参考に作成。

15　カンボジア市民フォーラムのＨＰ　http://www.pefocj.org/（２０１６年12月10日閲覧）、ＪＡＮＩＣのＨＰ　http://directory.janic.org/directory/（２０１６年12月10日閲覧）、重田康博（２００２）、重田康博（２００５）を参考に作成。

16　日本インドネシアＮＧＯネットワークのＨＰ　http://www.jca.apc.org/~janni/（２０１６年12月10日閲覧）、ＪＡＮＩＣのＨＰ　http://directory.janic.org/directory/（２０１６年12月10日閲覧）、インドネシア民主化支援ネットワークのＨＰ　http://www.nindja.com/（２０１６年12月10日閲覧）、東ティモール全国協議会のＨＰ　http://www.asahi-net.or.jp/~ak4a-mtn/（２０１１年７月12日更新、２０１６年12月10日閲覧）、ネパールＮＧＯネットワークのＨＰ　https://sites.google.com/site/nepalngonet/（現在更新されているか不明、２０１６年12月10日閲覧）、ビルマ市民フォーラムのＨＰ　http://pfbkatsudo.blogspot.jp/（現在更新されているか不明、２０１６年12月10日閲覧）、重田康博（２００２）、重田康博（２００５）を参考に作成。

17　コトパンジャン・ダム被害住民を支援する会のＨＰ　http://www.kotopan.jp/（２０１６年12月10日閲覧）、重田康博（２００２）を参考に作成。
18　アフリカ日本協議会のＨＰ　http://www.ajf.gr.jp/（２０１６年12月10日閲覧）、ＪＡＮＩＣのＨＰ　http://directory.janic.org/directory/（２０１６年12月10日閲覧）を参考に作成。
19　ＯＤＡ改革ネットワークのＨＰ　http://www.geocities.co.jp/WallStreet/2892/what.html（２０１６年12月10日閲覧）、ＯＤＡ改革ネットワーク関西のＨＰ　http://d.hatena.ne.jp/odanetkansai/about（２０１６年12月10日閲覧）、ＪＡＮＩＣのＨＰ　http://directory.janic.org/directory/（２０１６年12月10日閲覧）を参考に作成。
20　障害分野ＮＧＯ連絡会のＨＰ　http://www.normanet.ne.jp/~jannet/（２０１６年12月18日閲覧）、ＪＡＮＩＣのＨＰ　http://directory.janic.org/directory/（２０１６年12月18日閲覧）を参考に作成。
21　ＧＩＩ／ＩＤＩに関する外務省／ＮＧＯ定期懇談会のＨＰ　http://www.mofa.go.jp/mofaj/gaiko/oda/shimin/oda_ngo/taiwa/gii_idi.html（２０１６年12月13日閲覧）を参考に作成。
22　教育協力ネットワークのＨＰ　http://jnne.org/（２０１６年12月13日閲覧）を参考に作成。
23　ＮＧＯと企業の連携推進ネットワークのＨＰ　http://www.janic.org/ngo_network/（２０１６年12月13日閲覧）を参考に作成。
24　ジェンのＨＰ　http://www.jen-npo.org/（２０１６年12月10日閲覧）、ＪＡＮＩＣのＨＰ　http://directory.janic.org/directory/（２０１６年12月10日閲覧）を参考に作成。
25　インターバンドのＨＰ　http://www.interband.org/（２０１６年12月10日閲覧）、ＪＡＮＩＣのＨＰ　http://directory.janic.org/directory/（２０１６年12月10日閲覧）を参考に作成。
26　ピースウィンズ・ジャパンのＨＰ　http://peace-winds.org/（２０１６年12月10日閲覧）、ＪＡＮＩＣのＨＰ　http://directory.janic.org/directory/（２０１６年12月10日閲覧）を参考に作成。
27　日本紛争予防センターのＨＰ　http://www.jccp.gr.jp/（２０１６年12月18日閲覧）、ＪＡＮＩＣのＨＰ　http://directory.janic.org/directory/（２０１６年12月18日閲覧）を参考に作成。
28　テラ・ルネッサンスのＨＰ　https://www.terra-r.jp/（２０１６年12月18日閲覧）、ＪＡＮＩＣのＨＰ

http://directory.janic.org/directory/（２０１６年12月18日閲覧）を参考に作成。
29　Ｃｉｖｉｃ　ＦｏｒｃｅのＨＰ　http://www.civic-force.org/asia-pacific/apa/（２０１６年12月18日閲覧）を参考に作成。
30　『朝日新聞』１９９５年3月25日付参考。
31　草地賢一（１９９５）を参考に作成。
32　ＣＯＤＥ海外災害援助市民センターのＨＰ　http://www.code-jp.org/（２０１６年12月10日閲覧）、ＪＡＮＩＣのＨＰ　http://directory.janic.org/directory/（２０１６年12月10日閲覧）を参考に作成。
33　内閣府ＮＰＯのＨＰ　https://www.npo-homepage.go.jp/（２０１６年12月10日閲覧）を参考に作成。
34　内閣府ＮＰＯのＨＰ　https://www.npo-homepage.go.jp/（２０１６年12月11日閲覧）を参考に作成。
35　ＪＡＮＩＣのアカウンタビリティのＨＰ　http://www.janic.org/more/accountability/（２０１６年12月17日閲覧）、重田康博（２００５）305－317頁を参照に作成。
36　外務省のＨＰ『諸外国等からの物資支援・寄付金一覧』（２０１１年閲覧）。
37　国際協力ＮＧＯセンター（２０１１）を参照。
38　国際協力ＮＧＯセンター（２０１１）を参考に作成。
39　全国社会福祉協議会および『朝日新聞』２０１１年7月2日夕刊参照。
40　２０１５防災世界会議日本ＣＳＯネットワーク（ＪＣＣ２０１５）のＨＰ　http://jcc2015.net/（２０１６年12月25日閲覧）を参照。
41　防災・減災日本ＣＳＯネットワーク（ＪＣＣ－ＤＲＲ）（２０１６）『市民のための仙台防災枠組２０１５－２０３０』。
42　福島ブックレット委員会（２０１６）。
43　アジアキリスト教教育基金のＨＰ　http://acef.or.jp/（２０１７年1月2日閲覧）、ＪＡＮＩＣのＨＰ　http://directory.janic.org/directory/（２０１7年1月2日閲覧）を参照。
44　国際子ども権利センターのＨＰ　http://www.c-rights.org/about/（２０１７年1月2日閲覧）、ＪＡＮＩＣのＨ

Ｐ　http://directory.janic.org/directory/（２０１７年１月２日閲覧）を参照。

45　ＪＨＰ・学校をつくる会のＨＰ　http://www.jhp.or.jp/（２０１７年１月２日閲覧）、ＪＡＮＩＣのＨＰ　http://directory.janic.org/directory/（２０１７年１月２日閲覧）を参照。

46　地球市民ＡＣＴかながわ／ＴＰＡＫのＨＰ　http://www.tpak.org/（２０１７年１月２日閲覧）、ＪＡＮＩＣのＨＰ　http://directory.janic.org/directory/（２０１７年１月２日閲覧）、国際協力ＮＧＯセンター（２０１６年第９版）を参照。

47　アクションのＨＰ　http://actionman.jp/（２０１７年１月２日閲覧）、ＪＡＮＩＣのＨＰ　http://directory.janic.org/directory/（２０１７年１月２日閲覧）を参照。

48　ＡＣＥのＨＰ　https://acejapan.org/（２０１７年１月２日閲覧）、ＪＡＮＩＣのＨＰ　http://directory.janic.org/directory/（２０１７年１月２日閲覧）を参照。

49　国境なき子どもたちのＨＰ　http://knk.or.jp/knk/（２０１７年１月２日閲覧）、ＪＡＮＩＣのＨＰ　http://directory.janic.org/directory/（２０１７年１月２日閲覧）、国際協力ＮＧＯセンター（２０１６年第９版）を参照。

50　かものはしプロジェクトのＨＰ　http://www.kamonohashi-project.net/（２０１７年１月３日閲覧）、ＪＡＮＩＣのＨＰ　http://directory.janic.org/directory/（２０１７年１月３日閲覧）、国際協力ＮＧＯセンター（２０１６年第９版）を参照。

51　アイキャンのＨＰ　http://www.ican.or.jp/（２０１７年１月３日閲覧）、ＪＡＮＩＣのＨＰ　http://directory.janic.org/directory/（２０１７年１月３日閲覧）、国際協力ＮＧＯセンター（２０１６年第９版）を参照。

52　フリー・ザ・チルドレン・ジャパンのＨＰ　http://www.ftcj.com/（２０１７年１月２日閲覧）、ＪＡＮＩＣのＨＰ　http://directory.janic.org/directory/（２０１７年１月２日閲覧）を参照。

53　エイズ孤児支援ＮＧＯ・ＰＬＡＳのＨＰ　http://www.plas-aids.org/（２０１７年１月２日閲覧）、ＪＡＮＩＣのＨＰ　http://directory.janic.org/directory/（２０１７年１月２日閲覧）を参照。

54　ヒューマンライツ・ナウのＨＰ　http://hrn.or.jp/（２０１７年１月３日閲覧）、ＪＡＮＩＣのＨＰ　http://directory.janic.org/directory/（２０１７年１月３日閲覧）を参照。

55　地球の木のＨＰ　http://e-tree.jp/（２０１７年１月４日閲覧）、ＪＡＮＩＣのＨＰ　http://directory.janic.org/directory/（２０１７年１月４日閲覧）を参照。

56　緑の地球ネットワークのＨＰ　http://gen-tree.org/（２０１７年１月４日閲覧）、ＪＡＮＩＣのＨＰ　http://directory.janic.org/directory/（２０１７年１月４日閲覧）を参照。

57　アジア砒素ネットワークのＨＰ　http://www.asia-arsenic.jp/top/（２０１７年１月４日閲覧）を参照。

58　国際開発救援財団のＨＰ　http://www.fidr.or.jp/（２０１７年１月４日閲覧）、ＪＡＮＩＣのＨＰ　http://directory.janic.org/directory/（２０１７年１月４日閲覧）を参照。

59　ＩＶＹのＨＰ　http://ivyivy.org/（２０１７年１月３日閲覧）、ＪＡＮＩＣのＨＰ　http://directory.janic.org/directory/（２０１７年１月３日閲覧）を参照。

60　カラ＝西アフリカ農村自立協力会のＨＰ　http://ongcara.org/（２０１７年１月３日閲覧）、ＪＡＮＩＣのＨＰ　http://directory.janic.org/directory/（２０１７年１月３日閲覧）を参照。

61　ブリッジ　エーシア　ジャパンのＨＰ　http://www.baj-npo.org/（２０１７年１月３日閲覧）、ＪＡＮＩＣのＨＰ　http://directory.janic.org/directory/（２０１７年１月３日閲覧）を参照。

62　アフリカ地域開発市民の会のＨＰ　http://www.cando.or.jp/（２０１７年１月３日閲覧）、ＪＡＮＩＣのＨＰ　http://directory.janic.org/directory/（２０１７年１月３日閲覧）を参照。

63　アーシャ＝アジアの農村と歩む会のＨＰ　http://ashaasia.org/（２０１７年１月３日閲覧）、ＪＡＮＩＣのＨＰ　http://directory.janic.org/directory/（２０１７年１月３日閲覧）を参照。

64　フェアトレード・ラベル・ジャパンのＨＰ　http://www.fairtrade-jp.org/（２０１７年１月３日閲覧）、ＪＡＮＩＣのＨＰ　http://directory.janic.org/directory/（２０１７年１月３日閲覧）を参照。

65　セカンドハンドのＨＰ　http://2nd-hand.main.jp/sh/（２０１７年１月３日閲覧）を参照。

66　ＷＥ21ジャパンのＨＰ　http://www.we21japan.org/（２０１７年１月３日閲覧）、ＪＡＮＩＣのＨＰ

http://directory.janic.org/directory/（２０１７年１月３日閲覧）、国際協力ＮＧＯセンター（２０１６年第９版）を参照。

67　ＣＳＯネットワークのＨＰ　http://www.csonj.org/（２０１７年１月３日閲覧）、ＪＡＮＩＣのＨＰ　http://directory.janic.org/directory/（２０１７年１月３日閲覧）、国際協力ＮＧＯセンター（２０１６年第９版）を参照。

68　TABLE FOR TWOのＨＰ　http://jp.tablefor2.org/（２０１７年１月３日閲覧）を参照。

69　クロスフィールズのＨＰ　http://crossfields.jp/（２０１７年１月３日閲覧）、ＪＡＮＩＣのＨＰ　http://directory.janic.org/directory/（２０１７年１月３日閲覧）、国際協力ＮＧＯセンター（２０１６年第９版）を参照。

70　難民支援協会のＨＰ　https://www.refugee.or.jp/（２０１７年１月３日閲覧）、ＪＡＮＩＣのＨＰ　http://directory.janic.org/directory/（２０１７年１月３日閲覧）を参照。

71　日本イラク医療支援ネットワークのＨＰ　http://jim-net.org/（２０１７年１月２日閲覧）、ＪＡＮＩＣのＨＰ　http://directory.janic.org/directory/（２０１７年１月２日閲覧）を参照。

72　アーユス仏教国際協力ネットワークのＨＰ　http://ngo-ayus.jp/（２０１７年１月４日閲覧）、ＪＡＮＩＣのＨＰ　http://directory.janic.org/directory/（２０１７年１月４日閲覧）を参照。

第8章　グローバル時代における国家と市民社会間の公共圏を考える——カンボジア政府とNGOを事例に

はじめに

今日「国家によるグローバル化」の動きが強まっている。

第2次世界大戦後、先進国、途上国において、国家による経済成長、経済自由化のための開発が進められ、特に、2000年以降グローバリゼーションが拡大する中で、国家の果たす役割が一層強くなっている。躍進するアジア国家は国境を超える経済のグローバル化の動きと一体となり、これを全面的に支援し、外国への投資や貿易を拡大している。しかし、グローバル化の時代に国家は貧しい国民に対して本当の役割を果たしているのか、国民に真の利益を還元しているのだろうか。また、自国の国民だけでなく途上国の脆弱な人々に対して人道支援等の方法で支援を行っているのだろうか。逆に、国家は市場と一体になり、時には一方的な開発政策による国益を追求し、富を独占し、人権を無視し、環境を破壊する等国家の暴力が行われていることも認知しておく必要がある。

その一方、このようなグローバル化の中で、市民社会がローカル・レベルで進める「市民社会のローカル化」の動きがある。市民社会のアクターの中でも、特にNGOはグローバル化に対する一定の歯止めをかけるためのローカル化でセーフティ・ネット機能を築き持続可能な社会を維持しようと、貧困削減、住民参加、伝統文化、適正技術、自然資源と環境の再生等の活動を実施している。

しかし、そのようなグローバル化を目指す国家とローカル化を行う市民社会は、交わることができず永久に平行線を歩むのであろうか、それとも両者の間には交わることができる公共の空間というものがあるのだろうか、そのような公共の空間を公共圏と呼ぶなら、公共圏は両者間の合意形成ができる唯一の場として機能することが可能なのであろうか。

筆者は、2011年3月11日の東日本大震災後「ポスト開発／ポスト・グローバル化時代における国家と市民社会」という論文[1]を書いたが、本章はその続編にあたり、これまでの国家によるグローバル化と市民社会によるローカル化のそれぞれの動きを再考し、両者の合意形成のためにどのような公共圏を形成することが可能なのか、グローバル時代の国家および市民社会と公共圏の関係のあり方について、カンボジアの政府とNGOの事例を参考に検証する。

1　国家によるグローバル化と市民社会によるローカル化

1990年代以降、旧ソ連と東欧諸国が崩壊し東西冷戦は終結するが、それに伴い米国を中心に民主化と経済のグローバリゼーションが世界レベルで進められることになった。1992年には国連環境開発会議（地球サミット）が開催され、開発と環境の調和を目指す持続可能な開発のために南北協力と先進国による途上国支援が行われた。この時代日本は世界一のODA大国としてその存在感を世界に示した。

２０００年以降一層のグローバル化が世界規模で進み、２００1年9・11米国同時多発テロが発生した。その原因の一つは、グローバル化による米国の経済の独り勝ちや米国と途上国の間の貧富の格差による不満の増大だともいわれた。その後２００８年のリーマン・ショック以後欧米の金融危機が起こり、以来欧米の金融不安はギリシャ、イタリアに端を発しＥＵ全体に影響をもたらしている。

また、今日先進国だけでなく発展途上国においても急速なグローバル化が進んでいる。途上国の中には開発と経済成長の途上にある国や外国資本の導入と投資の拡大により軽工業だけでなく重工業も発展させ、ひたすら経済発展の道を歩んでいる国がある。この時代に、１９９０年代までに発展し、アジアの奇跡とかアジアの虎として世界から注目されているアジアＮＩＥＳ諸国に続いて、中国、インド、ブラジルの新興国が経済を発展させ、世界に頭角を現すようになる。金融危機以後、新興国もＧ20サミットに加わるようになり、発言権を増している。東アジアでは、その中国と韓国が日本と尖閣諸島（中国名：釣魚島）と竹島（韓国名：独島）の所有や戦後の処理の問題を巡って対立状態にある。さらにグローバル化により富める国と貧しい国の経済格差が拡大し、一国内でも富裕層と貧困層の格差が増大しているという現状がある。２０００年以降から一層の市場の自由化による急激なグローバル化や世界金融危機の影響が途上国の都市部だけでなく農村部に押し寄せ、人々の仕事、生活は大きく変容しつつある。

一方２０１１年3月11日に発生した日本での東日本大震災は、地震や津波により東北地方や北関東地方に多大な被害をもたらした。同時にこの大震災に伴う福島第一原子力発電所事故は、放射能汚染による避難を強いられた人々だけでなく、農業や漁業にも深刻な影響を与えている。しかし、２０１２年に再スタートした安倍自民党政権は、中国や韓国と対抗するかのように、アジアにおける経済大国および強靭国家の復活を目指すべく、官民一体となった経済外交を推進している。２０２０年のオリンピック招致の成功も、国が全面的に支援した結果である。

このようにグローバリゼーションが拡大する中で、国家の果たす役割が一層強くなっているようにも見える。躍進するアジア国家は国境を超えるグローバル化の動きと一体となり、これを全面的に支援し、外国への投資や貿易を拡大している。つまり、今日「国家によるグローバル化」の動きが強まっているのである。しかし、グローバル化の時代に国家は本当の役割を果たしているのだろうか。例えば、国家の役割には、①平和と繁栄の追求、②国民の幸福と健康な生活の実現、③経済成長と富の分配、④国民のための福祉とセーフティ・ネットの充実等が考えられるが、国家は貧しい国民に対してこのような役割を本当に果たしているのか、国民に真の利益を還元しているのだろうか。また、自国の国民だけでなく途上国の脆弱な人々に対してODA等の方法で支援を果たしているのだろうか。逆に、国家は時には一方的な開発政策による国益を追求し、富を独占し、人権を無視し、環境を破壊する場合もあり、国家の暴力性も十分に念頭に置いておく必要がある。

その一方、このようなグローバル化の中で、市民社会がローカル・レベルで進める、「市民社会のローカル化」の動きがある。戦後の西欧の市民社会は、資本主義経済下で発展、政府、市場と共にその一端を形成してきた。アジア、アフリカの市民社会は、国の制度や民主化の度合いによって多様・多種である。アジアの市民社会は、開発独裁の権威主義体制の下で、その活動は国家によって抑制され、理解も得られなかった。しかし、タイ、韓国、フィリピン、インドネシアでは、国内の経済が発展し、都市型の中産階級も増加するなどの状況の下で学生運動や市民運動を契機に開発独裁が崩れ、民主化が行われ、その結果、それらの国の市民社会は発展し運動の一翼を担うようになり、国内で国民（市民）からの支持を集め、民主化が社会の大きな流れになっていく。民主化のプロセスも「上からの民主化」と「下からの民主化」と国によって様々であるが、民主化の推進によって市民社会は拡大し、国や社会の中で役割を果たしていくことになる。

市民社会のアクターの中で、特にNGOはグローバル化に対する一定の歯止めをかけるためのローカル化でセーフティ・ネット機能を築き持続可能な社会を維持しようと、貧困削減、住民参加、伝統文化、適正技術、自然資源と環境の再生等の活動を実施している。そのＮＧＯの役割として、①もう一つの開発の推進、②社会サービスとセーフティ・ネットの提供、③国家による不公正な行為に対する政策提言と警告（アドボカシー）、④国際世論への働きかけ、等が考えられる。そのＮＧＯが進めるローカル・レベルのもう一つの開発は、途上国の中でまだ小さいが一つのメッセージを発している。こうしたＮＧＯの動きは多様・多種であり、ＮＧＯを含めた市民社会は、国境を越えた市民ネットワークや国際キャンペーン活動を形成したり、国家、市場と共にグローバル・ガバナンスを形成することもある。

２　グローバル化の中での国家と市民社会間の公共圏の形成

次に、グローバル化する国家と市民社会の間にある公共圏について考える。

公共圏の議論をするにあたり、ハンナ・アレントとユルゲン・ハーバーマスの公共圏に関する議論に立ち返って考える[2]。最初に、アレントは代表作『人間の条件』で、公的空間について「公的領域は個性のために保持されていた。それは人びとが、他人と取り換えることができない真実の自分を示しうる唯一の場所であった[3]」と述べている。ユダヤ人アレントは、ナチス・ドイツの占領と迫害によって自分のいる場所からフランスに逃れ、レジスタン運動に参加し、アメリカに亡命した経験から、ギリシャのポリスをルーツとする公的領域を自分が存在できる唯一の場所と語ったのであろう。さらに、花崎皋平によると、アレントは、国民国家と周辺化された人々の人権の関係について、普遍的人権さえも国家の「国民」でなければ保障されず、ユダヤ民族、少数者、難民、無国籍者といった国家にとって周辺化された人々の人権は保証されない[4]、といっているが、筆者は公共圏ではそのような国家にとって周辺化された脆弱な人たちも含めて合意形成ができる場所と捉えたい。

次にハーバーマスは、18世紀における公共圏の概念が時代と共に変化して公共圏の政治的機能が失われたが、

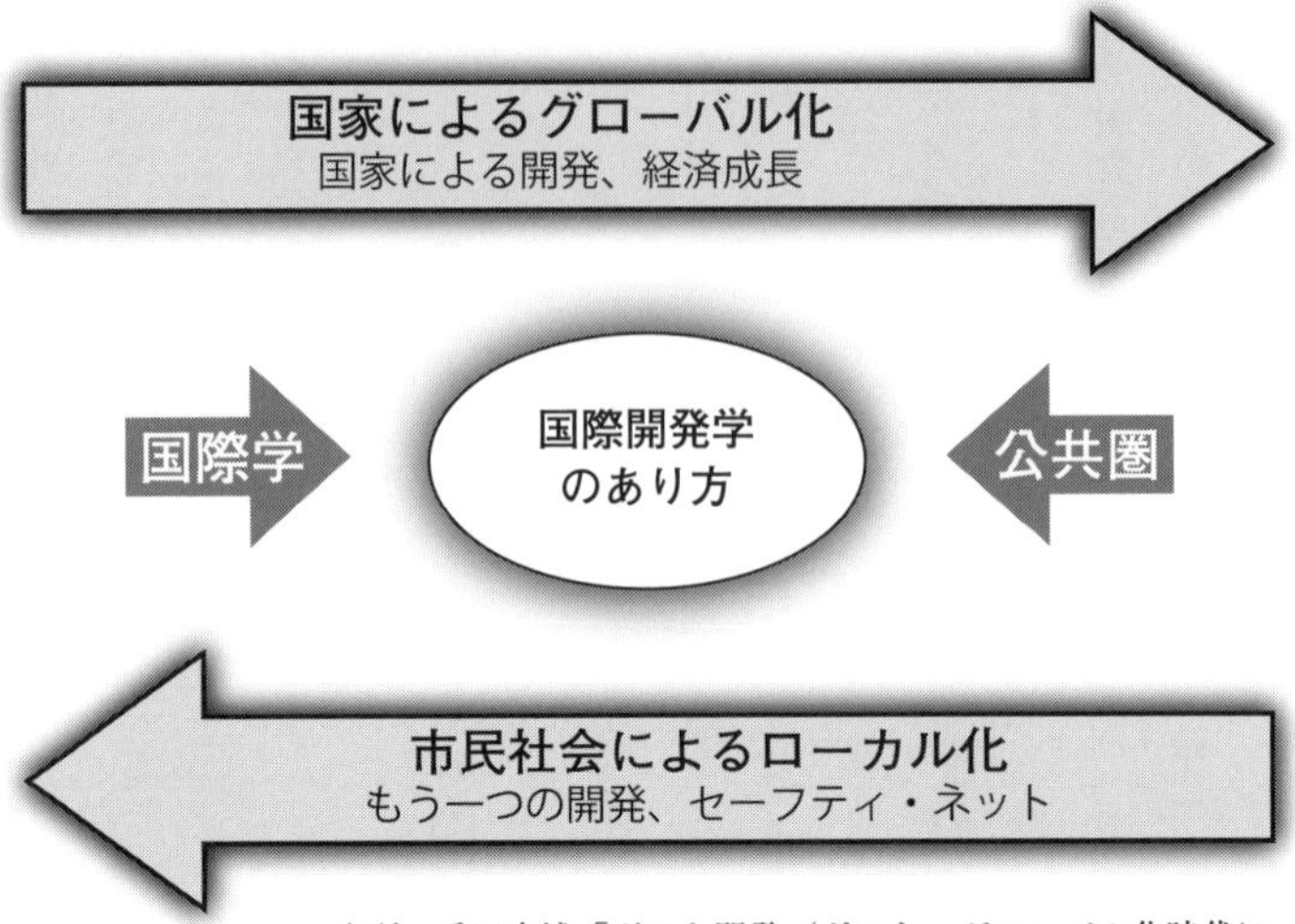

出所：重田康博「ポスト開発／ポスト・グローバル化時代における国家と市民社会」宇都宮大学国際学部附属多文化公共圏センター（2012）『多文化公共圏センター年報』第４号、p.8.

図８—１　国家によるグローバル化と市民社会によるローカル化の問題

その機能を回復し政治的公共圏を構造転換して再生するキーワードの一つとして、「市民社会」を彼の名著『公共性の構造転換』の中で挙げている。ハーバーマスは、市民社会について「自由な意思にもとづく非国家的・非経済的な結合関係である。もっぱら順不同にいくつかの例を挙げれば、教会、文化的なサークル、学術団体をはじめとして、独立したメディア、スポーツ団体、レクリエーション団体、弁論クラブ、市民フォーラム、市民運動があり、さらに同業組合、政党、労働組合、オルタナティブな施設にまで及ぶ[5]」と述べ、これらの結社による市民社会の合意形成の社会空間を「市民的公共圏」と呼んでいる。つまり、両雄アレントとハーバーマスの議論から、公共圏とは自分たちが存在できる唯一の場所であり、市民の自由な意思にもとづく合意形成の場であると考えることができる。

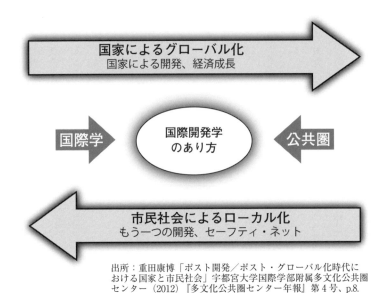

筆者は、２０１１年3月11日の東日本大震災後前述の論文[6]の中で、「国家によるグローバル化と市民社会によるローカル化の問題」の図８—１を示した。

この考え方は、国家によるグローバル化と市民社会によるローカル化の2つの異なるベクトルはお互いに相反する方向に向かっており、両者の接点を見出しにくく、この両者の間に立って問題を克服したり解決したりするための研究を行うのが「国際開発学」であるとしている。今回その国際開発学に代えて、本稿のテーマである「公共圏」が国家によるグローバル化と市民社会によるローカル化の問題を克服したり解決したりすることが可能か、という根本的な問いがある。アレントとハーバーマスの議論から、公共圏とは自分たちが存在できる唯一の場所であり、市民の自由な意思にもとづく合意形成の場であると考えたが、グローバル化する権威主義的な国家とローカル化する市民社会が唯一合意形成可能な方向に向かうためには、国家による民主化あるいは市民社会による民主化の議論が必要になる。

『東南アジアの民主化』の著書である伊藤述史は、「市民社会」が「民主化」の中でどのような役割を期待されているのかという議論の中で、市民社会は国家に対抗して国家の機能拡大とその強権性を抑制する主体として位置づけられ、市民社会の集団的活動は国家の上からの官僚的統制に対して、社会の下からの多元的ネットワークを媒介とした横断的な運動形態をとり、民主化（運動）と概念的に結び付けられていると述べている[7]。しかし、伊藤は「政権とNGOの政治的空間」について、ASEAN諸国の事例を紹介しながら、権威主義体制下とその後の民主化過程では政治体制やNGO活動の国内・国際レベルの活動の相違によってそのNGOが活動する政治的空間の質や量も異なってくると警告している[8]。また、民主化とNGOの問題を研究している高橋華生子は、民主化の起源について見ていくと、東南アジア諸国の民主化には、市民らによる「下から」の体制転換を求める民主化運動と、政府による「上から」の制度改革を進める民主化政策の2つがあるとし、民主化が各国の政治体制や経済の成長レベルに関係なく見られ、グローバルに展開していく理由は、民主化の動きが「下から」と「上から」の両側面を持っていたことによると述べ[9]、国家による上からの民主化と市民社会による下から民主化があることを言及している。

これらの議論を念頭に、図8―2は、図8―1をベースに、上からの民主化を進める「国家によるグローバ

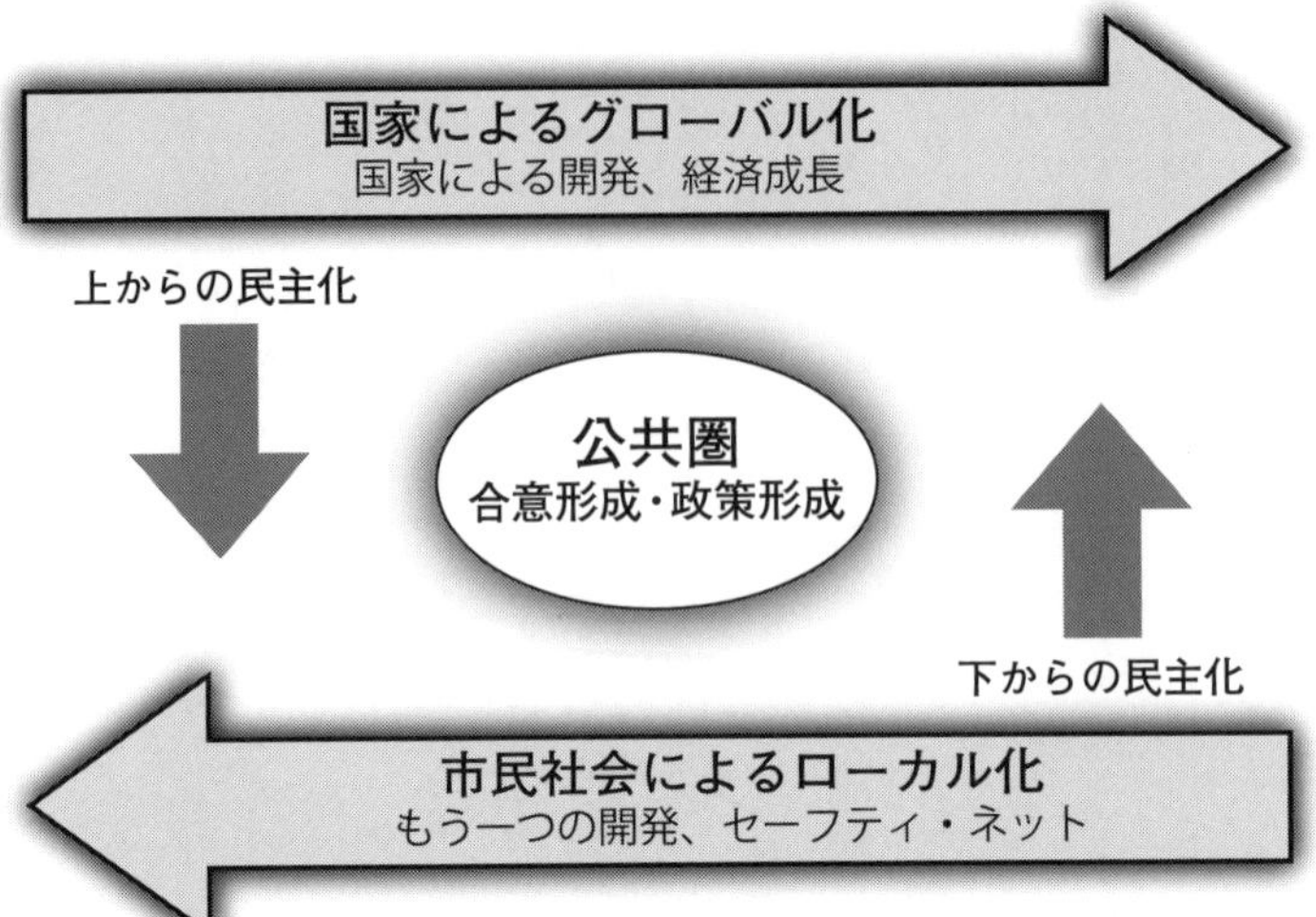

出所：著者作成

図8—2　国家によるグローバル化と市民社会によるローカル化の民主化の中での公共圏のあり方

ル化」と下からの民主化を行う「市民社会によるローカル化」の間にある空間を公共圏と考え、この公共圏を両者の合意形成ができる場と考えたケースである。この場合、公共圏が両者の間に立って合意形成やより民主化に向けた政策形成や世論形成を行う意義は大きいと考える。

さらに国家と市民社会について、市場を入れた3者の関係性から公共圏を考える議論を進めたい。グローバル化を進めるのは、国家だけではなく、市場（その担い手の企業）も急激にグローバル化を進めている。ペストフは「第3セクターと社会福祉の三角図」[10]の中で、国（政府機関）、市場（企業）、コミュニティ（家庭、家族）の3つのセクターの中心にアソシエーション（ボランティアNPOセクター）があると説明している。さらに、重冨真一はペストフの図をさらに進めて、国家、市場、コミュニティの埋めきれない中心の「空き地」がNGOが活動できる「場」として、それを「NGOの経済的スペース」と呼んでいる。[11]

筆者は、ペストフと重冨の理論を参照して、図8

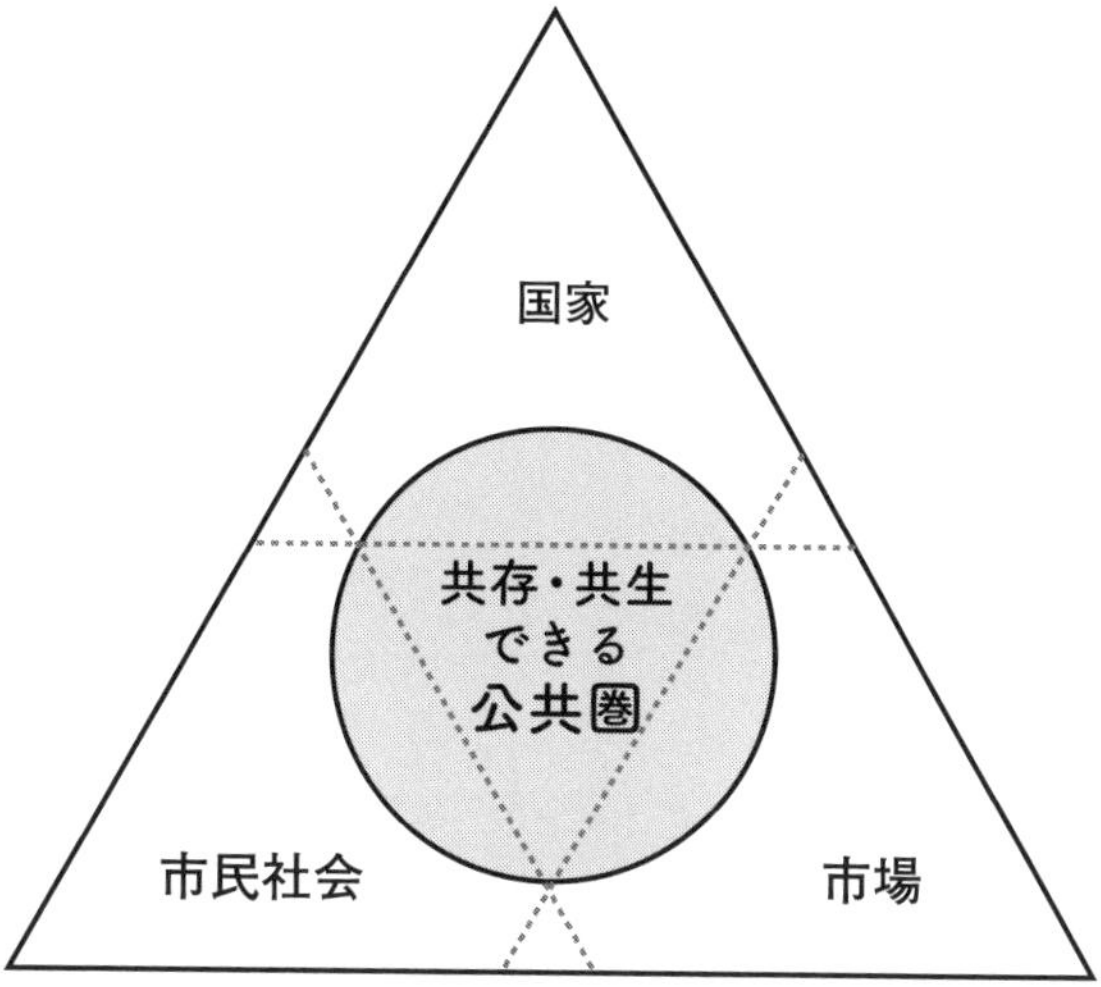

出所：Pestoff（1998年、図2.1 p.42）と重冨真一（2001年、pp.22-26）をもとに筆者作成

図８―３　国家、市場、市民社会と公共圏

―３の通り、ペストフと重冨が使っているコミュニティの代わりに「市民社会」を入れて、国家、市場、市民社会の中心の空間に「公共圏」があると考える。筆者は、本稿でいう公共圏とは、①国家と市民社会の間に位置する社会空間であり、②市民が存在できる唯一の場所であり、③市民の自由な意思に基づく合意形成の場であり、④国家と市民社会の間で自由に政策形成できる場と提示したい。また、公共圏が国境を超えていくグローバル公共圏とは、国家によるグローバル化、市場（企業）にグローバル化が進む中で、国家（政府）、市場（企業）、国際連合等国際機関、国際NGOが合意形成できる唯一の場であり、グローバル・ガバナンスを形成していくものである。

公共圏は、国家によるグローバル化と市民社会によるローカル化の間に立って、周辺化された人間が共存し共生できる「場」や「空間」であり、筆者は、これを「共存・共生できる公共圏」としたい。この「共存・共生できる公共圏」が周辺化された人々や脆弱な人々も包摂して合意形成や政策形成を行う場や空間を提供することになる。

3　カンボジアにおける国家によるグローバル化と市民社会によるローカル化

(1)　グローバル化を進めるカンボジア国家・市場とローカル化を進めるカンボジアのNGO

カンボジアは1953年フランスから独立後、シアヌーク体制の下で仏教社会主義を歩み、1975年から1979年までクメール・ルージュ（共産党ポルポト政権）の圧政と虐殺が行われ、1979年ベトナム軍が侵攻しポルポト政権は崩壊、以後1980年代ポト派を含む3派とベトナム・ヘンサムリン派との内戦になり、1991年パリ和平協定を結び内戦終了、1992年国連UNTACが統治し、1993年民主選挙が行われ、以降5年毎に総選挙が行われる。1998年からフン・セン政権率いる人民党のフン・セン首相の長期政権となった。フン・セン政権の権威主義体制の下でカンボジアは開発国家を目指し、2000年から2007年までの実質経済成長率単純平均値9・1%という経済成長を達成し、[12] 2007年から2011年までの5年間の平均GDP成長率も5・98%、と毎年上昇している。[13] 2008年の世界金融危機で大きく落ち込んだカンボジア経済も2010年以降立ち直りつつある。この間、中国や韓国等を中心とする外国資本による積極的な投資が行われ、土地の売買が急激に増加した。カンボジア日本人商工会会員企業（正会員数）も2007年の34社から2012年には101社と6年間で3倍以上増加している。[14] カンボジア政府が受けている援助総額989・4百万ドル（2009年）のうち148・4百万ドルが日本のODAによる支援である。[15] その過程で、カンボジアは国家開発戦略（四辺形戦略）を表明し、行政改革、軍改革・動員解除、法司法改革、汚職撲滅というグッド・ガバナンスを目指している。

２０１３年７月28日の総選挙で、与党人民党フン・セン政権側が勝利したが、野党救国党のサム・ランシー氏が率いる救国党側が大きく議員の議席を獲得したことにより、人民党の事実上一党支配体制は変革を迫られ、カンボジアの民主化を図る上でも内外から注目されている[16]。

その一方、フン・セン長期政権の下で、１９９４年以降10年間で、一人当たりの生活水準は富裕層は45％上昇、貧困層は８％上昇したにもかかわらず、一部の有力者による富の独占、腐敗・汚職が進行し、国民の間の貧富の格差は開いた。特に２０００年以降都市部を中心に急速な経済成長が進められ、外国資本による土地の購入とその高騰、都市と農村の所得格差の拡大、富裕層と貧困層（特に農民）の富の格差の一層拡大、農民の医療費の支出負担の増加、農業収入と副収入の減少、農民の借金の拡大、土地の売却による土地なし農民や都市やタイへの出稼ぎ農民の増大の問題が存在している。日本国際ボランティアセンター（ＪＶＣ）の坂本貴則によると、貧困の格差を示すＧＩＮＩ係数は１９９４年に０・35だったのが２０１１年には０・44と貧富の格差は拡大しているという[17]。それに伴い、カンボジア国内において、土地紛争が発生し、人身売買や児童労働も行われるようになっている。このようにカンボジアは、国家と市場による急速なグローバル化が進められ、国家と市場による権力と富の独占は埋め合わせが困難なほどに集中し、汚職や賄賂に対する批判も強まり、下からの民主化の勢いが強まったことが、救国党躍進という選挙結果につながっている。

⑵　カンボジアの市民社会の現状——ＮＧＯの数の増加

カンボジアでは、このようなグローバル化が進む中で、カンボジアの国際・国内ＮＧＯを含めた市民社会がローカルレベルで進める「もう一つの開発」の動きがある。彼らはグローバル化に対する一定の歯止めをかけ、地域レベルでセーフティ・ネット機能を築き持続可能な社会を維持しようと、貧困削減、教育、保健・医療、農村開発、住民参加、伝統文化、適正技術、自然資源と環境の再生、女性や子ども支援、ＨＩＶ／エイズの予防と支援、等の活動を実施している。市民社会が進めるローカル・レベルのもう一つの開発は、カンボジアの中ではまだ小さいが一つのメッセージを出している。

カンボジアにおけるＮＧＯは、１９８０年代の内戦化の中で、国際ＮＧＯはソ連等社会主義国と同様に国内の開発を進めた特別な存在として、一定の信頼を基に活動が行われてきた。

１９９０年以後から今日まで、カンボジアのＮＧＯはその数が増大し、現在では約２０００団体が開発に従事しているといわれている。[18] 彼らの活動形態や活動分野はサービス供給型、地域のコミュニティ型、ネットワーク型やアドボカシー（政策提言）型等多様で多種である。カンボジアの市民社会による民主化を研究しているカオ・キム・ホルンは、ローカルＮＧＯは初期の時代は特に革新的でなく数も少なく国際ＮＧＯの影に隠れており、資金、人材、経験、方向性が不足し非常に脆弱だったと述べている通り、[19] １９８０年代カンボジアのローカルＮＧＯは力も弱く数も少なかったが、１９９０年代以降国際ＮＧＯや世界銀行エイズ基金の支援で多くのローカルＮＧＯが設立されていく。

カンボジア協力協議会（Cooperation Committee for Cambodia、以下ＣＣＣ）が発行する *Directory of Cambodian Non-Government Organization 2010-2011* ではカンボジアのローカルＮＧＯ２２８団体が掲載されている。本ダイレクトリーの掲載団体数も１９９６年以来年々増加し、２００１年－２００２年ではローカルＮＧＯは１８８団体、２００６年－２００７年では２２０団体となっている。[20] 同じく、ＣＣＣの *Directory of International Non-Government Organization 2009-2010* では国際ＮＧＯが１３２団体掲載されており、２００１年－２００２年では１１７団体、２００５年－２００６年では１２５団体が掲載されている。[21]

日本のＮＧＯも *Directory of International Non-Government Organization 2009-2010* に掲載されている。また、在カンボジアＮＧＯ日本人ネットワーク（Japanese NGO Workers, Network in Cambodia、以下ＪＮＮＣ）が発行する『在カンボジアＮＧＯ日本人ネットワークダイレクトリー２０１３年度版』（２０１３年）では33

団体（うち日本に連絡先があるＮＧＯは32団体）が掲載されている（カンボジアで活動する日本以外のＮＧＯ団体数３団体）。本ダイレクトリーの２０００年版の掲載団体は13団体だったので、20団体増えたことになる。[22] *Directory of Cambodian Non-Government Organization 2010-2011* では、ここ数年間カンボジアで活動する最も活動的で影響力のあるローカルＮＧＯの分野は、①民主化と人権、政策、研修、ネットワーキング、そしてアドボカシー活動、②農業、健康、教育、ＨＩＶ／エイズ、収入向上、地域・都市開発活動を含むコミュニティ開発、③ＮＧＯ自身の開発プロセスに参加し管理する地域をベースとする団体と組織、であると述べている。[23]

ネットワークＮＧＯとしては、ＣＣＣ、カンボジアＮＧＯフォーラム、ＭＥＤＩＣＡＭがある。ＣＣＣは、カンボジアで活動するＮＧＯメンバーを対象に主なＮＧＯ間の連絡調整、情報交換を行っている。カンボジアＮＧＯフォーラムは、カンボジアで活動するＮＧＯのメンバー団体の政策提言活動を調整し、支援している。ＭＥＤＩＣＡＭは、カンボジアの健康セクターで活動するＮＧＯのためのネットワークＮＧＯで、１１０団体から１２０団体のメンバーとして国際およびカンボジアのＮＧＯが参加している。[24]

現在カンボジアでは、土地の所有権と利用権に絡む土地紛争問題、国内外への人身売買、児童労働などの人権等の問題が発生しているが、このような問題に対処するＮＧＯが存在している。例えばＡＤＨＯＣは人権と法を尊重する社会を目指し、土地と自然資源の保護、人権擁護、女性と子どもの権利擁護等の活動を行っている。[25] また、フレンズインターナショナルのチャイルドセーフ・センターは、子どもの権利擁護のためのセンターを運営している。[26] 農村開発ＮＧＯであるＣＥＤＡＣは、タイやベトナムへの出稼ぎが増加する貧しいカンボジアの農村において、従来の農村開発だけでなく、直接の現金収入につながるような社会起業などの活動を行っている。[27] また、日本のＮＧＯである国際子ども権利センターは、カンボジアのグローバル化の中で、子どものタイやベトナムへの人身売買、児童労働、児童売春等の防止を通じた子どもの権利を擁護する活動を行っている。[28]
　以上の通り、これらのカンボジアのＮＧＯは、国家や市場によるグローバリゼーションの影響で貧富の格差に喘ぐカンボジアの貧しい住民、子どもたち、女性など社会的弱者を守るために、ローカリゼーションによる支援活動を行っている。こうした彼らのローカル化の動きは、国家や市場によるグローバル化の動きとは別に、カンボジアの市民社会を育成し、将来カンボジアの民主化に向けた活動の一翼を担っていることが期待されている。フン・セン長期政権による権威主義的な政治が行われる中で、同政府はＮＧＯをより管理するためのＮＧＯ法の制定を目指しており、ＮＧＯ側はこのＮＧＯ法の制定を拒もうとフン・セン政権にアドボカシーを行い、国際ＮＧＯやドナー諸国にも働きかけている。今のフン・セン政権はなかなか上からの民主化を行おうとしないが、１９８０年代のＮＧＯの復興支援によりカンボジアが助けられた経緯もあり、ＮＧＯへの強制的な締め付けや排除は限られている。しかし、フン・セン政権がいつＮＧＯ法制定に向けて動き出すかはわからない状態にある。
　さらに、２０１１年6月カンボジア・シェムリアップで開催された「ＣＳＯ開発効果第2回オープンフォーラム世界大会」において、ＣＳＯが活動しやすい政策環境づくりの事例として、カンボジアにおけるＮＧＯ法改正の問題が発表され、ＮＧＯの登録を義務付けるＮＧＯ法に反対するＣＳＯの声明はすでに６５０団体以上が賛同に署名し、日本大使館を含む各国政府も一定の懸念を表明した。ＣＳＯがＮＧＯ法に反対するのはカンボジアにおける表現の自由や結社の自由が脅かされる危険性があるからだ。[29]当時ＪＶＣカンボジア事務所現地代表の若杉美樹は、カンボジアのＮＧＯの連合体ＣＣＣ（Cooperation Committee for Cambodia カンボジア協力委員会）などＣＳＯはこのＮＧＯを規制するＮＧＯ法が成立する前に、ＮＧＯが開発効果向上に向けた指針を示し、ＮＧＯ活動が保障される民主的な環境づくりを目指していると述べている。[30]ＣＣＣがこのＮＧＯ法を巡る政府とＮＧＯの交渉やこのオープンフォーラム世界大会の動きの中で中心的な役割を果たしている。[31]カンボジアのＮＧＯ法を巡る背景には、近年の土地紛争を契機に土地問題で困難な立場にある農民を擁護するカンボジアの人権ＮＧＯを規制するため、国家によるＮＧＯに対する法規制でＮＧＯを管理しようという動きが強まっていことがある。[32] フン・セン政権は、ＮＧＯ法第４ドラフトまで公開し、２０１１年11月末に２０１４年を限度に協議継続を明言したが、２０１２年国際ＮＧＯに協議は一切行わないと述べ、２０１３年７月28日の国政選挙後議論が再開されたが、[33] ＮＧＯや市民社会の反対にもかかわらず、カンボジアのＮＧＯ法（正式には「結社および非政府組織（ＮＧＯ）に関する法律」）は、２０１５年８月に制定された。

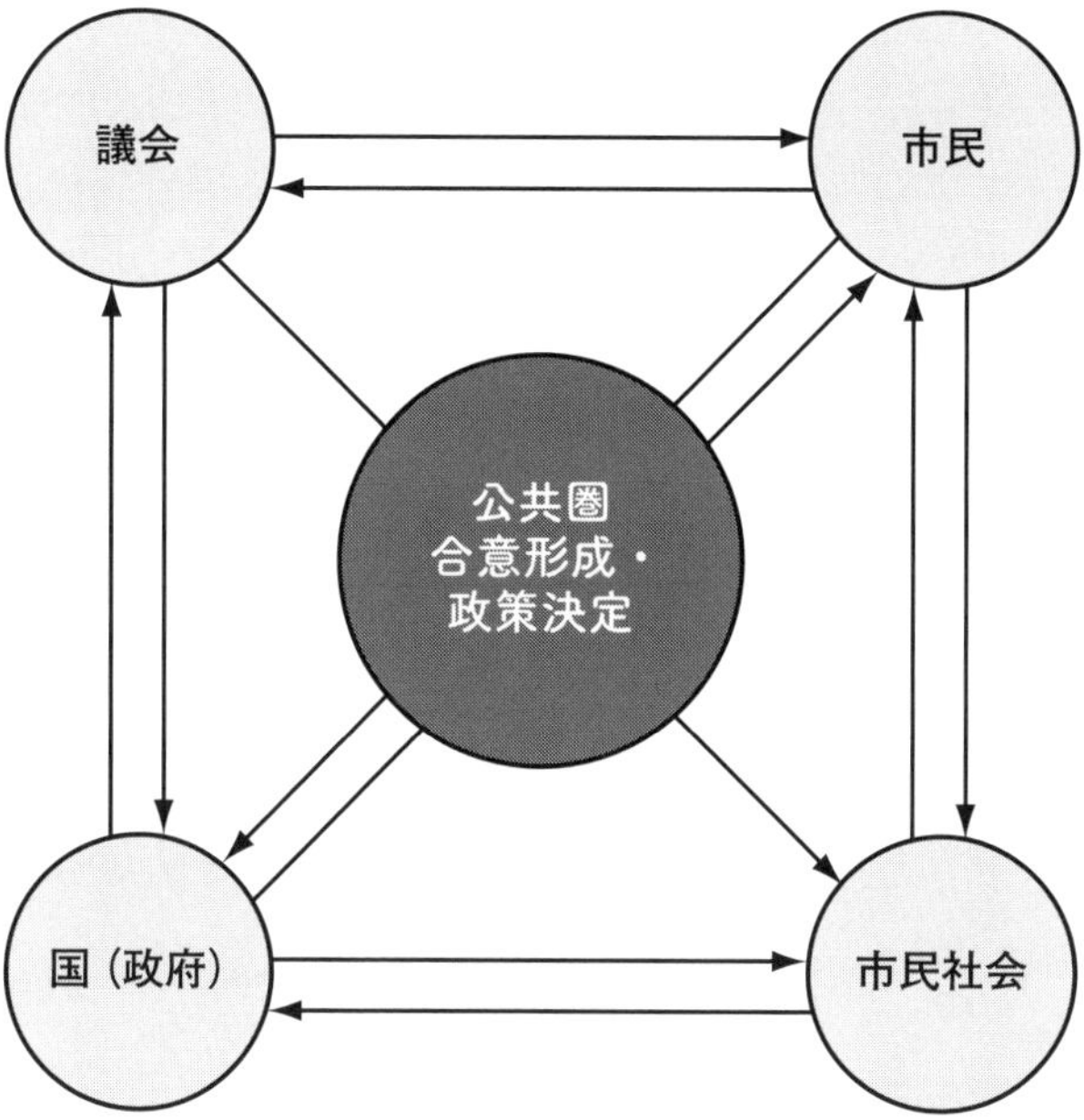

出所：Kao Kim Hourn（1999）p.84.VII. Appendices 7.4 Vision of Grassroots Democracy in Cambodia の図をもとに筆者が追加作成

図８—４　カンボジアの草の根民主主義のビジョンと公共圏

　このようにカンボジアではＮＧＯをはじめとする市民社会による下からの民主化は難しい状態にあるが、フン・セン政権が２０１３年７月の国政選挙にあたり国外に亡命していた野党救国党のサム・ランシー氏の帰国および総選挙への立候補を認めたことについては、上からと下からの双方向からのカンボジアの民主化への一歩だと楽観したい。前述のカオ・キム・ホルンは、カンボジアの民主主義は外部から輸入するのではなく、最も効果的な草の根民主主義を達成するために政府、議会、市民社会、そして市民が意味のある、建設的なパートナーシップを共同で形成すべきであると述べている通り、カンボジアで民主化をより発展させるためには政府、議会、市民社会、市民が協働で効果的で持続的なパートナーシップを政策レベル、実務レベルで形成していくことが求められる。[34] カオはカンボジアの草の根民主主義のビジョンとして、政府、議会、市民社会、市民の4つの相互作用による関係性（その例がパートナーシップ）が一番良いアプローチであると多くの人が言っていると述べ、その理由としてそのビジョンがカンボジアの草の根民主主義の発展のため多くの相互作用のプロセスが関与するからだと述べている。図8―4の通り、筆者はこの4つの中心に「公共圏」という空間が位置して合意形成や政策形成のための相互作用の役割を果たす機能が必要とされていると考えている。[35] また筆者は、カンボジアのNPO法を巡って、政府とNGOの間に入って合意形成に向けて調整したネットワークNGOのCCCがちょうどこの図の公共圏的な役割を果たしたのではないかと思っているが、その意味でCCCの調整機能や政策形成をよく見ておくことが重要である。

4　事例研究：JVCの「生態系に配慮した農業による（家族経営農家の）生計改善（CLEAN）プロジェクト」について

本事例では、国家による開発、経済成長が進められるカンボジアにおいて、グローバリゼーションとNGOのローカリゼーションを再考するために、日本のNGOである日本国際ボランティアセンター（JVC）のCLEANプロジェクトを取り上げ、カンボジアの地方にも押し寄せるグローバリゼーションの波に、ローカリゼーションを目指すNGOがどのように対応して農民を支援し擁護しているか、NGOの役割と課題を検証する。

日本国際ボランティアセンター（以下、JVC）は、貧しいカンボジアの農村のフード・セキュリティと自立の現金収入確保のために、持続可能な農業を行っている。ＪＶＣは、１９９４年以来カンボジアで14年間にわたりカンダール県オンスノール郡にてＳＡＲＤプロジェクト（持続可能な農業と農村開発）を行ってきた。その結果、農民のグループ活動の自立運営を支援し、２００８年３月にＳＡＲＤを終了した。そして、カンボジアの中でもより生活が厳しいシュムリアップ県において新しい「生態系に配慮した農業による（家族経営農家の）生計改善（以下ＣＬＥＡＮ、Community Livelihood Improvement through Ecological Agriculture and Natural Resource Management）プロジェクト」を開始した。ＪＶＣがシュムリアップ県東部で活動を始めたのは、第１に、カンボジアの中でも土地がやせていることから米の収穫量が少なく貧しい地域であること、第２に、この活動地域は内戦があり外国の支援が受けられず農民が外部からの農村開発を受けられる機会がなかったからである。第３に、この地域は１９９７年までゲリラ活動が行われておりＮＧＯの活動がほとんど行われていなかったからである。[36]

(1)　ＣＬＥＡＮの活動概要

最初に、ＣＬＥＡＮプロジェクト（生態系に配慮した農業による生計改善プロジェクト）」の具体的な活動概要について、『生態系に配慮した農業による生計改善プロジェクト終了前評価報告書』（２００９）、ＪＶＣカンボジア『生態系に配慮した農業と自然資源管理による生計改善プロジェクト　フェーズⅡ　終了時前評価報告書』（２０１３）をもとに述べていく。[37]

●**活動期間**：第Ⅰフェーズ　２００７年４月～２０１０年３月
　　　　　　第Ⅱフェーズ　２０１０年４月～２０１３年３月

●**活動対象地域**：シュムリアップ県ソトニコム郡の２集合村、同県チークラエン郡の６集合村の計８集合村

108村（うち、第Ⅰフェーズよりの活動村35村を含む）にて活動を実施。

●上位目標（Overall Goal）

これまでの自給用の作物すら安定的に得られてこなかった農家が、JVCが提供する研修から習得した農業技術を用い生計を改善させ、その結果として農家の生活が安定する。また、そうした農家から技術が他の農家へ広がっていく。

●期待される成果（Expected Outcome）

JVCが習得した農業の基盤技術を用い、収入の増加や支出の減少によって、農家が生計を改善する。

●プロジェクト目標（Projected Purpose）

JVCは生計改善に寄与する農業の基礎技術を提供し、技術を学んだ農家の3割以上が学んだ技術を実践に移せるように支援する。

●活動により想定される結果（Activity Output）

・新規対象地域の各村（73村）でビデオ上映会研修と基礎技術研修が実施され、参加者がそれぞれ7300名（100名×73村）得られる。

・既存活動村（35村）で野菜が2回、堆肥作り研修が2回ずつ実施され、参加者がそれぞれ1400名（2回×20名×35村）ずつ得られる。

・マメ科の木を中心とした樹木の苗木が毎日1万本、対象地域の農家に配布される。

・地元の議員や村長を対象に毎年1回、郡やコミューンでワークショップが開催され、活動の結果や計画が共有される。

●主な活動内容

①生態系農業に関する研修

・稲作栽培の改善として、SRI（幼苗一本植え）に関する研修を新規に73村で行う。
・栄養菜園研修は既存の35村で研修を行い、食品加工などに対応する
・堆肥研修についても、既存の35村での活動を継続し、実演研修を行う。
・試験農場を設置し、スタッフの学びの場とし、農家への研修などに活用する。
その他にも、以下の活動を行っている。
②苗木作りと植林支援
③環境教育の実施
④資料・情報センター
⑤コミューンや郡での報告会やワークショップの実施

(2) CLEANプロジェクトの調査分析

本調査分析は、以下の通り行う。
・CLEANプロジェクトの活動の中から、①生態系農業に関する研修、②コミューンや郡での報告会やワークショップの実施、を取り上げて、日本国際ボランティアセンター（JVC）カンボジア事業『生態系に配慮した農業と自然資源管理による生計改善プロジェクト　フェーズⅡ　終了事前評価報告書』（2013）（以下、同評価報告書と記す）のCLEANの活動の実施状況、成果の報告を活用しながら行う。
・本JVCのCLEANプロジェクトについては、2012年3月29日、30日の筆者と小鳥居伸介教員（長崎外国語大学）のJVC「生態系に配慮した農業による（家族経営農家の）生計改善（以下CLEAN、Community Livelihood Improvement through Ecological Agriculture and Natural Resource Management）プロジェクト」の視察調査で訪れた際のインタビュー結果に基づき分析する。

①「生態系農業研修」

（a）稲作栽培の改善

「生態系農業研修の実施状況[38]」では、1日分の食料確保にも苦労するカンボジアのシュムリアップ県の貧しい農民の食料確保（フード・セキュリティ）と土壌劣化を防ぐ環境保全のために、「稲作栽培の改善として、SRI（幼苗一本植え）に関する研修を新規に78村で行う」計画であったが、「稲作改善研修については、30村での研修実施にとどまった」と予定より48村少なかった。その理由としては、「実践者を定着させるフォローアップ活動を重視したこと、毎年活動村を増やしても成果は限定的になること、活動村を減少させたことによってビデオ研修、基礎研修、訪問研修を30村ほぼ全ての村で実施することができた[39]」と報告書では述べているが、要約すればJVCのスタッフ人数やキャパシティに比べ当初の78村という数字が大きすぎたことが活動村の減少になったということだ。

以下に、「生態系農業研修」の「稲作栽培の改善」についての筆者の農民インタビュー調査報告を加える。筆者は、長崎国際大学の小鳥居伸介教員と共に、2012年3月29日午前中シュムリアップ県のKR集合村の農家を訪問し、A氏（60歳、女性、世帯主）へのインタビューを行った。「家族は6人世帯（姉と娘夫婦、孫2人と同居、夫とは離別）。子ども3人のうち1人はタイに出稼ぎに行き、もう1人は村の東側に住んでいるといい、ここでもタイに出稼ぎしないと食べてはいけないという事情がある。JVCに会う以前は米年1回しか作らず、十分食べる量がなく、常に食料不足になる不安があった。以前白米をコンポンクダイにある精米所で借りていたので、400kgの米しか残らず、足りない分は芋を掘って飢えをしのいだ、という。JVCが来る3年前まで、4月にはもう米を借り、1年間に7カ月間米を借りていた。米50kgを借りると、200kg籾付きで返す。高いが他では借りられないので、やむを得ずその精米所で借りた。以前は米を返すために田植えをしていたが、今は『借金返済』から解放された。３年前ＪＶＣにＳＲＩのやり方を聞いてから乾季作を始め、まず家族で収穫米を食べ、余った分は売っている。乾季米のお陰で生活は楽になった。甥、姪や親戚にも手伝ってもらい、収穫米は家族で分配している。昔は食べるものがなく病気がちだったが、今は体調が楽になった。ここは湧水があるので乾季米ができ、池の水で野菜作りをしており（なす、長ささげ、空芯菜、へちま、とうがん、レモングラスなど）、できた野菜は村で売っている[40]」。

以上の結果、この集合村のＡ氏は、ＪＶＣからの「稲作栽培の改善」指導を受けて、以前は十分食べられなかった乾季米を家族で分けて食べられるようになり、野菜作りも行い、借金生活から解放されたので、結果としてこの農民にはＪＶＣの「稲作栽培の改善」の指導の効果があったといえる。

シュムリアップ県 KR 集合村で A さんへのインタビュー風景（2012 年3月30日）

（b）栄養菜園研修

次に「栄養菜園研修は既存の35村で研修を行い、食品加工などに対応する」「堆肥研修についても、既存の35村での活動を継続し、実演研修を行う」計画であったが、報告書では「栄養菜園・堆肥作りに関しては、第Ⅰフェーズ35活動村での研修継続する形で、栄養菜園は研修実施23村と目標を達成できず、堆肥作りは35村で研修実施と目標達成」と栄養菜園では予定より12村少ないという結果になった。その理由として、報告書では「栄養菜園の研修時期と堆肥作り研修の時期が重なるため、栄養菜園よりも堆肥作りの活動により力を入れた[41]」と説明し、堆肥作りの活動を重視したことが伺える。

また、「農産物加工グループの実施状況」については、「日本の農家のカンボジア訪問後、受け入れたカンボジアの農家が食品加工に関心を持ち、グループ作りと食品加工研修をシュムリアップ1村が開始し、2村でグループ設立準備を行っている[42]」、そして「これまで作ってきた加工品は、大根の漬け物、キュウリの漬け物、大豆の調味料、ライムの塩漬けで、その目的はグループのメンバーは加工品を作って高く売り、現金収入につなげたいと考えている部分がある[43]」と述べている。

以下に、「生態系農業研修」の「農産物加工グループの実施状況」についての農民インタビュー調査結果分析を加える。筆者は、小島居教員と共に2012年3月30日午後シュムリアップ県のKK集合村D村の農家を訪問し、女性グループ12人のうち4人（B氏44歳、C氏30歳、D氏54歳、E氏30歳）へのインタビューを行った。「2011年1月にJVCの研修を受けてから漬け物作りを始めた。最初は、JVCから大根10kgと保存用の壺を提供してもらった。現在作っているものは、大根の漬け物、きゅうりの漬け物（2種類）である。漬け物は自分たちで作って食べている。今まで売ったことがあるのは大根の漬け物1種類で、売上はグループで貯金しているが、まだ使い道は決まっていない。グループを始めて生活が楽しくなった。将来作りたいものは、豆味噌（つぶつぶの調味料）、ライムの塩漬け、大根の塩漬けなどで、たくさん作って売りたい[44]」。

以上、この村の4人の女性グループは、JVCから研修を受け大根ときゅうりの漬け物をそれぞれ作っているが、女性たちは漬け物を食料として自給できるようになり、漬け物の売上の貯金もできるようになったことは一つの成果になる。農産物加工が農民や女性グループの生活に変化を与え、その改善に役立っているといえる。

② コミューンや郡でのワークショップの実施状況

同評価報告書では、「2010年度末には活動する2郡で報告会ワークショップを実施した。2011年度末には翌年度にコミューン評議会議員の改選選挙を控えていたため、特に協力関係の強いＫＫ集合村だけでのワークショップの実施になったが、限られた時間のなかで、活動の報告だけではなく、農業研修の成果目標についても議論することができた」[45]として指摘している。

以下に筆者の調査と分析を加える。筆者は、小鳥居教員と共に２０１２年３月29日午前中シュムリアップ県ＫＫ集合村で開催された村人によるワークショップを視察した（章末参考資料「ＣＬＥＡＮのワークショップを視察して」を参照[46]）。このワークショップでは、18村から50人の村人の積極的な参加による議論が印象的で、これもこの集合村での２年間のＣＬＥＡＮによる実積があったからできたのであろう。活動により想定される結果の中に、「地元の議員や村長を対象に毎年１回、郡やコミューンでワークショップが開催され、活動の結果や計画が共有される」とあったが、ＪＶＣが当初想定した通りこのワークショップが開催されたことは地元の議員、村長、村人によって活動の結果や計画が共有されたことは大変意義深いことである。村人が１年間やってきたことをお互いに学び合うことは、今後の活動を振り返り活動が持続されるだけに重要だ。ＪＶＣカンボジアは、このような積み重ねによって、ＣＬＥＡＮの活動を広げることを期待している。しかし、今後も忙しい農民である村人に参加してもらうためには、一層の工夫や動機付けが必要であろう。

③　生態系農業研修の成果と課題

同評価報告書では、「各研修の総研修参加者数と女性数、対世帯数比」として「稲作改善研修では30村４８６世帯２３８０名（うち女性１６４３名69％、参加世帯数49％）、栄養菜園研修では35村５３９８世帯１０８１名（うち女性８８２名82％、参加世帯数20％）、堆肥作り研修35村５３９８世帯１６８０名（うち女性１２８５名76％、参加世帯率31％）」[47]と述べている。また、生態系農業研修の実施状況では「稲作改善研修については、30村での研修実施にとどまった」[48]と報告しているが、当初どうして新規に78村という高い目標を掲げたのだろうか、その点は疑問である。

一方、栄養菜園・堆肥作りに関しては、「第Ⅰフェーズ35活動村での研修継続する形で、栄養菜園は研修実施23村と目標を達成できず、堆肥作りは35村で研修実施と目標達成[49]」としており、堆肥作りのみ35村の目標を達成したとしている。この成果の女性数とその参加率を見ていると、稲作改善研修、栄養菜園研修、堆肥作り研修共に約7割を超え女性の参加率が高いことがわかる。なぜ女性の参加が多いのかの説明に関係して、JVCカンボジアの坂本貴則は「食品加工に女性が多いのは、男性と女性の仕事での役割分担が違うことや男性は出稼ぎに行くので家庭は女性が守っていることも影響している[50]」と述べている。

現に筆者の2012年3月のカンボジア調査でも、インタビューに回答してくれた農民の多くは、女性であった。カンボジアのシュムリアップ県の農村の多くは、女性が中心に活動し、女性によって支えられているといっても言い過ぎではない。この背景には、貧しく現金収入が少ないシュムリアップの農村では、一家の稼ぎ頭の多くの男性の農民が出稼ぎに行っていることがある。筆者がインタビューしたシュムリアップ県KR集合村の農家のA氏（60歳、女性、世帯主）の一人の子どもはタイに出稼ぎに行っている。このような首都プノンペンから遠く離れたシュムリアップの田舎の農村でもグローバル化の波が押し寄せ、タイへの出稼ぎによる人口移動が始まっていることがわかる。

これについてJVCカンボジアの坂本は今後のシュムリアップの農民の出稼ぎ問題について、「タイや都市部への出稼ぎが増え、農村労働人口が減っている中で、より省力化した農業への転換」を指摘している。さらに坂本は「タイの最低労働賃金が全県均一化して地方での最低賃金が上昇し、1日100バーツはカンボジア人にとってもうまみがある。カンボジアの出稼ぎ問題は、カンボジアの都市化に伴うプノンペンや工場への出稼ぎ、農村の過疎と農業の省力化が必要である」と述べ、この他「シュムリアップ周辺でも徐々に土地紛争が起こっているとし、トンレサップ湖という肥沃な土地を巡って、シュムリアップの議員による農民の追い出しが始まっている」とシュムリアップ周辺の土地紛争によるグローバル化の影響を述べている。[51]このように、ＪＶＣのＣＬＥＡＮプロジェクトがシュムリアップ県の農民ためのセーフティ・ネットとなって彼らの生活と食料確保のための一助となって支援していることは、今回の評価報告書や筆者の調査でも明らかである。

しかし、タイや都市部への農民の出稼ぎ問題や土地紛争などグローバル化の波がこれからカンボジアの農村にとって深刻化する中、今後カンボジアの農村の過疎化と農業の省力化への対策がＮＧＯレベルだけでなく、政府の農業支援策として求められる。

(3)　事例研究のまとめ

以上見てきた通り、本事例ではカンボジアの地方にも押し寄せるグローバリゼーションの波に、ローカリゼーションによる農民保護を目指す日本国際ボランティアセンター（ＪＶＣ）のＣＬＥＡＮプロジェクトがどのように対応して農民を支援し擁護しているか、を検証してきた。その結果、日本のＮＧＯであるＪＶＣがカンボジアの貧しい農民に対する社会サービスを提供し農民の生活と食料を守るためのセーフティ・ネットとして役割を果たしていることは明らかである。

しかし、シュムリアップの農民には、そのＪＶＣのＣＬＥＡＮプロジェクトによるセーフティ・ネットの効果や影響力はまだ限られており、現金収入を求める多くの農民はタイへ出稼ぎに行っているのが現実だ。農民の出稼ぎを防ぐためには、生態系農業研修によるフード・セキュリティを確実なものにし、食品加工による現金収入を拡大していくことが求められる。場合によっては、自治体や地域の経済・商業組合との連携（パートナーシップ）も無視できない。そのためには、女性を対象とした研修を質・量ともに増大させていくことも必要であろう。

おわりに

本章では、これまでの国家によるグローバル化、市民社会によるローカル化を再考し、両者の合意形成のためにどのような公共圏を形成することが可能なのかについて、グローバル時代の国家、市民社会と公共圏の関係のあり方について、カンボジアの政府とNGOの事例を参考に検証した。

その結果、カンボジアのNGO、特に日本のNGOであるJVCのCLEANプロジェクトで明らかにした通り、同プロジェクトは国家や市場によるグローバル化が進むカンボジアにおいて、貧しい農民に対して一定のセーフティ・ネットの効果があることが実証された。しかし、カンボジアにおいて国家によるグローバル化と市民社会によるローカル化の2つの異なる横のベクトルは、これまでお互いに相反する方向に向かっており、両者の接点を見出しにくく、合意形成する場所はなかった。さらに、国家による上からの民主化と市民社会による下からの民主化の2つの異なる縦のベクトルもあり、これらの中心に公共圏というものがあれば、これらの間に立って問題を克服したり解決したりするための合意形成や政策形成ができる公共空間となるわけである。本章で取り上げた、国家、市場、市民社会の中心の空間における「公共圏」、カンボジアの草の根民主主義のビジョンにおける「公共圏」が国家と市民社会、あるいは議会、市場、市民との間に合意形成や政策形成をするための相互作用のプロセスに関与できるような連携やパートナーシップを形成していくことが求められる。

本章は、2011年3月11日の東日本大震災での福島第一原子力発電所の事故に大きな衝撃を受け書いた「ポスト開発／ポスト・グローバル化時代における国家と市民社会」の論文の続編であるが、その後安倍自民党政権は福島原発事故を忘れたかのようにアベノミクスといわれる日本の経済成長政策を推し進め、海外に日本の原発を売り込んでいる。このようなとき、ポスト開発、ポスト・グローバル化時代を見据えて、日本や世界の未来を問うことの必要性を感じる。市民社会の役割とは、グローバル化を推進する国家に対して周辺化された、脆弱な人々を支援するだけでなく、意見をいい、提言を行い、新しい発展のモデルやオルタナティブな社会のあり方を提示していくことである。同時に、公共圏は国家によるグローバル化と市民社会によるローカル化の間に立って、問題解決のための合意形成や政策形成を行い、人間が共存し共生できる「場」や「空間」を提供することが求められる。筆者は、そのような公共圏を「共存・共生できる公共圏」と呼びたい。

最後に、カンボジアでお世話になった、ＪＶＣカンボジアの若杉美樹氏、坂本貴則氏、樋口正康氏、カンボジアスタッフの方々、ＪＶＣ東京本部の山崎勝氏、長崎外国語大学の小鳥居伸介氏にお礼を申し上げます。

【注】

1　重田康博「ポスト開発／ポスト・グローバル化時代における国家と市民社会」宇都宮大学国際学部附属多文化公共圏センター（２０１２）『多文化公共圏センター年報』第４号。本章は、その後編にあたり、重田康博「グローバル時代における国家と市民社会間の公共圏を考える――カンボジア政府とＮＧＯを事例に」宇都宮大学国際学部附属多文化公共圏センター（２０１４）『多文化公共圏センター年報』第６号に掲載したものを一部修正し、引用した。

2　重田康博（２０１３）12‐13頁参照。

3　アレント、ハンナ（２００６）65頁。

4　花崎皋平（２００１）179頁、アレント、ハンナ（１９８１）参照。

5　ハーバーマス、ユルゲン（２００７）「１９９０年新版への序言 xxxviii」より。

6　重田（２０１２）８頁。

7　伊藤述史（２００２）17頁。

8　同右、70頁。
9　高橋華生子（2011）109頁。
10　Figure2.1　The Third Sector and the Welfare Triangle, Pestoff, Victor A.（1998）Bp.42
11　重冨真一（2001）22－26頁、図4参照。
12　JICA（2012）12頁。
13　日本貿易振興会プノンペン事務所、道法清隆（2012）2－4頁。
14　同右、40頁。
15　JICA（2012）13頁。
16　山田裕史（2013）4－7頁参照。
17　坂本貴則（2012）4頁参照。GINI係数では、0が完全な平等状態で、1に近づくにつれ貧困の格差が拡大。
18　林明仁（2012）118頁。
19　Kao Kim Hourn（1999）p.22.
20　Cooperation Committee for Cambodia（2010）.
21　Cooperation Committee for Cambodia（2009）.
22　在カンボジアNGO日本人ネットワーク（2013）72頁。
23　Cooperation Committee for Cambodia（2010）.
24　Ibid., Foreword. p.1.
25　Ibid.
26　Ibid.
27　Ibid.
28　甲斐田万智子基調講演「グローバル時代における子どもの貧困と権利」2013年10月31日第5回グローバル教育セミナー「子どもの貧困とグローバル教育」宇都宮大学。

29　宮下恵（国際協力ＮＧＯセンター）「ＣＳＯ開発効果第２回世界大会の報告」http://www.mofa.go.jp/mofa/gaiko/shimin/oda_ngo/taiwa/pdfs（２０１１年７月閲覧）より。
30　若杉美樹（２０１１）７頁。
31　林明仁（２０１２）117－119頁。林によればＣＣＣはオープンフォーラム内で特に政策提言に力を入れ、カンボジアのＮＧＯの民主的スペースの改善のための報告を行った。
32　高橋清貴（２０１１）203－204頁。
33　若杉美樹（２０１３）授業配布資料より。
34　Kao Kim Hourn（1999）Forward and p61.
35　Ibid. p.84. VII.Appendices 7.4 Vision of Grassroots Democracy in Cambodia
36　坂本貴則（２０１１）21頁およびＪＶＣカンボジア（２００９）。
37　ＪＶＣカンボジア（２００９）、ＪＶＣカンボジア（２０１３）参照。
38　ＪＶＣカンボジア（２０１３）４－５頁参照。
39　同右、４頁。
40　小鳥居と筆者の共同調査。小鳥居伸介、重田康博「ＣＬＥＡＮプロジェクト訪問記」ＪＶＣ九州ネットワーク『NEWS LETTER NO.69』（２０１２年５月号）の記事を一部参照。
41　ＪＶＣカンボジア（２０１３）４頁。
42　同右、６頁。
43　同右、６頁。
44　小鳥居と筆者の共同調査。小鳥居伸介、重田康博「ＣＬＥＡＮプロジェクト訪問記」ＪＶＣ九州ネットワーク『NEWS LETTER NO.69』（２０１２年５月号）の記事を一部参照。
45　ＪＶＣカンボジア（２０１３）８頁。
46　小鳥居と筆者の共同調査。重田康博、小鳥居伸介「ＣＬＥＡＮのワークショップを視察して」ＪＶＣ九州ネットワーク『NEWS LETTER NO.69』（２０１２年５月号）の記事を一部参照。

47　ＪＶＣカンボジア（２０１３）９頁。
48　同右、４−５頁。
49　同右。
50　２０１３年11月23日「ＪＶＣカンボジア坂本貴則報告会」より。
51　同右。

参考資料　「ＣＬＥＡＮのワークショップを視察して」

（ＪＶＣ九州ネットワーク（２０１２）『NEWS LETTER NO.69』２頁より抜粋）

重田康博
小鳥居伸介

２０１２年３月26日から30日までカンボジアを訪問した。カンボジアは毎年必ず訪問しているが、昨年は３・11の東日本大震災が発生し石巻のボランティア活動に参加していたので、当地を訪問するのは２年ぶりである。今回の訪問の目的は、シュムリアップ地区にある日本国際ボランティアセンター（ＪＶＣ）のＣＬＥＡＮ「生態系に配慮した農業による（家族経営農家の）生計改善（以下ＣＬＥＡＮ、Community Livelihood Improvement through Ecological Agri-culture and Natural Resource Management）」プロジェクトの現状を視察することだった。同行者は、長崎外国語大学の小鳥居先生だった。

３月29日午前中ＪＶＣカンボジアの坂本さん、樋口さん、ローカル・スタッフの皆さんのお世話で、シュムリアップのチークラエン郡のＫＫ集合村の村人によるワークショップを見学した。このワークショップの目的は、２０１１年の集合村のＣＬＥＡＮの活動がどのように村人に役立つのか、その経験を村人がお互いにどのようにシェアするのか、を検討することであり、毎年１回開催している。開始時刻の午前８時に集合村内の18

村から村長やＪＶＣから招待状を出した村人50人が集まった。彼らは、ＪＶＣのプロジェクトに関わっている農民で、今は正月なので村人が集まりやすいのだという。

最初に、郡長の挨拶があり、その後ＪＶＣカンボジアのローカル・スタッフのメアリーさんから、ＪＶＣのＣＬＥＡＮプロジェクトの紹介があった。生態系の循環型農業を目指す自然管理農法について絵や図を用いてどのように食料を確保するのか、ＪＶＣのＳＲＩ（System of Rice Intensification、直訳は米増収システム、日本語訳「幼苗《ようびょう》１本植え」）の有効性に関する説明を行った。続いて、同じくローカル・スタッフのロットさんより、ＣＬＥＡＮプロジェクトによるターゲット・エリヤにおける２０１０年から２０１１年の２年間の家庭農園、食料加工品に関する村の家族による成果、女性グループによる食料加工品の作り方、道路への１１２６本の植林活動、小学校での環境教育の説明があった。

その後、村人がグループ別に分かれてグループ・ディスカッションを行った。議題は、①ＳＲＩによる米の増収、②植林、③ゴミ処理、についてで、模造紙を使った具体的な書き込み作業をグループ別に行った。①では、家族による米の収穫の状況を把握し、どのように具体的な達成目標（ゴール）を立てて収穫量を増やすのかの検討を行った。②では、効果的な植林や育てる方法について議論した。③では、プラスティックのゴミの処理や再生可能なゴミによるコンポスト作りの方法を協議した。

シュムリアップ県ＫＫ集合村での村人によるワークショップ風景（2012年3月29日）

このワークショップでは、18村から50名の村人の積極的な参加による議論が印象的だった。これもこの集合村での2年間のCLEANによる実績があったから出来たのであろう。村人が1年間やってきたことをお互いに学び合うことは重要だ。JVCカンボジアは、このような積み重ねによって、CLEANの活動を広げることを期待している。しかし、今後も忙しい農民である村人に参加してもらうためには、一層の工夫や動機付けが必要だと思った。

終　章　グローバル市民社会の課題と意義
――「共存・共生できる公共圏」を目指して

本書では、21世紀の激動する国際社会の中で、グローバル市民社会の理論と実践を検証し、中でも重要なアクターである国際協力ＮＧＯおよびＣＳＯの発展と役割を検証してきた。

序章でグローバル市民社会の意義と役割を定義し、第1章から第3章までは欧米諸国の市民社会（北の市民社会）の誕生と発展、第4章から第5章は南の市民社会（アジアの市民社会）の誕生と発展、第6章から第7章は日本の市民社会の誕生と発展、第8章はグローバル時代における国家と市民社会の間の公共圏を検証してきたが、逆に本書で指摘した通り、グローバル市民社会の活動には、多くの問題点や課題も見受けられる。

本章では、第1章から第8章までの議論を踏まえ、グローバル市民社会の重要な構成員であるＮＧＯの発展の阻害要因、国際関係の中のグローバル市民社会の関係性について検討し、最後にグローバル市民社会の意義について述べていく。

1　ＮＧＯの発展の阻害要因――なぜＮＧＯは発展できないのか

序章の「ＮＧＯの発展とは何か」で、「『ＮＧＯの発展』を考える上での重要なポイント」を挙げ、本章を通じて市民社会、特にＮＧＯの誕生と発展を見てきた。しかし、ＮＧＯは発展すると同時に、その発展を阻害する要因や問題点を抱えている。以下に、『ＮＧＯの発展』を考える上での重要なポイント」を参照しながら、逆に筆者が考える「『ＮＧＯの発展における阻害要因（問題点）』を考える上での重要なポイント」を指摘したい。

ＮＧＯの活動の使命や理念が明確でなく、活動が世界や地域の貧困者、弱者、被害者に必要とされなければその団体の発展の意義や存在理由を問われてしまう。非政府組織であるＮＧＯが財政的に政策的に政府に大きく依存している場合、例えば日本の政府系外郭団体は市民組織としてのＮＧＯとはいえない。ＮＧＯの収入が不安定で、政府からの収入に極端に依存し自己資金比率が低いことも「非発展」の事例であると考える。そして、ＮＧＯが地球規模で多分野に活動を拡大しても、その活動に問題点や阻害要因を含むことがある。また、ＮＧＯが問題を起こして解散したり、資金を流用したりする場合や現在は活動の成果をあげていないこともＮＧＯの発展ではない。しかし、ＮＧＯは解散するといっても、取り組んできた問題を解決したために解散したり、活動期限を定めて解散したりすることもあり、これらはあくまでもＮＧＯの発展的解散であり問題点として捉えられない場合もある。その他の阻害要因の事例としては、ＮＧＯの会員、マンスリー・サポーター、ドナー、途上国の住民、一般社会に対して説明責任（アカウンタビリティ）を果たしておらず、活動に対して評価や信頼を受けていないことがある。

表９―１　「NGOの発展における阻害要因（問題点）」を考える上での重要なポイント

1	活動の使命と理念が明確でないこと【要因】
2	活動がもはや世界や地域から必要とされていないこと【役割】
3	政府からも企業からも経済的・社会的に独立していないこと【要因、結果】
4	過去に多国間、多分野で活動し規模が肥大化し、財政事情の悪化などにより規模を縮小したり、解散したりしていること、また現在は活動の成果をあげていないこと【結果】
5	地域でローカルNGOとして継続的な活動をしているが、成果をあげていなかったり、説明責任（アカウンタビリティ）を果たしていなかったりしていること【結果】
6	団体の名称が国際的に、国内的に知られているが、現在活動に対して結果と成果を出しておらず、評価と信頼を受けていないこと【要因】
7	国際社会と各国で民主化に関わる活動を行わず、市民社会を構築していないこと【役割】
8	収入が不安定で、自己資金比率が低いこと【結果】
9	会員、マンスリー・サポーター、ドナー、途上国の住民、一般社会に対して説明責任（アカウンタビリティ）を果たしていないこと【要因】

出所：重田（2005）を参考に筆者作成[注1]

2　国際関係の中のグローバル市民社会の関係性

(1) 北のＮＧＯと南のＮＧＯの新しいグローバル市民社会づくり

本書では、グローバル市民社会の発展や役割を検討してきたわけであるが、今後の「北のＮＧＯ」「南のＮＧＯ」という枠を超えた新しいグローバル市民社会の中での関係作りが期待されている。

本書で紹介した通り、１９８０年代以降欧米諸国、日本を含めた北のＮＧＯは、南の途上ローカルＮＧＯを通したパートナーシップ型の開発協力を実施してきたが、１９９０年代半ば以降カンボジアでも、他のアジア諸国と同様、ローカルＮＧＯの活動が盛んになっている。近年、アジアの国々の中には、グローバル・サウスとして急速に経済発展し、先進国から中進国や新興国と見なされる国も多くなっている。南のＮＧＯの中には、資金難に喘ぐ北のＯＤＡから資金を期待せず、北のNGOとのパートナーシップによる開発協力の関係を見直し、北のNGOやODAから外部資金を導入する方針から転換し、自ら自己資金を得るためにマイクロ・クレジット、フェアトレードを始め自主事業を始めている団体もある。例えば、スリランカのNGOサルボダヤ・シュラマダーナ運動自身も、1990年代以降欧米諸国からのODAやNGOからの援助削減に苦しみ、マイクロ・ファイナンス、印刷、家具、木工製品、本づくり、開発教育研究所の運営に取り組んで来ているわけであるが、経営的に必ずしもうまくいっているわけではない。これからサルボダヤの活動には、従来以上にマネージメント能力、従来の農村開発協力とビジネス化との融合、活動におけるアカウンタビリティの質の向上が求められる。サルボダヤ・シュラマダーナ運動の専務理事であるビニヤ・アリヤラトネは「スリランカは、欧米諸国からすでに中進国と見なされており、サルボダヤもこれから多くの援助を期待できるわけではない。むしろ、今後サルボダヤもより一層組織の社会企業化や現地化を進めなければならない時期に来ている[2]」と述べていたことが印象的であった。

本書を通して見てきたように、激しく混迷する国際関係の中で、南北NGOの役割の変化を認識し、多様化と専門化をさらに進化させ国際ネットワークを形成し、新しいグローバル市民社会を形成していく必要があるであろう。

(2) 新興国も含めたグローバル市民社会の新しい関係づくり

現実の世界を見ると、2016年の今日の世界で、英国のEU離脱、中東シリア危機と難民の発生、バングラデシュ、ドイツ、トルコなどでの襲撃などIS過激派系列関係者によるテロ活動、欧州へのシリア難民流入、地球温暖化防止のためのパリ条約締結の実行、米国トランプ大統領就任など世界的レベルでのリベラリズム派の後退と保守派・右派の台頭、分断と寛容・包摂社会の崩壊、先進諸国の高齢化という問題が起こっている。それに対して従来の先進諸国やG8、国際機関などだけではもう解決できず、これらの国々の国際社会での発言力の低下とそれに対する中国、インド、ブラジルなど新興諸国、G20諸国が国際社会で大きく台頭するようになっており、100年前の20世紀初頭の混乱期に逆戻りする感すらある現代社会の中で、グローバル市民社会がこの混迷の時代に果たすべき役割が求められているといえよう。

その一方、グローバル市民社会の担い手である、NGOのマクロ的な動きを見ると、1990年代北のNGOを中心とした「地雷廃絶国際キャンペーン」、北のNGOと南のNGOが共同で行った債務帳消しのための「ジュビリー2000キャンペーン」、2005年の国連ミレニアム開発目標（MDGs）を目指す「G-CAPキャンペーン」のような世界的に大きな成果をあげた政策提言やキャンペーンが2010年以降目立たなくなってきたことだ。それは、最近の貿易交渉、地球温暖化交渉、国際連帯税（グローバル・タックス）の政策提言や国際キャンペーンなどは、かつての南北対立や米国の孤立政策だけでなく、新興諸国も加わって国際交渉が複雑化・多様化し、NGOもかつてのように1990年代から2005年までのG7、先進国、国連、IMF、世界銀行、WTOなどの国際機関のような単純明快な相手を対象とした政策提言やキャンペーンができなくなっており、中国、ロシア、インド、ブラジルのようなBRICs諸国（新興国）の台頭やシリア・イラクなど中東情勢の混迷化にどのように対応していいか、戸惑っているというのが正直な印象である。南北のNGOは、新興国のNGOとも手を結び新しい展開が必要であるが、中国の草の根NGOへの規制は厳しくなる可能性があり、南や東の市民社会が活動するスペースはなかなか思うように広がらない。

しかし、序章や第3章で紹介した、2011年11月末に韓国・釜山で開催された「援助効果向上に関する第4回ハイレベルフォーラム（釜山HLF4）」においては、「釜山パートナシップ合意」に関して中国やインドの新興国が参加して各国政府や国際機関に対して、韓日NGOが一緒に協力して、提言活動を行っていることは特筆すべきことであり[3]、またポストMDGsである持続可能な開発目標（SDGs）に向けてNGOが協力したことは、今後の新しいグローバル市民社会の協力のあり方の可能性を感じさせる。

3　グローバル市民社会の意義

最後に、グローバル市民社会の意義について考えてみたい。本書で見てきた通り、これまでの、そして今後のグローバル市民社会を考えることは、今後の国際関係、国際社会、市民社会の観点からも必要なことである。ここでは、その意義として、第1に「国境を超える人道主義」であること、第2に「慈善から公正を求める活動」であること、第3に「創造性・独自性・起業性のある活動」であること、第4に「思想性、倫理性に基づく活動」であること、第5に「グローバル時代における公共圏の形成のための活動」であること、の5点をあげ、以下に述べていく。

第1に「国境を超える人道支援活動」である。

本書の第2章で紹介した、国際赤十字のアンリ・デュナンの人道主義は、NGOをはじめとするグローバル市民社会の出発点であるといえる。「人道的」という用語は、フランスの哲学者リトレにより「人類全体にかかわるもの」と定義されたが、人道主義は人間の痛みに共感する思想に基づいており、欧米のキリスト教の思想に大きく影響されている。デュナンがたまたま出会ったイタリア統一戦争の悲惨な兵士の姿から、たとえ敵の兵士であっても一人の人間として救いたいと考えたことは至極当然のことであるし、現在のシリア内戦の市民・女性・子どもの悲惨な状況や中東の周辺諸国やヨーロッパへ避難する難民たちの姿に私たちが同情することに似ている。そのような人道主義は、国境を超え、国際赤十字運動をはじめNGOの活動を誕生させ、グローバルに支援活動を拡大していったのである。

しかし、人道主義は、20世紀の第1次世界大戦、第2次世界大戦、戦後の米ソの冷戦、アジア、アフリカでの米ソの代理戦争、21世紀のアフガニスタン戦争、イラク戦争、シリア内戦など数多くの現実の戦争や内戦の中で、成功ばかりでなく失敗や挫折を味わい、時には攻撃の対象になったりもする。第2章で触れた赤十字の公正中立・非公開などの基本原則やジュネーブ条約は、戦争から人間を守り人道主義を擁護するために生まれたものであるが、第2次世界大戦中のナチスによるユダヤ人へのホロコーストやアブグレイブ収容所でのイラク人虐待に対する黙殺は、世界を驚かせ、赤十字を苦悩させ、赤十字の信頼は揺らいだ。

しかし、人道主義ならば、NGOは人種、政治、宗教の違いにかかわらず国境を超えて活動することができる。第3章で見た通り、国境なき医師団（MSF）の設立の背景には、医師の治療だけでは人権侵害と迫害は止められず、第2次世界大戦中の赤十字やフランス赤十字の中立による沈黙の誤りを反省し、国境を超えるときには「無国籍主義」と呼ばれるほど国家の主権からも独立した立場で活動することができ、問題に対して当事国を訴え、メディアを通じて国際社会に提言することも辞さなかった。このような人道支援活動は、国境を超えるNGOを含めたグローバル市民社会の大きな成果でもあった。しかし、MSFのような人道NGOの場合でも、国境を超えて「国家主権から自由な当事者」を目指して人道的活動をしていても、実際には国家主権の制約を受けざるを得ず、人道上の政治的危機にも見舞われることもある。このような人道支援のジレンマを克服するには、ブローマンやダンドローがいうように、人道援助活動と政治的活動の間に、NGOが人道支援を行い難民、避難民、被災者、障がい者のような弱者が存在できるような空間が求められ、そのような空間の先にあるのがグローバル市民社会であると考えられる。

第2に「慈善から公正を求める活動」である。

第2章で見たとおり、オックスファムをはじめ多くのNGOが、最初は第2次世界大戦中の難民・被災者救援のための人道支援活動から始まって、やがてアジア・アフリカ諸国の貧困を克服するために、住民の自立支援と生活向上のための開発協力、パートナー支援型協力へと移行しながら、それは「慈善から公正へ」を求める活動へ向かっていることになる。20世紀から21世紀前半にかけて、貧困・援助・貿易・債務・格差などのグローバルな問題を南北の構造的問題と捉え構造の変革を求めるようになる。そして、ＮＧＯの活動も途上国での難民支援、開発協力だけでなく、開発教育、政策提言、国内難民支援、国際ネットワークと変化し、ＮＧＯの活動も多様化、専門化を求められるようになり、公正を求める活動の総体としてグローバル市民社会が存在する。

第３に「創造性・独自性・起業性のある活動」である。

本書で見てきた通り、途上国（南の諸国）と先進国（北の諸国）のＮＧＯは、20世紀の第２次世界大戦後から今日まで多数化・多様化・専門化・企業化を行い、その影響力を拡大し、多くの国々で市民社会を育成し、グローバル市民社会の形成に寄与してきた。

途上国・先進国のＮＧＯは、「人間の安全保障」に基づく人間開発やコミュニティ開発を進め、貧困削減を目指してきた。やがて時代が進み、ドナーの意識の変化、ドナー依存から脱却するためにＮＧＯ側の意識が変化し、ＮＧＯの経済・実利重視の姿勢が強くなる。彼らの起業化・企業化の具体的方法として、チャリティバザー、リサイクル、フェアトレード、ショップ、マイクロ・フィナンス、ネットの活用、ホワイトバンドのようなキャンペーン、アイクラウド募金が行われるようになり、ＮＧＯのマネージメントが重視されるようになる。20世紀後半から、世界のグローバル化が進み、ＮＧＯの生き残りの時代となり、新規に設立されるＮＧＯが少なくなり、ＮＧＯの高齢化が目立つようになった。ＮＧＯの創造性・独自性・起業性を求める活動は、現在は主流となりつつあり、実務ベース、実利主義へとつながり、それらの成果がグローバル市民社会の創造につながっていく。

第４に、「思想性、倫理性に基づく活動」である。

先に述べた通り、アンリ・デュナンの人道主義はＮＧＯの出発点であり、欧米のキリスト教の思想がＮＧＯに大きな影響を与えたことは間違いない。その一方、スリランカのＮＧＯサルボダヤ運動などのＮＧＯは、仏教に基づく開発理念や非暴力の平和理念を推進し、人間開発・コミュニティ開発を目指し、スリランカの1万5000の村での開発を進め大きな成果を収めた。

しかし、支援するドナーの意識変化とともに、サルボダヤ運動などNGOに資金的な余裕がなくなり経済・実利重視になり、マイクロ・ファイナンスなどを行うようになった。NGOの生き残りの時代に、彼らは人間開発と企業開発のバランスをどのように調整し持続的な活動を行っていくのかが今後の課題である。

日本のNGOの場合、キリスト教や仏教系のNGO、非宗教系のNGOがある。非宗教系のNGOはビジョンやミッションにその思想性の根拠を置いており、バングラデシュ救援活動、インドシナ難民活動から出発しているが、かつてのボランティア開拓精神主義の時代から実務主義中心に変化し、その思想性・倫理性を追求しているNGOは多くないのではないか。NGOは、本来人道主義、公正、人権、平和を追求する思想性、倫理性に価値があり、思想性、倫理性、経済性をバランスよく発展させて、持続発展させることが重要である。そのためには、政府の代わりや補完ではなくNGOの独自の役割があり、それを追究し目指すべきことが重要であり、それがグローバル市民社会における思想性を求めていくことになる。

またNGOの倫理面として、90年代からNGOの「アカウンタビリティの必要性」や「開発効果」が問われ、近年NGOは説明責任や透明性を証明する制度を自ら作成してステークホルダーや社会の要請に応えてきた。同時にNGOの思想面と倫理面での活動の成果が、NGOの発展やNGOのマネージメントの強化につながっていくことになれば、グローバル市民社会の思想性や倫理性が重んじられるようになる。

第5に「グローバル時代における公共圏の形成のための活動」である。

本書の第8章で取り上げた、ポスト開発、ポスト・グローバル化時代を見据えて、グローバル市民社会や市民社会の役割とは、グローバル化を推進する国家に対して周辺化された、脆弱な人々を支援するだけでなく、意見を言い、提言を行い、新しい発展のモデルやオルタナティブな社会のあり方を提示していくことである。

同時に、包摂性・寛容性を目指す公共圏の形成は国家によるグローバル化と市民社会によるローカル化の間に立って、問題解決のための合意形成や政策形成を行い、人間が共存し共生できる「場」や「空間」を提供することが求められる。そのような「共存・共生できる公共圏」は、ブローマンやダンドローがいうように、難民、避難民、被災者、障がい者のような弱者が存在できるような空間であり、そのような空間がグローバル市民社会が目指す空間である。

【注】

1 重要なポイントを挙げる上で、1から9までのポイントについて基本的に重田康博（２００５）を参考にした。その他に、以下の文献を参考にした。
〔日本語文献〕国際協力ＮＧＯセンター（２００７）、重田康博（２００５）、下澤嶽（２００７）
〔英語文献〕Drucker. P. F.（1990）（Ｐ・Ｆ・ドラッカー著／上田惇生訳（２００７））、Edwards. M. and Hulme. D. eds.,(1995)（コーテン、デビット著／渡辺龍也訳（１９９５））、Riddell, Roger C.（2007）、Smillie, I（1993）.

2 ２０１２年３月12日、16日筆者によるスリランカのサルボダヤ・シュラマダーナ本部におけるビニヤ・アリヤラトネ氏へのインタビューより掲載。

3 国際協力ＮＧＯセンター（２０１２）「第４回ＯＤＡ改革パブリックフォーラム（ＯＤＡ援助効果公開シンポジウム『国際援助はどこへ向かうのか?～援助効果にかかる第４回釜山閣僚会議報告会』（２０１２年１月16日）配布資料参照。

参考文献

【序章】

〔日本語文献〕
上村雄彦（２００９）『グローバル・タックスの可能性――持続可能な福祉社会のガヴァナンスをめざして』ミネルヴァ書房
ＮＧＯ活動推進センター（１９９７）『ＮＧＯって何だ!?――共に生きる地球市民社会をめざして』
ＮＧＯ活動推進センター（１９９９）『日本とアジアの拠点ＮＧＯ間のネットワークづくりに関する調査研究――21世紀に向けての新しいパートナーシップの確立をめざして』
カール、インゲ／グルンベルグ、イサベル／スターン、マーク・Ａ編／ＦＡＳＩＤ国際開発研究センター訳（１９９９）『地球公共財――グローバル時代の新しい課題』日本経済新聞社
外務省編（２００２）『２００１年版政府開発援助（ＯＤＡ）白書』。
カルドー、メアリー著／山本武彦・宮脇昇・木村真紀・大西崇介訳（２００７）『グローバル・市民社会――戦争へのひとつの回答』法政大学出版局
カント、イマヌエル著／池内紀訳（２０１５）『永遠平和のために』集英社
グローバル・ガバナンス委員会著／京都フォーラム監訳（１９９５）『地球リーダーシップ――新しい世界秩序をめざして』ＮＨＫ出版
国際協力ＮＧＯセンター（ＪＡＮＩＣ）（２０１０）『ＪＡＮＩＣイシューペーパー№１　ＮＧＯと開発効果――アドボカシー・アカウンタビリティ・ＮＧＯ支援の拡充』
国際協力ＮＧＯセンター（ＪＡＮＩＣ）・ＱＡワーキング事務局（２０１５）『支援の質とアカウンタビリティ』
国際協力推進協会（１９８９）『南北ＮＧＯ間の新しい開発協力のあり方を探る調査』

国連開発計画（２００２）『ミレニアム開発目標』
小松隆二（２００４）『公益とは何か』論創社
重田康博（２００５）『ＮＧＯの発展の軌跡――国際協力ＮＧＯの発展とその専門性』明石書店
下澤嶽（２００７）『開発ＮＧＯのパートナーシップ――南の自立と北の役割』コモンズ
高橋清貴（２０１１）「第5章　日本の国際協力ＮＧＯは持続可能な社会を夢見るか?」藤顔美恵子・越田清和・中野憲志編『脱「国際協力」――開発と平和構築を超えて』新評論
高柳彰夫（２０１１）「『援助効果』と『開発効果』」日本国際ボランティアセンター『Trial & Error』No.286
高柳彰夫（２０１４）『グローバル市民社会と援助効果――ＣＳＯ／ＮＧＯのアドボカシーと規範づくり』法律文化社
谷山博史（２０１１）「『ＣＳＯ開発効果』が生まれた経緯」日本国際ボランティアセンター『Trial & Error』No.286
西川潤（２０１１）『グローバル化を超えて――脱成長期日本の選択』日本経済新聞出版社
ハーバーマス、ユルゲン著／細谷貞雄・山田正行訳（２００7年第2版第14刷）『公共性の構造転換――市民社会の一カテゴリーについての探究』未来社
秦辰也（２０１４）『アジアの市民社会とＮＧＯ』晃洋書房
林明仁（２０１１）「ＣＳＯ開発効果とナショナルコンサルテーション」国際協力ＮＧＯセンター『シナジー』vol.149
松尾沢子（２０１２）「アカウンタビリティ　コミュニケーションとして、アカウンタビリティを／特集1　日本のＮＧＯ25年　ＮＧＯを知る7つの要素」ＪＡＮＩＣ『シナジー』Vol.155
山口定（２００５）「『市民社会』問題をアジア諸国の事例から見直す」山口定編著『現代国家と市民社会――21世紀の公共性を求めて』ミネルヴァ書房
若杉美樹（２０１１）「カンボジアにおけるＣＳＯ開発効果とＮＧＯ法の動き」日本国際ボランティアセンター『Trial & Error』No.286

〔英語文献〕
Anheier, Kaldor and Glasius（2012）"Chapter1 The Global Civil Society Yearbook: Lessons and Insights 2001-2011"

Kaldor, Mary, Henrietta L. Moore and Sabine Selchow *Global Civil Society 2012* Palgrave Macmillan

Commission on Global Governance（1995）*Our Global Neighbourhood*, Oxford: Oxford University Press.（グローバル・ガバナンス委員会著／京都フォーラム監訳（１９９５）『地球リーダーシップ――新しい世界秩序をめざして』ＮＨＫ出版）

DFID（2006）*Civil Society and Development*

Drucker. P.F.（1990）*Managing the Nonprofit Organization*, Harper Collins Publishers.（ドラッカー、Ｐ・Ｆ著／上田惇生訳（２００７）『ドラッカー名著集④　非営利組織の経営』ダイヤモンド社）

Edwards, M. and Hulme, D. eds.,（1995）*NGOs-Performance and Accountability*, Earthscan Publications Ltd

Kaldor, Mary（2003）*Global Civil Society: An Answer to War*, Cambridge: Polity Press.（カルドー、メアリー著／山本武彦、宮脇昇、木村真紀、大西崇介訳（２００７）『グローバル・市民社会――戦争へのひとつの回答』法政大学出版局）

Korten, D.（1990）*Getting to the 21st Century: Voluntary Action and the Global Agenda*, Kumarian Press.（コーテン、デビット著／渡辺龍也訳（１９９５）『ＮＧＯとボランティアの21世紀』学陽書房）

OECD（1988）Voluntary Aid for Development-The Role of Non-Governmental Organization, Paris: OECD.

Riddell, Roger C.（2007）*Does Foreign Aid Really Work?*.: Oxford, New York, Oxford University Press.

Smillie, I（1993）'Introduction,' in Smillie. I and H. Helmich（eds）, *Non-Governmental Organisations and Governments: Stakeholders for Development*, Paris: OECD

Smillie, I. and Helmich, H.（1997）,"Stakeholders," EARTHSCAN

〔インターネット資料〕

国際連合広報センターのＨＰ　http://www.unic.or.jp/news_press/features_backgrounders/1129/（２０１６年12月25日閲覧）

ＪＡＮＩＣ・ＱＡワーキング事務局（２０１５）『支援の質とアカウンタビリティ』

JANICのHP　http://www.janic.org/more/accountability/（2016年12月25日閲覧）
宮下恵（国際協力NGOセンター）「CSO開発効果第2回世界大会の報告」『ODA政策協議会資料』http://www.mofa.go.jp/mofa/gaiko/shimin/oda_ngo/taiwa/pdfs（2011年8月21日閲覧）

【第1章】

〔日本語文献〕

朝日新聞地球プロジェクト21（1998）『市民参加で世界を変える』朝日新聞社
臼井久和（2006）「第1章　地球市民社会の系譜と課題」「地球市民社会の研究」プロジェクト編『地球市民社会の研究』中央大学出版部
エドワーズ、マイケル著／堀内一史訳（2008）『「市民社会」とは何か——21世紀のより善い世界を求めて』麗澤大学出版会
NGO活動推進センター（1997）『NGOって何だ!?——共に生きる地球社会をめざして』
NGO活動推進センター（2004）『NGO通信　地球市民』№117、2004年6月号
岡本榮一編著（2004）『ボランティア・NPO用語事典』中央法規出版
カント、イマヌエル著／池内紀訳（2015）『永遠平和のために』集英社
草地賢一（1995）「市民とボランティア」酒井道雄『神戸発阪神大震災以後』岩波新書
黒田かをり（2004）「イギリス」目加田説子『NGOセクターに関する6カ国比較調査——MDBsとの連携に向けて』
笹川平和財団（1990）『英国のコーポレート・シチズンシップ』
重田康博「英国新NGO事情(1)　英国社会とチャリティ」（1996）NGO活動推進センター（JANIC）『NGO通信　地球市民』№35
重田康博（1995）『日英の市民レベルの新しい国際協力・国際交流の協力のあり方に関する調査』国際交流基金

「地域・草の根交流欧州派遣事業」

重田康博（２００７）「第7章　ＮＧＯとＯＤＡ」馬橋憲男、高柳彰夫編著『グローバル問題とＮＧＯ・市民社会』

柴田善守（１９７１）富士新報福祉事業団編『福祉名鑑：ボランティア便覧』富士新報福祉事業団

柴田善守（１９９９）『社会福祉の歴史とボランティア活動――イギリスを中心として』大阪ボランティア協会出版部

市民フォーラム21（１９９６）『イギリスの民間非営利セクターを訪ねて』

市民フォーラム21（１９９７）『第二回イギリスのＮＧＯ／ＮＰＯ活動調査報告』

高柳彰夫（２０１４）『グローバル市民社会と援助効果』法律文化社

田中弥生（２０１１）『市民社会政策論――３・11後の政府・ＮＰＯ・ボランティアを考えるために』明石書店

塚本一郎（２００７）「第1章　福祉国家再編と労働党政権のパートナーシップ政策――多元主義と制度化のジレンマ」塚本一郎・柳澤敏勝・山岸秀雄編著『イギリス非営利セクターの挑戦――ＮＰＯ・政府の戦略的パートナーシップ』ミネルヴァ書房

西川潤（２０１１）『グローバル化を超えて――脱成長期日本の選択』日本経済新聞出版社

ハーバーマス、ユルゲン著／細谷貞雄・山田正行訳（２００７年第2版第14刷）『公共性の構造転換――市民社会の一カテゴリーについての探究』未来社

早瀬昇（１９９７）「ＮＰＯとボランティア」山岡義典編著『ＮＰＯ基礎講座――市民社会の創造のために』ぎょうせい

山口定（２００５）「『市民社会』問題をアジア諸国の事例から見直す」山口定編著『現代国家と市民社会――21世紀の公共性を求めて』ミネルヴァ書房

〔英語文献〕

Gifford, Zerbanoo（1996）*Thomas Clarkson and the Campaign Against Slavery*, Anti-Slavery International.

Prime Minister's Strategy Unit, UK Cabinet Office（2002）, *Private Action, Public Benefit*

Stanley, Brian (1992) *The History of the Baptist Missionary Society1792-1992*, T&T Clark
Stubbs, Lucy (1993) *The Third World Directory 1993*, Directory of Social Change

〔インターネット〕
企業税制研究所（２００５）『イギリス』
http://www.zeiseiken.or.jp/zeihou/2007/h20_britain_hieiri_Jigyohtai_zeisei.pdf（２０１６年8月21日閲覧）

【第2章】

〔日本語文献〕
朝日新聞地球プロジェクト21（２００２）『市民参加で世界を変える』朝日新聞社
アタック・ジャパン（２００２）『第二回世界社会フォーラム報告会』
馬橋憲男、斎藤千宏編著（１９９８）『ハンドブックＮＧＯ——市民の地球的規模の問題への取り組み』明石書店
ＮＧＯ活動推進センター（１９９６）『ＮＧＯダイレクトリー96』
ＮＧＯ活動推進センター（１９９７）『ＮＧＯって何だ!?——共に生きる地球社会をめざして』
ＮＧＯ活動推進センター（２００４）『国際協力ＮＧＯダイレクトリー２００４』
草地賢一（１９９５）「市民とボランティア」酒井道雄『神戸発阪神大震災以後』岩波新書
国際協力ＮＧＯセンター（２００４）『国際協力ＮＧＯダイレクトリー２００４』
国際協力推進協会（１９８４）『対途上国民間公益活動評価調査』
国際協力推進協会（１９８９）『南北ＮＧＯ間の新しい開発協力のあり方を探る調査』
斎藤千宏編著（１９９８）『ＮＧＯが変える南アジア——経済成長から社会発展へ』コモンズ
笹川平和財団（１９９０）『英国のコーポレート・シチズンシップ』
重田康博（１９９５）『日英の市民レベルの新しい国際協力・国際交流の協力のあり方に関する調査』国際交流基金
「地域・草の根交流欧州派遣事業」

重田康博（1996）「英国新NGO事情⑴　英国社会とチャリティ」JANIC『NGO通信　地球市民』No.35
市民フォーラム21（1996）『イギリスの民間非営利セクターを訪ねて』
市民フォーラム21（1997）『第二回イギリスのNGO／NPO活動調査報告』
ダンドロー、ギョーム著／西海真樹、中井愛子訳（2005）『NGOと人道支援活動』
日本赤十字社（1998）『赤十字国際活動ガイド』
日本赤十字社（2002）『赤十字の諸原則』第10版
NIRA（1994）『市民公益活動基盤整備に関する調査研究』
吹浦忠正（1991）『赤十字とアンリ・デュナン――戦争とヒューマニティの相剋』中公新書
ブローマン、ロニー著／高橋智訳（2000）『人道援助、そのジレンマ――「国境なき医師団」の経験から』
最上敏樹（2001）『人道的介入――正義の武力行使はあるか』岩波新書

〔英語文献〕
Gifford, Zerbanoo (1996), "Thomas Clarkson and the Campaign Against Slavery", Anti-Slavery International.
Prime Minister's Strategy Unit, UK Cabinet Office (2002) "Private Action, Public Benefit".
Stanley, Brian (1992) "The History of the Baptist Missionary Society 1792-1992", T&T Clark.
Stubbs, Lucy (1993) "The Third World Directory 1993" (Directory of Social Change).

【第3章】

〔日本語文献〕
朝日新聞地球プロジェクト21（2002）『市民参加で世界を変える』朝日新聞社
アタック・ジャパン（2002）『第二回世界社会フォーラム報告会』
市橋秀夫（2006a）「英国オックスフムとは何か?（前篇）世界最大規模の国際援助NGOの全体像」『季刊

「あっと」at』3号
市橋秀夫（2006b）「英国オックスファムとは何か？（後編）20世紀の社会史から見たオックスファム像」『季刊「あっと」at』5号
上村雄彦編著（2016）『世界の富を再分配する30の方法――グローバル・タックスが世界を変える』合同出版
馬橋憲男・斎藤千宏編著（1998）『ハンドブックNGO――市民の地球的規模の問題への取り組み』明石書店
馬橋憲男・高柳彰夫編著（2007）『グローバル問題とNGO・市民社会』明石書店
NGO活動推進センター（1997）『NGOって何だ!?――共に生きる地球社会をめざして』
草地賢一（1995）「市民とボランティア」酒井道雄『神戸発阪神大震災以後』岩波新書
国際協力NGOセンター（2004）『国際協力NGOダイレクトリー2004』
国際協力推進協会（1984）『対途上国民間公益活動評価調査』
国際協力推進協会（1989）『南北NGO間の新しい開発協力のあり方を探る調査』
斎藤千宏編著（1998）『NGOが変える南アジア――経済成長から社会発展へ』コモンズ
笹川平和財団（1990）『英国のコーポレート・シチズンシップ』
重田康博（1995）『日英の市民レベルの新しい国際協力・国際交流の協力のあり方に関する調査』国際交流基金「地域・草の根交流欧州派遣事業」
重田康博「英国新NGO事情(1)　英国社会とチャリティ」JANIC（1996）『NGO通信　地球市民』No.35
重田康博（2005）『NGOの発展の軌跡――国際協力NGOの発展とその専門性』明石書店
重田康博（2006）「第6章　オックスファムによる世界の貧困問題への取組み」『国際NGOが世界を変える――地球市民社会の黎明』東信堂
市民フォーラム21（1996）『イギリスの民間非営利セクターを訪ねて』
市民フォーラム21（1997）『第二回イギリスのNGO／NPO活動調査報告』
田中治彦・三宅隆史・湯本浩之（2016）『SDGsと開発教育――持続可能な開発目標ための学び』学文社
ダンドロー、ギョーム（2005）『NGOと人道支援活動』

ＮＩＲＡ（１９９４）『市民公益活動基盤整備に関する調査研究』
松井やより（１９９０）『市民と援助――いま何ができるか』岩波新書
室靖（１９８９）「日本の開発教育」笹川平和財団『開発教育プロジェクト』

〔英語文献〕
Black. M. (1992) *A Cause for Our Times-Oxfam the first 50 years*, Oxfam Publications.
Novib (1993) A History of Novib.
Oxfam International (2016) *Oxfam International Annual Report 2014-2015*.
Prime Minister's Strategy Unit, UK Cabinet Office (2002), "Private Action, Public Benefit".
Stanley, Brian (1992), "The History of the Baptist Missionary Society 1792-1992", T&T Clark.
Stubb, Lucy (1993) *The Third World Directory 1993*, Directory of Social Change.

【第４章】

〔日本語文献〕
朝日新聞地球プロジェクト21（１９９８）『市民参加で世界を変える』朝日新聞社
磯崎典世（２００１）「第14章　韓国」重冨真一編著『アジアの国家とＮＧＯ――15カ国の比較研究』明石書店
磯野昌子（２００２）「『オルタナティブな開発』のジレンマ」『東和大学国際教育研究所国際教育研究紀要』第５号
今井淳雄（２０１５）『中国・台湾における「市民社会」に関する研究――「官民連動」という視点から』宇都宮大学大学院国際学研究科博士後期課程博士論文
馬橋憲男・斎藤千宏編著（１９９８）『ハンドブックＮＧＯ――市民の地球的規模の問題への取り組み』明石書店
大塚健司（２００１）「第11章　中国」重冨真一編著『アジアの国家とＮＧＯ――15カ国の比較研究』明石書店
甲斐田万智子（１９９７）「働く女性の声を政策につなげるＳＥＷＡ」斎藤千宏編著『ＮＧＯ大国インド――悠久の国の市民ネットワーク事情』明石書店

喜多村百合（2004）『インドの発展とジェンダー――女性ＮＧＯによる開発のパラダイム転換』新曜社
北沢洋子（1998）『パルクブックレット4　開発は人びとの手で――ＮＧＯの挑戦・フィリピン農村再建運動（ＰＲＲＭ）』アジア太平洋資料センター
国際協力ＮＧＯセンター（2004）『国際協力ＮＧＯダイレクトリー2004』
国際協力推進協会（1985）『途上国の民間公益組織（ＮＧＯ）実態調査』
国際協力推進協会（1989）『南北ＮＧＯ間の新しい開発協力のあり方を探る調査』
斎藤千宏編（1998）『ＮＧＯが変える南アジア――経済成長から社会発展へ』コモンズ
重田康博（2003）「北のＮＧＯと南のパートナー団体とのパートナーシップ（協力関係づくり）の一考察――カンボジアのＮＧＯと住民組織を事例に」『九州国際大学社会文化研究所紀要』52号
重田康博（2005）『ＮＧＯの発展の軌跡――国際協力ＮＧＯの発展とその専門性』明石書店
重冨真一（2001）「序章　国家とＮＧＯ――問題意識と分析視角」重冨真一編著『アジアの国家とＮＧＯ――15カ国の比較研究』明石書店
下澤嶽（1997）「バングラデシュの巨大ＮＧＯ〝ＢＲＡＣ〟の歴史と役割」『東和大学国際教育研究所国際教育研究紀要』第3号
下澤嶽（1998）「バングラデシュのＮＧＯの現状」佐藤寛編『開発援助とバングラデシュ』アジア経済研究所
車両競技公益資金記念財団（1984）『アジアにおける民間公益活動団体の実態調査報告書第二編ディレクトリー』
西川潤（2011）『グローバル化を超えて――脱成長期　日本の選択』日本経済新聞出版社
秦辰也（2014）『アジアの市民社会ＮＧＯ』晃洋書房
メーシー、ジョアンナ（1984）『サルボダヤ――仏法と開発』めこん
ユヌス、ムハマド／ジュリ、アラン著／猪熊弘子訳（1998）『ムハマド・ユヌス自伝――貧困なき世界をめざす銀行家』早川書房
ラヴェル、キャサリン・Ｈ（2001）『マネジメント・開発・ＮＧＯ――「学習する組織」ＢＲＡＣの貧困撲滅戦略』新評論

李妍焱（２０１２）『中国の市民社会──動き出す草の根ＮＧＯ』岩波新書
渡辺龍也（１９９７）『「南」からの国際協力──バングラデシュ　グラミン銀行の挑戦』岩波ブックレット№424

〔英語文献〕
Edwards. M & Fowler. A. (eds). (2002) *The Earthscan Reader on NGO Management*, Earthscan Publications Ltd.
Fowler. A. (2002) "NGO Futures - Beyond Aid: NGDO Values and the Fourth Position", Edwards.M & Fowler. A. (eds), The Earthscan Reader on NGO Management, Earthscan Publications Ltd.

【第５章】

〔事例１〕
アリヤラトネ、Ａ・Ｔ／山下邦明・林千根・長井治訳（２００１）『新装版　東洋の呼び声──拡がるサルボダヤ運動』はる書房
アリヤラトネ、ビニヤ「スリランカの農村開発とサルボダヤ運動」（２０１１）『多文化公共圏センター年報』第３号、宇都宮大学国際学部
磯野昌子（２００２）「『オルタナティブな開発』のジレンマ──サルボダヤ・シュラマダーナ運動の事例から」『国際教育研究紀要』第５巻、東和大学国際教育研究所
重田康博・陣内雄次（２０１２）「グローバル教育における参加型学習──スリランカ・サルボダヤ運動を事例に」『多文化公共圏センター年報』第４号、宇都宮大学国際学部
重田康博・陣内雄次（２０１３）「スリランカのＮＧＯ・サルボダヤ運動を訪問して」『多文化公共圏センター年報』第５号、宇都宮大学国際学部
重田康博・福村一成（２０１４）「宇都宮大学グローバル人材育成のための事前調査──スリランカを拷問して」『多文化公共圏センター年報』第６号、宇都宮大学国際学部

重田康博・栗原俊輔（２０１５）「宇都宮大学国際学部国際キャリア実習のためのスリランカ事前調査」『多文化公共圏センター年報』第7号、宇都宮大学国際学部
田村智子（１９９９）「スリランカ・サルヴォーダヤ運動に見るＮＧＯ組織運営の現状と課題」『龍谷大学経済学論集』38巻5号
野田真里（２００１）「サルボダヤ運動による〝目覚め〟と分かち合い」西川潤編『アジアの内発的発展』藤原書店
メーシー、ジョアンナ（１９８４）『サルボダヤ――仏法と開発』（Macy, Joann（1983）"Religion as Resorce in the Sarvodaya Self-Help Movement" Kumarian Press.）
室靖（１９８５－１９８６）「連載　スリランカの新しい風」なーむ
室靖（１９８７）「スリ・ランカのサルヴォダヤ運動――住民の目覚めによる農村開発」庭野平和財団
リヤナーゲ、Ｇ（１９９２）『アリヤラトネの道――パンの木の下からの出発』（Liyanage, Gunadasa（1988）"Revolution Under the Breadfruit Tree" Shinha Publishers.）
Ariyaratne, A. T.（1978）"Collected Works Volume I" to "Collected Works Volume VIII"（2007）
Ariyaratne, A. T.（1999）"Buddhist Economics in Practice"
Ariyaratne, A. T.（2013）"Spiritual Economic Approach to National Awakening"
Ariyaratne, Vinya（1999）"The SARVODAYA Peace Action Plan"
BRAC Annual Report（2015）.
Desyodaya Development Finance Company Limited（2013）"Annual Report 2012-2013"
SARVODAYA（2012）"Community Development", CD
SARVODAYA（2013）"Annual Service Report 2012-2013"
SEEDS（2013）"Annual Report 2013"

〔事例2〕

大橋正明（２０１４）「第８章　バングラデシュの開発ＮＧＯ、マイクロクレジット、そして私たち」秦辰也編著（２

014）『アジアの市民社会とＮＧＯ』晃洋書房
コーテン、デビッド著／渡辺龍也訳（１９９５）『ＮＧＯとボランティアの21世紀』学陽書房、Korten, David,（1990）"Getting to the 21st Century : Voluntary Action and the Global Agenda" Kumarian Press.
斎藤千宏「第8章　インドの社会開発の現状と市民社会組織の活動」秦辰也編著（２０１４）『アジアの市民社会とＮＧＯ』晃洋書房
下澤嶽（１９９７）「バングラデシュの巨大ＮＧＯ〝ＢＲＡＣ〟の歴史と役割」『東和大学国際教育研究所国際教育研究紀要』第3号
下澤嶽（１９９８）「バングラデシュのＮＧＯの現状」佐藤寛編『開発援助とバングラデシュ』アジア経済研究所
シューマッハー、Ｅ・Ｆ著／小島慶三・酒井懋訳（１９８６）『スモール・イズ・ビューティフル――人間中心の経済学』講談社
スマイリー、イアン著／笠原清志監訳、立木勝訳（２０１０）『貧困からの自由――世界最大のＮＧＯ・ＢＲＡＣとアベッド総裁の軌跡』明石書店
ラヴェル、キャサリン・Ｈ著／久保田由貴子・久保田純訳（２００１）『マネジメント・開発・ＮＧＯ――「学習する組織」ＢＲＡＣの貧困撲滅戦略』新評論（Lovell, Catherine H.（1992）"Breaking the Cycle of Poverty : The BRAC Strategy" Kumarian Press.）

【第6章】

有馬実成（２００３）『地球寂静――ボランティアが未来を変える　ＮＧＯは世界を変える』アカデミア出版会
ＮＧＯ－ＯＤＡ関係研究会（１９８９）『ＮＧＯとＯＤＡの望ましい関係のあり方について』
ＮＧＯ活動推進センター（１９９７）『ＮＧＯって何だ!?――共に生きる地球社会をめざして』
ＮＧＯ活動推進センター（１９９０）『ＮＧＯダイレクトリー１９９０』
ＮＧＯ活動推進センター（１９９８）『ＮＧＯデータブック98』
ＮＧＯ関係者懇親会（１９８６）『民間海外協力の発展をめざして　ＮＧＯ活動事例集』

大菅俊幸（2003）「有馬実成師伝」有馬実成『地球寂静――ボランティアが未来を変える　NGOは世界を変える』アカデミア出版会
ODA改革ネットワーク（2004）『NGOが見たODA50周年』
外務省、国際協力NGOセンター（2016）『NGOデータブック2016――数字で見る日本のNGO』
川原啓美（1986）『アジアと共に――自立のための分かちあい』キリスト新聞社
国際協力NGOセンター（JANIC）（2002）『国際協力NGOダイレクトリー2002』
国際協力NGOセンター（JANIC）（2004）『国際協力NGOダイレクトリー2004』
国際協力推進協会（1993）『わが町の国際協力』
酒井道雄編（1995）『神戸発阪神大震災以後』岩波新書
重田康博「日本のNGOキャンペーン活動の歴史と特徴」未来のための教育推進協議会（2002）『NGO／NPOキャンペーンハンドブック』
市民フォーラム21「クリスチャン・エイド」（1996）『イギリスの民間非営利セクターを訪ねて』
シャプラニール＝市民による海外協力の会（1993）『NGO最前線――市民の海外協力20年』柏書房
隅谷三喜男（1990）『アジアの呼び声に応えて――JOCS25年史』新教出版社
菅波茂（1993）『遥かなる夢』AMDA
杉下恒夫（2000）『NGOの世紀――活躍するニッポン市民　素顔の海外ボランティア』都市出版
高見敏弘（1996）『土とともに生きる――アジア学院と私』日本基督教団出版局
中田正一（1990）『国際協力の新しい風――パワフルじいさん奮戦記』岩波新書
西川潤編（1997）『社会開発――経済成長から人間中心型発展へ』有斐閣
日本経済新聞社（2000）「ボランティアの系譜①～⑤」「NGO駆ける」
秦辰也（1999）『ボランティアの考え方』岩波ジュニア新書
林雄二郎・山岡義典（1984）『日本の財団――その系譜と展望』中公新書
吹浦忠正（1991）『赤十字とアンリ・デュナン――戦争とヒューマニティの相剋』中公新書

未来のための教育推進協議会（２００２）『ＮＧＯ／ＮＰＯキャンペーンハンドブック』
山岡義典編著（１９９８）『ＮＰＯ基礎講座――市民社会の創造のために』ぎょうせい
若井晋ほか編（２００１）『学び・未来・ＮＧＯ――ＮＧＯに携わるとは何か』新評論

【第７章】

上村雄彦（２０１６）『不平等をめぐる戦争　グローバル税制は可能か？』集英社新書
上村雄彦編著（２０１６）『世界の富を再分配する30の方法――グローバル・タックスが世界を変える』合同出版
ＮＧＯ－ＯＤＡ関係研究会（１９８９）『ＮＧＯとＯＤＡの望ましい関係のあり方について』
ＮＧＯ活動推進センター（１９９７）『ＮＧＯって何だ!?――共に生きる地球社会をめざして』
ＮＧＯ活動推進センター（１９９８）『ＮＧＯダイレクトリー１９９０』
ＮＧＯ活動推進センター（１９９８）『ＮＧＯｓデータブック98』
ＮＧＯ関係者懇親会（１９８６）『民間海外協力の発展をめざして　ＮＧＯ活動事例集』
ＯＤＡ改革ネットワーク（２００４）『ＮＧＯが見たＯＤＡ50周年』
外務省経済協力編（２００１）『我が国の政府開発援助上巻』国際協力推進協会
外務省ＨＰ『諸外国等からの物資支援・寄付金一覧』２０１１年
草地賢一「市民とボランティア」（１９９５）酒井道雄編『神戸発阪神大震災以後』岩波新書
国際協力ＮＧＯセンター（ＪＡＮＩＣ）（２０００）『国際協力ＮＧＯダイレクトリー２０００』
国際協力ＮＧＯセンター（ＪＡＮＩＣ）（２００２）『国際協力ＮＧＯダイレクトリー２００２』
国際協力ＮＧＯセンター（ＪＡＮＩＣ）（２００４）『国際協力ＮＧＯダイレクトリー２００４』
国際協力ＮＧＯセンター（２０１１）『シナジー通算１５０号　特集いざ被災地へ〝国内〟支援に挑む』
国際協力ＮＧＯセンター（２０１２）『シナジー通算１５５号　特集ＪＡＮＩＣ設立25周年特別号日本のＮＧＯ25年』
国際協力ＮＧＯセンター（２０１５）『シナジー通算１６３号　特集国際協力60年×ＮＧＯ社会を変える、ということ。』

国際協力NGOセンター（JANIC）（2016）『国際協力NGOガイドブック――世界で活動する日本のNGOガイドブック』（第9版）
国際協力推進協会（1993）『わが町の国際協力』
重田康博（2002）「日本のNGOキャンペーン活動の歴史と特徴」未来のための教育推進協議会『NGO／NPOキャンペーンハンドブック』
重田康博（2005）『NGOの発展の軌跡――国際協力NGOの発展とその専門性』明石書店
セーブ・ザ・チルドレン・ジャパン（2015）『わたしたちが目指す世界――子どものための「持続可能な開発目標」～2030年までの17のグローバル目標～』（The Global Movement for Children of Latin America and Caribbean（MMI-LAC）（2014）*The World We Want-A Young Person's Guide to the Global Goals for Sustainable Development*）
西川潤編（1997）『社会開発――経済成長から人間中心型発展へ』有斐閣
日本経済新聞社（2000）「ボランティアの系譜①～⑤」「NGO駆ける」
秦辰也（1999）『ボランティアの考え方』岩波ジュニア新書
林雄二郎・山岡義典（1984）『日本の財団――その系譜と展望』中公新書
吹浦忠正（1991）『赤十字とアンリ・デュナン――戦争とヒューマニティの相剋』中公新書
福島ブックレット委員会（2016）『福島10の教訓――原発災害から人びとを守るために』
堀江由美子・山田太雲（2013）「私たちの住む世界を左右するポスト2015開発アジェンダと市民社会の関わり」開発教育協会『開発教育』No.60
山岡義典（1998）『NPO基礎講座――市民社会の創造のために』ぎょうせい
若井晋ほか編（2001）『学び・未来・NGO――NGOに携わるとは何か』新評論

【第8章】

〔日本語文献〕

アレント、ハンナ著／大久保和郎・大島通義、大島かおり共訳（1981）『全体主義の起源』全3巻、みすず書房
アレント、ハンナ著／志水速雄訳（2006）『人間の条件』ちくま学芸文庫
伊藤述史（2002）『東南アジアの民主化』近代文芸社
在カンボジアNGO日本人ネットワーク（2013）『在カンボジアNGO日本人ネットワークダイレクトリー2013年度版』
坂本貴則（2011）「カンボジアと歩く」『Trial & Error』No.287
坂本貴則（2012）「カンボジアの経済発展と農村開発NGO――日本人が農村に関わる意義とは」2012年度カンボジア連続セミナー第4回（2012年11月7日上智大学、カンボジア市民フォーラム・上智大学アジア文化研究所・日本国際ボランティアセンター共催）配布資料
重冨真一（2001）「序章　国家とNGO」重冨真一編著『アジアの国家とNGO――15カ国の国家とNGO』明石書店
JICA（2012）『カンボジア事情はやわかり』
JVCカンボジア（2009）『生態系に配慮した農業による生計改善プロジェクト終了前評価報告書』
JVCカンボジア（2013）『生態系に配慮した農業と自然資源管理による生計改善プロジェクト　フェーズⅡ　終了時前評価報告書』
重田康博（2012）「ポスト開発／ポスト・グローバル化時代における国家と市民社会」宇都宮大学国際学部附属多文化公共圏センター『多文化公共圏センター年報』第4号
重田康博・小鳥居伸介（2012）「CLEANのワークショップを視察して」JVC九州ネットワーク『NEWS LETTER』NO.69
重田康博（2013）「多文化公共圏センターのこれまでの歩みを考える」宇都宮大学国際学部附属多文化公共圏セン

ター『多文化公共圏センター年報』第5号
高橋華生子「第二章　民主政治とＮＧＯ――東南アジア諸国の例」美根慶樹編（２０１１）『グローバル化・変革・ＮＧＯ――世界におけるＮＧＯの行動論』新評論
日本貿易振興会プノンペン事務所、道法清隆（２０１２）『カンボジアの経済、貿易、投資環境と進出日系企業について／カンボジア投資概況』
ハーバーマス、ユルゲン著／細谷貞雄・山田正行訳（２００７）『公共性の構造転換――市民社会の一カテゴリーについての探究』未来社、第2版第14刷
花崎皋平（２００１）『（増補）アイデンティと共生の哲学』平凡社
林明仁「アジアのＮＧＯと開発効果――南から北への関係性の問い直し」日本国際政治学会編（２０１２）『国際政治　市民社会からみたアジア』169号、有斐閣
山田裕史（２０１３）「変革を迫られる人民党一党支配体制」日本貿易振興機構アジア経済研究所『アジ研ワールド・トレンド№219』
若杉美樹（２０１１）「カンボジアにおけるＣＳＯ開発効果とＮＰＯ法の動き」『Trial & Error』No.286
若杉美樹（２０１３）「カンボジアの国家とＮＧＯの動き――ＮＧＯ法成立の動きとの関連」２０１３年７月17日宇都宮大学大学院「国際ＮＰＯ管理論」授業配布資料より

〔英語文献〕

Cooperation Committee for Cambodia (2009), *Directory of International Non-Government Organization 2009-2010.*
Cooperation Committee for Cambodia (2010), *Directory of Cambodian Non-Government Organization 2010-2011*
Kao Kim Hourn (1999) *Grassroots Democracy in Cambodia / Opportu-nities, Challenges and Prospects,* Cambodian Institute for Cooperation and Peace in cooperation of Forum.
Pestoff, Victor A. (1998) *Beyond the Market and State*: *Social Enterprises and Civil Democracy in a Welfare Society,* Adershot & Vermont: Ashgate Publishing.

【終章】

〔日本語文献〕

重田康博（２００５）『ＮＧＯの発展の軌跡——国際協力ＮＧＯの発展とその専門性』明石書店

下澤嶽（２００７）『開発ＮＧＯとパートナーシップ——南の自立と北の役割』コモンズ

〔英語文献〕

Drucker. P. F.（1990）*Managing the Nonprofit Organization*, Harper Collins Publishers.（ドラッカー、Ｐ・Ｆ著／上田惇生訳（２００７）『ドラッカー名著集④　非営利組織の経営』ダイヤモンド社）

Edwards, M. and Hulme, D. eds.,（1995）NGOs-Performance and Accountability, Earthscan Publications Ltd.

Korten, D.（1990）*Getting to the 21st Century: Voluntary Action and the Global Agenda*, Kumarian Press.（コーテン、デビット著／渡辺龍也訳（１９９５）『ＮＧＯとボランティアの21世紀』学陽書房）

Riddell, Roger C.（2007）Does Foreign Aid Really Work? : Oxford, New York, Oxford University Press.

Smillie, I（1993）'Introduction', in Smillie. I and H. Helmich(eds), *Non-Governmental Organisations and Governments: Stakeholders for Development*, Paris: OECD

あとがき

本書の前身である『ＮＧＯの発展の軌跡——国際協力ＮＧＯの発展とその専門性』を出版して12年が経過して、ＮＧＯ界やグローバル市民社会を取り巻く環境も大きく変化している。

グローバル市民社会の足元は、今揺れている。欧米のＮＧＯの場合、大手ＮＧＯでさえも、政府の支援金が途絶え、資金難に陥っている団体、合併した団体、思い切って名称を変更した団体もあった。南のＮＧＯの場合、多くの団体が先進国のドナーからの支援が頭打ちにあり、資金的安定を求めてマイクロ・ファイナンスなど社会企業的な活動を行うＮＧＯも多いが、マネージメントやビジネスのセンスがないとこのような活動も難しい。日本のＮＧＯの場合、私がＮＧＯの活動に参加した１９８０年代に比べれば、ＮＧＯやＮＰＯは確実に発展し、日本社会の一部として定着しつつあり、１９８０年代当時感じた欧米のＮＧＯと日本のＮＧＯとの目もくらむような組織や財政の規模の違いは解消されつつある。今回本書の執筆にあたり問い合わせた、１９６0年代以降に誕生した多くのＮＧＯは今日まで活動を続けているが、逆に解散したり、活動を取り止めた団体もある。大きな組織として活動している団体もあるし、１人で不定期で活動している団体もあり、ＮＧＯが取り扱う形態も分野も多種多様である。

この10年間で日本での大きな出来事といえば、２０１１年3月11日に発生した、東日本大震災と福島第一原子力発電所事故であった。この大震災は、日本や世界に大きな衝撃を与えたが、国内外の多くのＮＧＯやＮＰＯが早くから現地に入り被災者や避難者への復興支援活動を行い日本人や世界の人から大きな注目を浴び、感銘も与えた。私がボランティアで参加した石巻市でも多くの団体が懸命に救援活動に当たっていた。ＮＧＯ・ＮＰＯの活動の結果として、被害者、被災者、避難者の支援に貢献し、阪神・淡路大震災ではＮＧＯ・ＮＰＯの活動が認められＮＰＯ法の議員立法成立の大きな契機となり、また東日本大震災の場合２０１５年の第３回国連防災世界会議でのＮＧＯの提言活動につなげることができたことが市民社会の大きな成果だったといえる。その一方、福島原発事故の避難者は自主避難者を含めてなお約８万人おり、避難解除が出て住民が帰還できた地域でも放射能汚染に苦しんでいる住民がいることを「人間の安全保障」の点からも忘れてはならない。

しかし、10年が経過した、日本社会全体の中での市民社会の位置づけを見ても、政府、企業などに比べてその存在はまだ小さく、ＮＧＯ・ＮＰＯの場合同じ第三セクターの労働組合、協同組合、大学などに比べても、その存在は大きくなく、日本人の意識や文化の中に深く定着したとはいえず、ＮＧＯ自身がその取り巻く環境の急激な変化に自分の組織を守るのが精一杯で、むしろ「後追いしている」感じさえする。特に、財政面では多くの団体が資金集めに苦労している。日本ファウンドレイジング協会の『寄付白書２０１５』（２０１５）によれば、日本の寄付総額は約７４０９億円（名目ＧＤＰ比０・２％）で、アメリカの約27兆３５０４億円（名目ＧＤＰ比１・５％）、イギリスの約1兆８１００億円（名目ＧＤＰ比０・６％）に比べて、寄付総額でも名目ＧＤＰ比でもはるかに及ばないのは、宗教・チャリティ・寄付文化の違いだけなのだろか。しかし、日本の国境なき医師団が約80億円の寄付を集める状況を見ると、日本にも募金市場があることに希望を持つことができるのだろうか。また、日本には、アメリカのビル・アンド・メリンダ・ゲイツ財団、ロックフェラー財団、フォード財団のような巨大な財団がないことも日本のNGOが政府からの外部資金のみに依存してしまう原因にもなっている。

「はじめに」でも触れている通り、今日の「国際協調主義」と「共生・包摂・寛容な社会」の崩壊の危機の中で、一番犠牲になるのはいつも難民、避難民、子ども、女性、マイノリティなど周辺化された弱者である。このような危機の中で、NGO・CSO（市民社会組織）も含めたグローバル市民社会は、過去から今日まで周辺化された人々への人道支援活動、多元主義の再構築と公共圏の形成のための活動を行い、その役割と存在意義は今後ますます重要になってくる。グローバル市民社会の活動は、世界の貧困、差別、困難、災難の火消し役となり、国家、企業、国際機関へのウォッチ・ドックとしての監視役も行ってきた。しかし、今日の世界の混迷、分断、孤立、排除、不寛容の問題は、もちろんグローバル市民社会だけでは解決できず、その社会の構成員たる市民と手を取り合って活動し、国家、企業、国際機関の先走りに歯止めをかけ、これらのセクターとパートナーシップを組み、新しい社会のあり方を提示しなければならない。

では、NGO・CSO・NPOを含めたグローバル市民社会が今後発展するにはどのようにすればよいのであろうか。『NGOの発展の軌跡』では、個人や市民グループの思いや行為だけでNGOが発展する時代は終わり、これからは組織、マネージメント、新しい若者の加入、NGOのアカウンタビリティの強化によって市民からの信頼性を確保することを述べた。これらの課題を充たすことは今でももちろん必要だが、常に組織の原点に立ち返り組織のビジョンやミッションを確認することが必要であるし、優秀なスタッフも必要だが、個人プレーより組織的な対応が求められるのではないだろうか。その上で、アカウンタビリティも求め、組織の信頼を獲得していくことが重要である。

そのためには、グローバル市民社会が本書の副題でもある「慈善」から「公正」へと発展し、よりＮＧＯや市民社会が活動しやすい公共空間の形成や文化を形成していくことが求められている。常に周辺化された立場にある人々が置かれている状況が「人間の安全保障」に関わる問題であると捉え、従来からの人道支援活動と共に、先進国と途上国の従属的な関係や国際経済の構造的な不公正・不平等に目を向け、問題の根本的な解決に向けての活動を創造的に多様化し、革新的に専門化し、単なる「慈善」的活動からより「公正」的活動を求める活動への変化に柔軟に対応していくことが、地道に活動現場や支援する人々からの信頼を獲得することにつながっていく。

アンリ・デュナンの「国際赤十字運動」が誕生して１６０年近く、日本のインドシナ難民救援活動の開始から約40年近く経過し、激動するグローバル市民社会の歴史はまだまだ短く、その活動は未知の部分もあるが、筆者はその発展と展開は今後も続くに違いないと強く信じている。

なお、本書の第8章の「グローバル時代における国家と市民社会間の公共圏を考える――カンボジア政府とＮＧＯを事例に」は、宇都宮大学国際学部附属多文化公共圏センター（２０１４）『多文化公共圏センター年報』第6号の論文を加筆・再録したものである。

また、本書は、宇都宮大学国際学部の国際学叢書刊行助成の交付を受け発行させていただいた。

本書の刊行にあたっては、大橋正明氏（聖心女子大学）、高柳彰夫氏（フェリス女学院大学）、松尾沢子氏（国際協力ＮＧＯセンター）からＮＧＯの活動情況に関する情報を教えていただき、宇都宮大学大学院博士前期課程の指導学生だった、趙俊さんには編集や図表の作成でお手伝いいただいた。

また、明石書店の会長石井昭男氏、社長大江道雅氏、編集部部長森本直樹氏にはお世話になった。

これらのすべての方々に感謝申し上げたい。

2017年3月　春を迎える宇都宮にて

重田　康博

著者紹介
重田康博（しげた・やすひろ）
宇都宮大学国際学部教授・附属多文化公共圏センター（CMPS）センター長。1956年東京生まれ。ロンドン大学大学院東洋アフリカ研究所（SOAS）開発学科修了（開発学修士）。北九州市立大学大学院社会システム研究科博士後期課程修了（博士・学術）。国際協力推進協会（APIC）主任研究員、クリスチャン・エイド客員研究員（イギリス・ロンドン）、NGO活動推進センター（現、国際協力NGOセンター、JANIC）主幹を経て現職。専門は国際開発研究、国際NGO研究。オックスファム・ジャパン監事。開発教育協会評議員、JVCとちぎネットワーク代表。CMPS福島乳幼児妊産婦プロジェクト・アドバイザー。
著書に『NGOの発展の軌跡——国際協力NGOの発展とその専門性』（明石書店、2005）、『国際NGOが世界を変える——地球市民社会の黎明』（共著、東信堂、2006）、「第4章ミレニアム開発目標」田中治彦編著『開発教育——持続可能な世界のために』（学文社、2008）他。

激動するグローバル市民社会
——「慈善」から「公正」への発展と展開

2017年3月30日　初版第1刷発行

著　者　重　田　康　博
発行者　石　井　昭　男
発行所　株式会社　明石書店
〒101-0021　東京都千代田区外神田6-9-5
電　話　03（5818）1171
FAX　03（5818）1174
振　替　00100-7-24505
http://www.akashi.co.jp

装　幀　明石書店デザイン室
印刷・製本所　日経印刷株式会社

（定価はカバーに表示してあります）　ISBN978-4-7503-4476-8